铁路科技图书出版基金资助出版

和谐型交流传动机车技术丛书

HXN3B 型内燃机车

《和谐型交流传动机车技术丛书》编委会　著

中国铁道出版社有限公司

2022年·北　京

内 容 简 介

本书为《和谐型交流传动机车技术丛书》之一。全书共分十二章，分别为 HXN3B 型内燃机车概述，机车总体，12V265 型柴油机，辅助系统，牵引传动系统，辅助电气系统，微机控制及网络通信系统，制动系统，车体，转向架，车载安全监测设备，机车使用与维护。

本书可作为从事和谐系列交流传动机车运用、检修、维护的专业人员和技术管理人员的学习培训教材，也可作为大专院校、科研院所的参考资料。

图书在版编目(CIP)数据

HXN3B 型内燃机车/《和谐型交流传动机车技术丛书》编委会著．—北京：中国铁道出版社有限公司，2021.7(2022.11 重印)
(和谐型交流传动机车技术丛书)
ISBN 978-7-113-28120-5

Ⅰ.①H… Ⅱ.①和… Ⅲ.①内燃机车 Ⅳ.①U262

中国版本图书馆 CIP 数据核字(2021)第 130576 号

书　　名：HXN3B 型内燃机车
作　　者：《和谐型交流传动机车技术丛书》编委会

策划编辑：王明容　　**责任编辑：**侯跃文　　**编辑部电话：**(010)51873423
封面设计：崔丽芳　　**电子邮箱：**jiche@tdpress.com
责任校对：苗　丹
责任印制：高春晓

出版发行：中国铁道出版社有限公司(100054，北京市西城区右安门西街 8 号)
网　　址：http://www.tdpress.com
印　　刷：北京联兴盛业印刷股份有限公司
版　　次：2021 年 7 月第 1 版　2022 年 11 月第 2 次印刷
开　　本：787 mm×1 092 mm 1/16　**印张：**11.5　**字数：**266 千
书　　号：ISBN 978-7-113-28120-5
定　　价：120.00 元

《和谐型交流传动机车技术丛书》
编 委 会

序

当今时代，中国铁路路网规模日新月异、铁路科技迅猛发展，铁路牵引动力装备在短期内迅速实现了从直流传动到交流传动的转换，跨入了世界机车技术的先进行列。中国铁路通过创新驱动，实现了铁路技术装备的现代化，大批具有自主知识产权、牵引性能优良、节能环保的和谐型交流传动机车的投用，快速扩充了路网的运输能力，缓解了铁路运输能力严重不足的制约，满足了我国经济社会平稳快速发展对铁路运输的要求。

《和谐型交流传动机车技术丛书》从机车总体、系统和部件的技术特性、结构特征及技术参数等方面，对各型号和谐型交流传动机车进行了全面系统的阐述。读者可通过该丛书了解和谐型交流传动机车功率大、效率高的牵引特性，交流传动与微机网络控制特性，高黏着利用、防滑和防空转特性，空气制动和动力制动特性，由完善的故障诊断和合理的检修周期保证的可靠性，节能环保的经济性等。

该丛书技术性、专业性较强，对从事和谐型交流传动机车运用、检修、维护、技术管理人员掌握相关知识、提高业务能力均有所帮助，还可作为大专院校、科研院所及社会各界有关人员的技术参考书。

田红旗

2018 年 7 月

序

和谐型交流传动机车是当前中国铁路网内广泛应用的具有世界先进技术水平的铁路运输牵引动力装备，是中国铁路技术装备现代化的典型代表之一。和谐型交流传动机车是中国铁路总公司按照国务院《中长期铁路网规划》和《铁路主要技术政策》确定的铁路技术装备现代化的战略规划，坚持“自主创新与技术引进相结合”的基本原则，先是用了不到5年的时间，完成了我国铁路技术装备水平的快速提升，提高了运能与运力；后又经过自主设计、自主创新，形成了系列化具有自主知识产权的世界先进的铁路运输牵引动力装备。2018年，全路在用的和谐型交流传动机车已超过1万台，占全路机车保有量50%以上，和谐型交流传动机车完成的货运工作量占全路机车完成的货运总工作量近80%，成为铁路运输牵引动力的绝对主力，机车技术装备的现代化，已在运输生产中结出了丰硕的成果。

《和谐型交流传动机车技术丛书》对各型号机车的主要技术性能、结构特征、技术参数以及机车使用维护等方面进行了介绍。内容全面丰富，层次分明，条理清晰，技术性强，同时图文并茂、通俗易懂。《和谐型交流传动机车技术丛书》的出版，将为广大铁路相关技术、管理人员和社会各界提供适用的专业读本，也为相关技术业务培训提供了专业的参考材料。

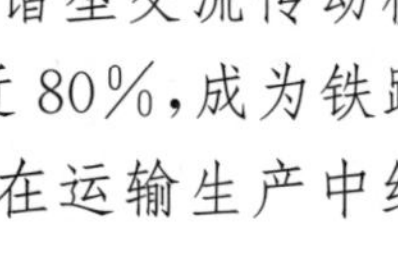

2018年7月

前　言

随着国民经济快速增长，中国铁路机车技术装备水平实现了质的飞跃，铁路运输牵引动力实现了由直流传动向交流传动的更新换代，形成了较为完善的和谐型交流传动机车谱系。和谐型交流传动机车是中国铁路在落实国家铁路“十一五”发展规划和《中长期路网规划》以及国家发改委对铁路机车车辆装备现代化提出的“引进先进技术，联合设计生产，打造中国品牌”总体要求，通过引进消化吸收再创新，大胆实践、自主设计、自主创新和集成创新，形成了具有世界一流技术水平的牵引动力装备。

目前，中国铁路和谐型交流传动机车型谱中包括电力和内燃两种动力类型，涵盖不同功率等级，适用于干线客货运、小运转和调车、高原以及重载铁路运输要求，展现了中国铁路牵引动力装备的特色。

2018年，和谐型交流传动机车保有量超过1万台，占全路机车总保有量50%以上；和谐型交流传动机车完成的货运工作量占全路机车完成的货运总工作量约80%，成为全国铁路客货运输牵引动力的主力，使我国铁路运输能力获得了极大提升。

为满足广大铁路机车运用、检修、维护和技术管理人员，设计制造、大专院校、科研院所及社会各界的需求，中国铁路总公司机辆部组织成立了“和谐型交流传动机车技术丛书”编委会，中国铁路总公司机辆部主任申瑞源同志任主任，中国铁路总公司机辆部副主任张大勇、吴国栋、张启平、王春山，中国中车公司总工程师张新宁等同志任副主任；张启安、王强、王立杰、黄成荣、李群锋、宁友波、李虎、杜志辉、王志、张黎、王光春、廖洪涛、曲天威、赵明元、仲怀清等同志任委员，负责该技术丛书的组稿、编辑及审定工作；中车株洲电力机车有限公司、大连机车车辆有限公司、大同电力机车有限责任公司、戚墅堰机车有限公司等负责有关机型的具体编写工作。

“和谐型交流传动机车技术丛书”对中国铁路各种型号的和谐型交流传动机车，从机车技术特性、结构特征以及技术参数等方面进行了全面系统的介绍，专业性和技术性强，学习和参考价值高。丛书是在长期从事铁路机车技术工作的工程技术人员和老一辈铁路机辆人多年工作成果的基础上完成的，在此向他们表示衷心的感谢。

《HXN3B型内燃机车》是“和谐型交流传动机车技术丛书”系列之一。

HXN3B型内燃机车是中车大连机车有限公司研制的4 400马力交流传动调车内燃机车，采用C_0-C_0轴式，柴油机最大运用功率3 500 kW，轮周牵引功率不小于2 700 kW，最高运行速度100 km/h，最大启动牵引力560 kN，最大电阻制动力300 kN，能满足国内各大货运编组场调车及小运转货运列车的运输需要，是我国目前功率最大、交流传动方式的调车机车。该型机车填补我国大功率交流传动调车机车技术和产品空白，搭建起新一代交流传动调车机车平台。为我国交流传动调车内燃机车技术体系的建立奠定了基础，大大提高了铁路运输能力，实现了调车内燃机车牵引动力由直流传动向交流传动的历史性转换。HXN3B型内燃机车机车自2015年4月起上线运行，在调车及小运转牵引中发挥了重要作用。

《HXN3B型内燃机车》共计十二章，第一章“概述”介绍了机车的先进性设计和适应性设计；第二章“机车总体”介绍了机车总体技术参数、机车性能以及设备布置；第三章“12V265型柴油机”介绍了总体布置、技术参数与柴油机的固定件、运动件、动力组、增压和进排气系统、燃油控制和润滑及冷却系统；第四章“辅助系统”介绍了机油系统、燃油系统、冷却系统、空气滤清系统、通风系统；第五章“牵引传动系统”介绍了主辅发电机及牵引整流装置、牵引逆变器、交流牵引电动机、制动电阻装置；第六章“辅助电气系统”介绍了交流牵引发电机励磁、蓄电池及充电电路、辅助电机、电气逆变器及用电设备；第七章“微机控制及网络通信系统”介绍了微机控制系统的组成和主要功能、微机网络通信、显示屏系统、机车控制电器；第八章“制动系统”介绍了风源系统、制动系统管路布置、电空制动系统、辅助用风系统、基础制动装置；第九章“车体”介绍了主要结构参数及特点、牵引缓冲装置；第十章“转向架”介绍了技术参数、工作原理、构造说明；第十一章“车载安全监测设备”介绍了列车运行控制系统车载设备、机车车载安全防护系统(6A系统)及远程监测与诊断系统(CMD系统)；第十二章“机车使用与维护”介绍了机车操纵说明和机车的维护与检查。本书还分别对第三章至第十章相关系统的典型故障及其分析和处理方法进行了介绍。

希望丛书的出版能对从事和谐系列交流传动机车运用、检修、维护的专业人员和技术管理人员掌握相关专业技术知识、提高业务能力，以及机车设计制造厂家、大专院校、科研院所以及社会各界有关人员学习、授课有所帮助。

由于编者水平有限，难免有遗漏和错误之处，诚请读者批评指正。

《和谐型交流传动机车技术丛书》编委会

2018年12月20日

目　　录

1 概　　述

HXN$_{3B}$型内燃机车是由中车大连机车车辆有限公司研制的交流传动调车内燃机车，机车采用 C_0-C_0 轴式，机车装用 12V265 型柴油机，柴油机装车功率 3 500 kW(4 760 马力)，主发电机输入功率 3 250 kW(4 400 马力)，额定轮周牵引功率不小于 2 700 kW，额定轮轴电阻制动动率不小于 2 800 kW，起动牵引力 560 kN，持续牵引力 540 kN，最高试验速度 110 km/h，最高运行速度 100 km/h。机车能够适应中国铁路各路网性和区域性编组站调车使用环境和小运转作业要求。HXN$_{3B}$型内燃机车外形如图 1.1 所示。

图 1.1　HXN$_{3B}$型内燃机车外形

1.1　HXN$_{3B}$型内燃机车先进性设计

HXN$_{3B}$型内燃机车采用集成化、模块化设计，采用 12V265 型柴油机为动力源，其具有质量轻、结构紧凑、可靠性和经济性高、排放满足 EPA Tier2 等特点。采用适应调车机车上运用工况的智能化微机网络控制技术、矢量控制和直接转矩控制。采用自主化主辅发电机、牵引电机和 IGBT 元件组成的风冷牵引逆变器、辅助逆变器。采用电空制动机、单独转向架控制、柴油机空气电动机启动、蓄电池移车等技术。

1.2 机车适应性设计

根据大功率交流传动技术平台的特点，结合国内机车的运用要求，HXN3B 型内燃机车进行了以下适应性设计：

(1)针对调车机车待命时间多的特点，机车柴油机工作转速 400 r/min，惰转转速为 325 r/min，减低了机车燃油消耗，减少排放。

(2)机车启动牵引力大(560 kN)，能够适应 5 000 t 货车整列牵出，无需解编提高了工作效率。油箱容积为 7 500 L 能满足长时间调车作业要求，持续作业能力强。

(3)采用 1 250 mm 轮径，满足编组场运用过驼峰下部高限界要求。

(4)机械间采用双层顶盖设计，配合通风设备适应高温环境。

(5)采用底架承载式车体结构，整体式燃油箱，有利于提高车体的强度和刚度。

(6)设计正压电气室、正压动力室并采用袋式玻璃纤维浸油空气滤清器，使机车适应风沙环境。

2　机车总体

2.1　概　　述

HXN3B 型内燃机车采用单司机室外走廊、整体式燃油箱、底架承载车体结构；机车采用交流传动、微机网络控制、12V265 型柴油机、CCBⅡ型空气制动机；机车具有电阻制动功能；机车轴式 C_0-C_0，车轮轮径 1 250 mm，满足车轮全磨耗状态下通过车辆减速器进行调车作业的要求；机车能够安全通过峰顶最小竖曲线半径为 300 m 的驼峰，并保持车钩连挂的可靠性。机车由柴油机、辅助系统、交流电传动和控制系统、辅助电气系统、车体、转向架、制动系统、车载安全监测设备等组成。HXN3B 型内燃机车总体布置如图 2.1 所示。

2.2　技术参数

2.2.1　使用环境条件

因海拔高度、温度和空气质量的原因限制机车功率发挥的因素存在，机车功率自动修正。

环境温度	−40～+40 ℃
海拔不超过	2 500 m
最大相对湿度	95%
环境条件	能承受风、沙、雨、雪天气状态

2.2.2　机车主要技术参数

用途	调车及小运转
传动方式	交流电传动
轨距	1 435 mm
轴式	C_0-C_0
机车整备质量	$150\times(1^{+1\%}_{-3\%})$ t
轴重(标称)	$25\times(1\pm2\%)$ t
车轮	分体车轮
轮径	1 250 mm
额定功率(牵引发电机输入功率)	3 250 kW
轮周功率	2 700 kW
机车牵引力	
启动牵引力	560 kN

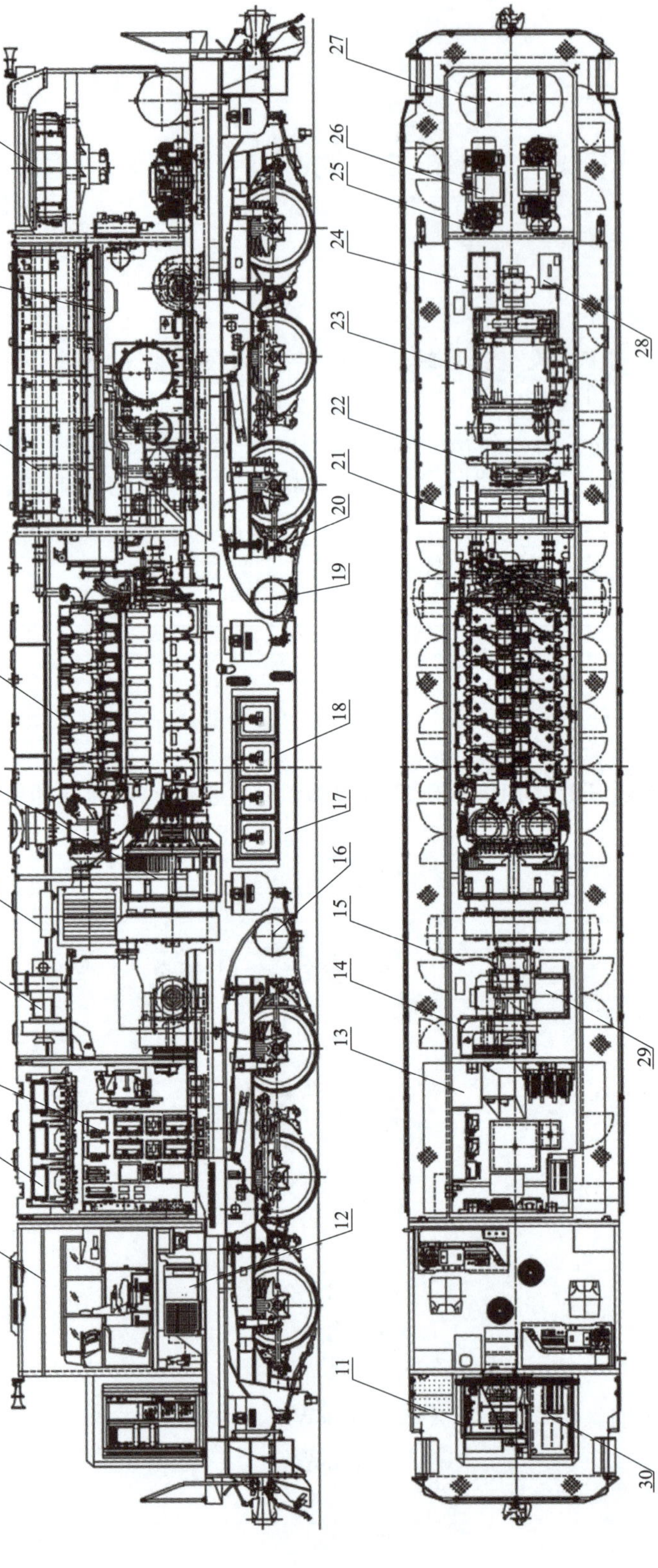

图 2.1 HXN3B 型内燃机车总体布置

1—司机室；2—牵引逆变器；3—整体电气柜；4—除尘风机；5—放电电阻；6—主发电机；7—柴油机；8—散热器；9—冷却风扇；10—制动电阻；11—监控设备；12—空调；13—电气室滤清器；14—1 架通风机；15—柴油机滤清器；16—总风缸；17—整体式燃油箱；18—蓄电池箱；19—启动风缸；20—转向架；21—动力室通风机；22—燃油系统模块；23—机油系统模块；24—2 架通风机；25—干燥器；26—空气压缩机；27—总风缸；28—辅助空压机；29—主发电机通风机；30—断路器柜

持续牵引力	540 kN
速度	
最高运行速度	100 km/h
持续速度	18.3 km/h
最大电阻制动力	300 kN
电阻制动功率	3 600 kW
制动距离	800 m(单机平直道,制动初速 100 km/h 条件下,纯空气制动时的距离)
最小通过曲线半径	100 m
最小摘挂曲线半径	250 m
轴距	1 900 mm
转向架中心距	12 140 mm
传动方式	斜齿传动
传动比	91∶16
机车总风缸容积	≥1 000 L
空气压缩机能力	2 400 L/min×2
车钩中心线距轨面高度(新轮)	(880 ±10) mm
机车尺寸	
机车总长(车体两端面间距离)	20 980 mm
机车宽度(司机室处)	3 200 mm
机车高度	4 770 mm
车钩中心距	22 250 mm
燃油箱容量	7 500 L
机油装载量	1 100 L
水装载量	1 100 L
砂箱容积	500 L

2.3 机车性能

2.3.1 机车牵引特性

机车主控制手柄有 8 个挡位对应 8 条牵引曲线,机车的牵引特性按 UIC 标准大气条件下,轮径半磨耗(1 200 mm)进行计算。HXN_{3B} 型内燃机车设计牵引特性曲线如图 2.2 所示。

2.3.2 电阻制动特性

机车主控制手柄电阻制动区对应 8 条电阻制动特性曲线。HXN_{3B} 型内燃机车设计电阻制动特性曲线如图 2.3 所示。

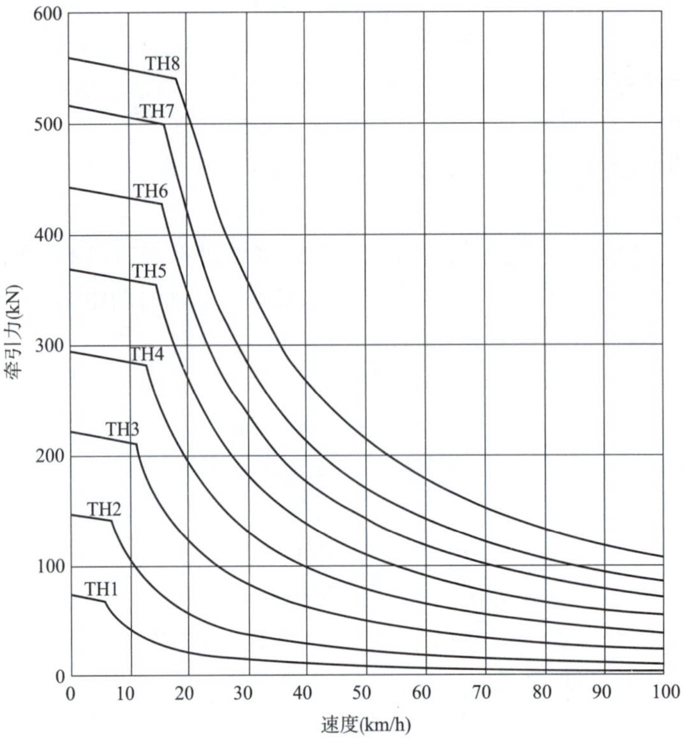

图 2.2　HXN3B 型内燃机车设计牵引特性曲线

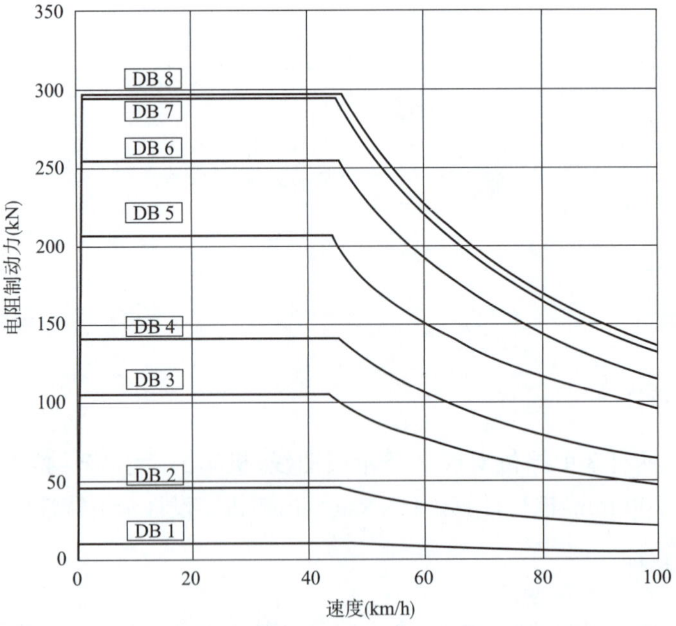

图 2.3　HXN3B 型内燃机车设计电阻制动特性曲线

（以轮径 1 200 mm 计算）

2.4 设备布置

机车底架上部分按功能依次设有辅助室、司机室、电气室、通风室、动力室、冷却室与制动室，如图 2.4 所示。司机室与电气室为整体独立式结构，并可实现同种车型互换，其他各部分同为模块式结构。机车下部以燃油箱为中心对称布置 2 台转向架，在转向架上配置有牵引电机等设备。另外还配置了行灯插座、辅助/控制电路外接电源插座、速度传感器和轴温传感器等设备。

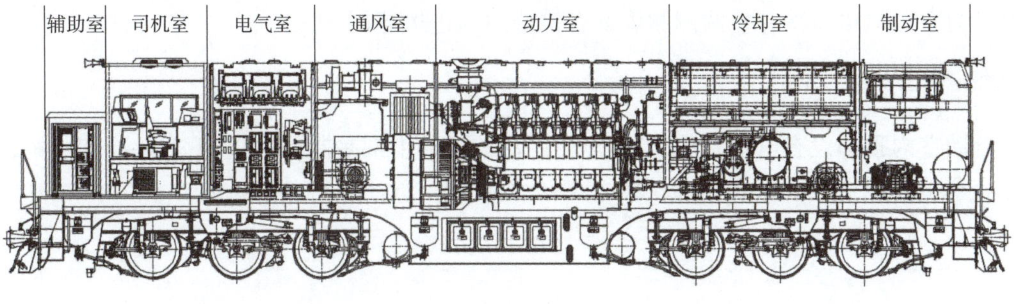

图 2.4 HXN3B 型内燃机车工作室示意

2.4.1 司 机 室

司机室是机车司机操纵机车的区域。

在司机室内设有操纵台、司机座椅、八灯显示器、紧急放风阀、灭火器等设备。司机室操纵台前部设有空调装置，司机室顶部设有风扇、头灯、司机室照明等设备。司机室前窗采用电加热玻璃，窗外设有气动刮雨器，窗内设有遮阳帘。侧窗外设有机车后视镜。操纵台上设有司机控制器、制动控制器、扳键开关组、风表模块、FIRE 显示屏、ATP 显示屏、暖风机、膝炉、微波炉和冰箱等。

2.4.2 辅 助 室

辅助室内设有各类第三方设备，包括监控主机、CMD 主机、型号主机等。机车控制电路断路器柜设置在机车辅助室前端，整车蓄电池闸刀设置在断路器柜下方，辅助室三面设有检修门，可方便各器件检修维护。

2.4.3 电 气 室

电气室主要设有牵引逆变器（相模块），中间直流环节接触器，辅助逆变器，电喷控制器，各类继电器等。在靠近机车走廊侧设有微机主机箱。牵引逆变器设置在电气室顶部，并且通过电气室顶部两侧进风口进行冷却。

2.4.4 通 风 室

通风室由顶盖、左右侧墙、隔墙组成。内部地面设有前架通风机、主发通风机，顶部设有除尘风机,左右侧墙设置供柴油机进气空气滤清器。

2.4.5 动 力 室

动力室由顶盖、左右侧墙以及隔墙组成。内部设有柴油机、主发电机、柴油机启动马达、烟感探头、视频监控摄像头、膨胀水箱以及相关辅助系统管路。

2.4.6 冷 却 室

冷却室由冷却室钢结构、冷却风扇、冷却室前后墙与左右侧墙组成。内部地面设有后架通风机、机油模块、燃油模块、启动燃油泵等。冷却室前墙设有停放制动气路板,冷却室后墙放置两台动力室通风机。冷却室两侧侧墙设有检修门与进风滤网。

2.4.7 制 动 室

制动室内顶部设有电阻制动装置,电阻制动装置的上部是制动电阻,下部是冷却风扇。隔墙上布置了两组空气干燥器,地板面设有两个螺杆式空气压缩机和总风缸。

3　12V265 型柴油机

3.1　概　　述

12V265 型柴油机是中车大连机车车辆有限公司以 16V265H 型柴油机及其国产化为基础，自主开发研制的中等功率中速柴油机，标定功率为 3 500 kW，可用于客运、货运和调车内燃机车。12V265 型柴油机是 265 谱系的系列化机型，大量采用 265 谱系柴油机的通用部件。12V265 型柴油机具有功率大、强化度高、设计理念先进、结构紧凑等特点。尤其是电子控制燃油喷射技术、高性能的增压器以及高效率的中冷器等技术使 12V265 型柴油机在功率、质量、限界、排放、可靠性和经济性等方面达到了较好的综合平衡。

3.2　总体布置

12V265 型柴油机为四冲程增压柴油机，12 个气缸分两列呈 V 形排列在柴油机左右两侧，V 形夹角为 45°，气缸编号排列规则如图 3.1 所示，增压空气和气缸套的冷却媒介均为压力冷却水，采用电子控制单体式"泵-管-嘴(PPN)"燃油喷射系统，活塞冷却为机油振荡方式，柴油机采用空气电动机启动。

为便于对柴油机各部分的描述，作出如下规定：

(1)柴油机输出端：指与主发电机连接的一端，也称后端。

(2)柴油机自由端：指与输出端相反的一端，也称前端。

(3)柴油机 A、B 侧：面向柴油机输出端，左边为柴油机 A 侧，右边为柴油机 B 侧。

12V265 型柴油机主要部件包括机体装配、油底壳装配、曲轴装配、凸轮轴装配、动力组装配、传动机构、配气机构、泵支承箱装配、增压系统、机油系统、水系统、燃油系统、控制系统、启动系统等。其中动力组、进气系统、排气系统和增压系统具备左右对称和各自独立的特性。12V265 型柴油机总体布置如图 3.2、图 3.3 所示：

(1)泵支承箱

柴油机自由端布置有泵支承箱，内部安装驱动齿轮，用以驱动泵支承箱上安装的高低温水泵及主机油泵，泵支承箱 B 侧集成加油口及油尺装配。

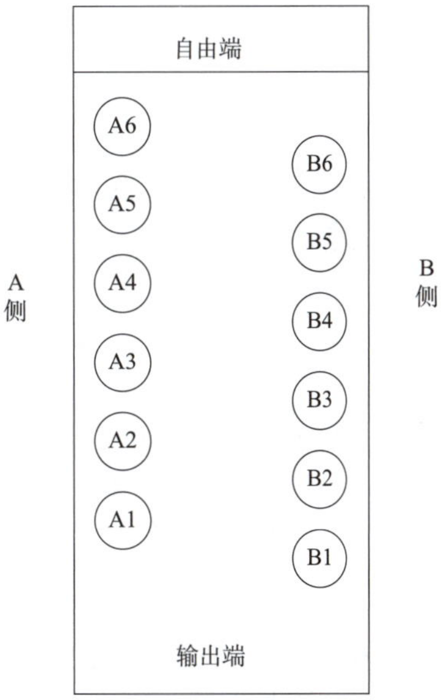

图 3.1　12V265 型柴油机气缸编号

图 3.2　12V265 型柴油机外形

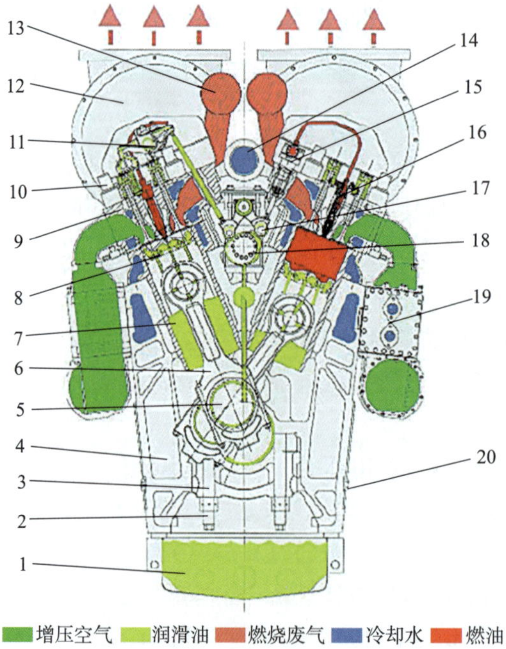

图 3.3　12V265 型柴油机横剖面

1—油底壳；2—主轴承螺柱和螺母；3—主轴承盖；4—机体；5—曲轴；6—连杆；7—气缸套；8—活塞；9—气缸盖；10—动力组螺柱和螺母；11—配气机构；12—增压器；13—排气管；14—高温出水总管；15—喷油泵；16—喷油器；17—凸轮随动机构；18—凸轮轴；19—中冷器；20—横拉螺栓

(2)启动电动机

柴油机 A、B 两侧分别布置一台空气启动电动机，位于柴油机输出端。

(3)机体

柴油机机体为整体铸造箱形结构，横截面为六边形。主轴孔(曲轴孔)位于机体的下部，共

7个主轴承座，每个主轴承盖被两根采用液压拉伸方式紧固的主轴承螺柱将其固定在机体上，并各用两根横拉螺栓分别从两侧将主轴承盖与机体连成一体，曲轴止推轴承位于第6位主轴承座(前端起)。主机油道位于机体中部，纵向贯穿整个机体，润滑和冷却摩擦副的机油由柴油机的前端进入。主机油道上部为凸轮轴承座的安装平面。机体左右两侧为高温水(缸套冷却水)的通道，高温水由柴油机的前端进入通道，然后由机体两侧顶面上的12个通孔进入各气缸套和气缸盖，最后汇入高温出水总管。机体两侧还铸造有柴油机安装座，通过连接螺栓将柴油机固定在安装底座上。机体前端为泵驱动齿轮腔，后端为定时齿轮腔，后端顶部为增压器的安装座。

(4)曲轴

柴油机曲轴与牵引发电机转子通过单片联轴节相连，电机的定子则直接固定在机车底座上。单片联轴节为轴向柔度较大的盘状结构，用以缓冲机车制动情况下由牵引发电机转子对柴油机所造成的冲击。联轴节上还安装有启动齿轮盘，当柴油机启动时，安装在机体后端的两个空气电动机的小齿轮在压缩空气的作用下伸出，并与齿轮盘啮合，同时电动机在压缩空气的驱动下高速旋转进而带动曲轴旋转。当柴油机达到发火转速并启动成功后，压缩空气被断开，电动机的小齿轮在弹簧力的作用下自动缩回。

(5)凸轮轴

与常规机车用V形中速柴油机不同，12V265型柴油机只有一根布置在机体上部中间的凸轮轴。利用随动机构控制喷油泵顶杆及进排气顶杆。凸轮轴由三个轴段连接组成，每个轴段控制左右四个气缸的燃烧定时，每个气缸有进气、排气和供油共3个凸轮。凸轮轴齿轮安装在后端，前端则安装有凸轮轴转速传感器，该传感器的主要作用是为电喷控制系统提供气缸燃烧上止点信号。

(6)凸轮随动机构

为了将单一凸轮轴的运动传递到两侧各个气缸的气门和喷油泵柱塞，12V265型柴油机增设了凸轮随动机构。凸轮随动机构每两缸一节，随动轴安装在凸轮轴承座上方座孔内。每个随动机构控制两个气缸，随动轴上分别装有排气随动摇臂、进气随动摇臂和供油随动摇臂，通过滚轮将凸轮的旋转运动转换成直线运动，再通过推杆将动力分别传递给排气摇臂、进气摇臂和喷油泵柱塞。进、排气摇臂再分别通过进、排气横臂驱动进、排气门的开启。气门的关闭和喷油泵柱塞的回落则在弹簧力的作用下完成。机油经过凸轮轴承后依次经过随动轴、随动摇臂、推杆、摇臂和横臂为各缸的配气机构运动件提供润滑，最后汇入油底壳。

(7)增压系统

两个增压器固定在机体后端的顶部，机体每一侧安装了一个中间空气冷却器(简称中冷器)。新鲜空气经过增压器的压气机增压后，通过空气管路进入中冷器下方的稳压箱，然后进入中冷器与冷却水进行热量交换，以降低空气温度提高气缸进气密度，最后经过各缸的进气支管、气缸盖的进气道和进气门进入燃烧室。燃烧废气经过各气缸盖的排气门和出气道汇入排气总管，完成驱动增压器的废气涡轮进行高速旋转后排入大气。

柴油机两侧气缸有各自独立的进、排气系统，即左、右侧气缸的进气道和排气管之间均没有连通，例如，左增压器仅为左侧气缸提供增压空气，同时也仅被左侧气缸的废气驱动。值得说明的是，对于12V265型柴油机，压气机提供的增压空气先进入稳压箱后再进入中冷器。

(8)机油系统

机油系统除管路外还包括主机油泵、减压阀和机油粗滤器3个主要部件，主要任务是从油底壳中抽取机油并送入系统管路，机油依次流经机油冷却器和滤清器后进入柴油机，为各运动件提供润滑和冷却。

(9)油底壳

柴油机的油底壳为钢板焊接的槽形结构件，采用一组 M12 螺栓紧固悬挂在机体的底部。油底壳的主要作用是盛装柴油机的润滑油，横截面为 U 形。

(10)冷却水系统

冷却水系统分低温(中冷水)和高温(柴油机水)两个独立水循环系统，各由一台离心式水泵进行压力循环。高温冷却水经分流三通进入机体两侧的水腔，然后流经并冷却各气缸套和气缸盖，最后汇总进入柴油机上部的高温出水总管并流出柴油机。中冷水在低温水泵出口处同样经分流三通进入左、右侧中冷器前端的进水口。由于中冷器为双流层结构，冷却水在完成了与增压空气的热量交换后，最终从同样位于中冷器前端的出水口流出柴油机。

(11)燃油系统

燃油系统除系统管路和各缸的喷油泵、高压油管、喷油器以外，还包括一个机械驱动的燃油输送泵。

(12)电喷控制系统

12V265 型柴油机采用电子控制方式，通过温度、压力和转速传感器随时采集柴油机的各项性能参数并将其反馈给车载微机系统，继而通过对喷油泵电磁阀的控制来调整或改变柴油机的运行工况。同时，车载微机系统还对曲轴转速、增压器转速、机油压力、曲轴箱压力，冷却水压力、机油温度、冷却水温度等影响柴油机运转安全的参数随时进行监控，针对柴油机的异常状况进行降载或通过切断燃油进行停机保护。

(13)动力组

动力组结构亦被称为动力单元。12V265 型柴油机的动力组是由连杆、活塞销、活塞、气缸套、气缸盖以及配气机构等相关部件组装成的独立部件。每个动力组被四根螺柱和螺母固定在机体的气缸孔中，螺柱的紧固采用液压拉伸方式。

3.3 主要技术参数

型号	12V265
气缸数、排列形式	12 缸、V 形排列、45°夹角
循环方式	4 冲程
结构形式	直接喷射、开式燃烧室、废气涡轮增压、增压空气中间冷却、电子控制燃油喷射、高低温冷却水压力循环、机油振荡冷却活塞
气缸直径	265 mm
活塞行程	300 mm
最低惰转转速	325 r/min
最低工作转速	400 r/min
标定转速	1 000 r/min

极限转速	1 120 r/min
标定功率(最大运用功率)	3 500 kW
曲轴旋转方向	面对输出端逆时针
气缸编号	面对输出端： 右列,输出端起依次为 B1→B6 缸 左列,输出端起依次为 A1→A6 缸
发火次序	B1＼A1／B5＼A5／B3＼A3／B6＼A6／B2＼A2／B4＼A4
最低启动水温	4 ℃
最低发火转速	60 r/min
排放模式	
排放等级	EPA Tier2
标定工况时的燃油消耗率	209×(1±3%) g/(kW·h)
油耗模式	
排放等级	EPA Tier0
标定工况时的燃油消耗率	199×(1±3%) g/(kW·h)
标定功率下的机油消耗率	小于燃油消耗率的 0.5%
外形尺寸	
长×宽×高	5 010 mm×1 780 mm×2 500 mm
质量	
净重	20 500×(1±2%) kg
冷却水	279×(1±1%) kg
机油	714.3×(1±1%) kg

HXN3B 型内燃机车牵引特性曲线如图 3.4 所示。

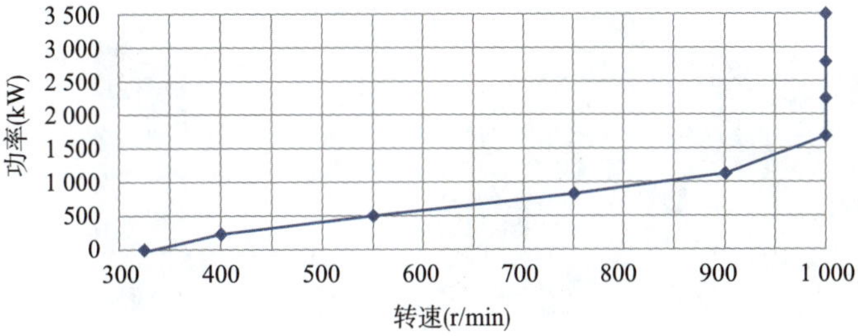

图 3.4　12V265 型柴油机牵引特性曲线

3.4　固 定 件

3.4.1　机体装配

12V265 型柴油机的机体为整体铸件,横截面为六边形,在结构上满足最大强度和刚度的要求，材料采用球墨铸铁。机体为龙门式箱形结构，12 个气缸孔呈 V 形左、右排列，夹角为 45°。作为柴油机的一个主要结构件，机体主要是为曲轴、动力组以及柴油机各系统零部件提供安装支承。同时，该铸件的下部还铸有四个固定座，俗称为基座支承，用于将柴油机固定安装在机车底架或底座上。机体内部铸有机油主管道和缸套冷却水（高温水）的主管道。机体各部位的结构分布如图 3.5 所示。

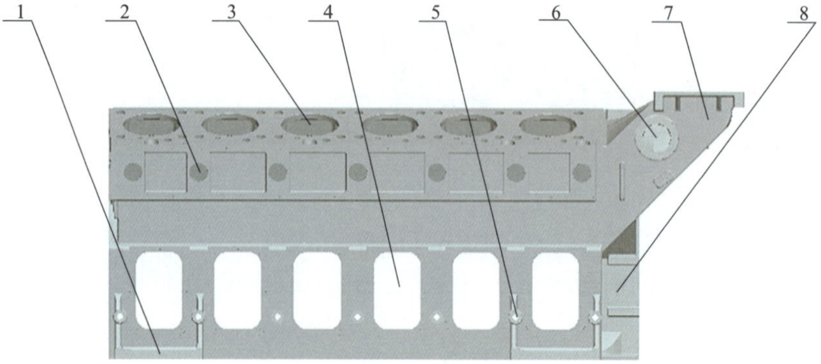

图 3.5　12V265 型柴油机的机体

1—柴油机支承座；2—高温冷却水主水道铸造工艺孔；3—动力组安装位置（气缸孔）；
4—曲轴箱检查孔；5—横拉螺栓孔；6—油气分离器座孔；7—增压器支座；8—配气齿轮箱

主轴孔（曲轴安装孔）位于机体的下部中间位置，7 个主轴承盖各自由两个垂直方向的主轴承螺柱和圆型主轴承螺母以及两侧的横拉螺栓把紧在机体上，如图 3.6 所示。

12V265 型柴油机主轴承（曲轴轴承）采用钢背铜铅合金薄壁轴瓦，每一位主轴承由上、下两个轴瓦组对构成，下瓦担负主要的承载任务，上瓦设置有储油槽。上、下瓦在轴孔中采用定位舌定位。12V265 型柴油机上、下主轴瓦如图 3.7 所示。

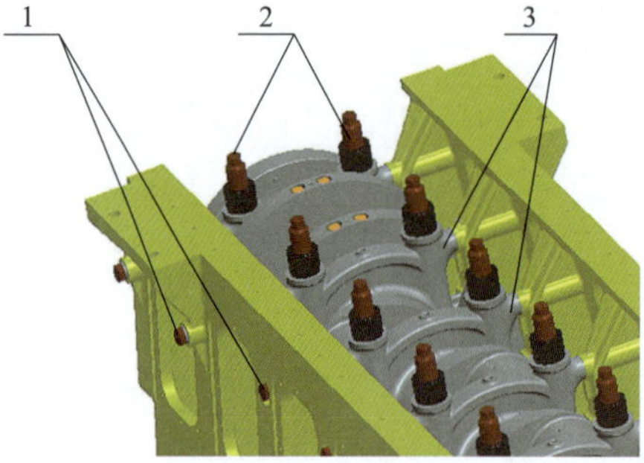

图 3.6　12V265 型柴油机主轴承盖的安装

1—主轴承横拉螺栓；2—主轴承螺栓和螺母；3—主轴承盖

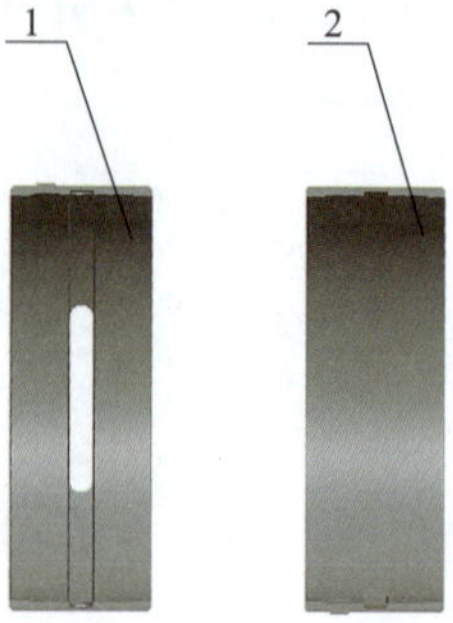

图 3.7　12V265 型柴油机上、下主轴瓦

1—主轴承上瓦；2—主轴承下瓦

12V265 型柴油机曲轴的止推挡圈安装在自由端（前端）起第 6 位主轴承座上。在第 6 位主轴承座前后两侧各放置一块半圆环形的片状曲轴止推挡圈，如图 3.8 所示。挡圈与曲轴止推面间的摩擦润滑利用的是主轴瓦油隙间渗漏的以及曲轴箱中飞溅的机油。

3.4.2 油底壳装配

油底壳为钢板焊接箱形结构，前端板中部设有吸油法兰孔，吸油管一直延伸到油底壳的中部，油管末端的吸油口向下并贴近底部，以避免机车在坡道行驶中可能出现的机油吸空现象。油底壳顶部法兰面与机体底部之间采用 O 形橡胶条密封，二者采用螺栓紧固。前端板的最低处设有放油堵。12V265 型柴油机油底壳如图 3.9 所示。

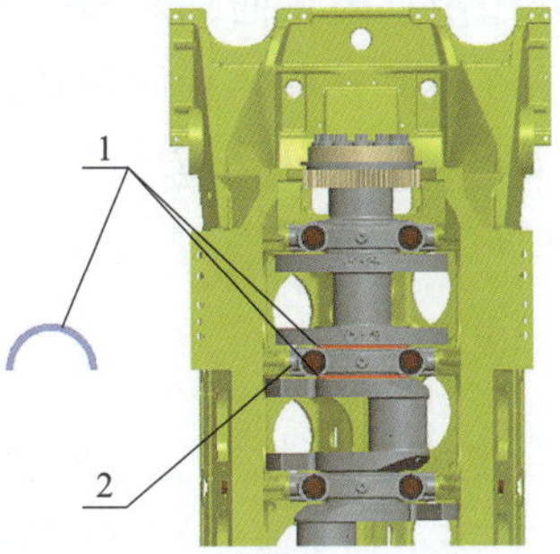

图 3.8 12V265 型柴油机曲轴止推挡圈

1—曲轴止推挡圈；2—第 6 位主轴承座

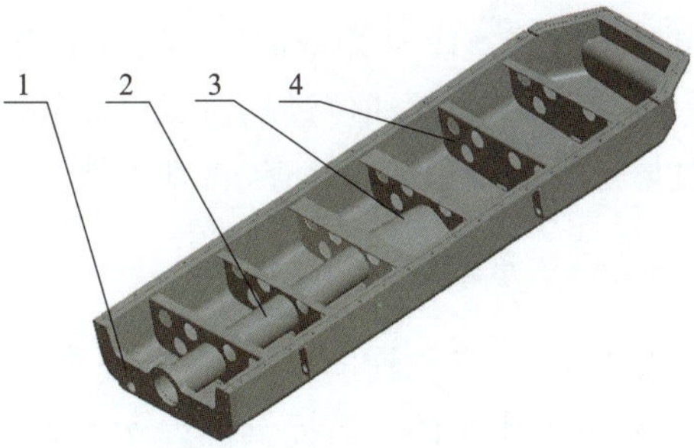

图 3.9 12V265 型柴油机油底壳

1—自由端端板；2—吸油管；3—吸油箱；4—隔板

3.4.3 凸轮轴箱

12V265 型柴油机仅有一根凸轮轴，安装在柴油机中部 V 形夹角处，如图 3.10 所示。凸轮轴的上部采用了一个铝合金焊接结构的箱体进行覆盖，被称为凸轮轴箱。凸轮轴箱只在两端与其他零部件采用螺栓连接固定，下部与机体顶面之间没有紧固螺栓，但设置了橡胶密封胶条。箱体上部对应每个动力组的位置开有顶杆孔，每个气缸有三个顶杆从该孔穿过，分别驱动进、排气阀和喷油泵柱塞。箱体内部焊有隔板，以提高整体强度。箱体顶部被拉筋分割为三个矩形敞孔，分别采用盖板密封。

在凸轮轴箱后部安装有铸铝合金材质的凸轮轴齿轮盖，将凸轮轴定时齿轮罩住，如图 3.11 所示。该齿轮盖分别采用两组螺栓与凸轮轴箱的后端面和机体的顶面连接固定，两个贴合面之间均采用橡胶条密封。

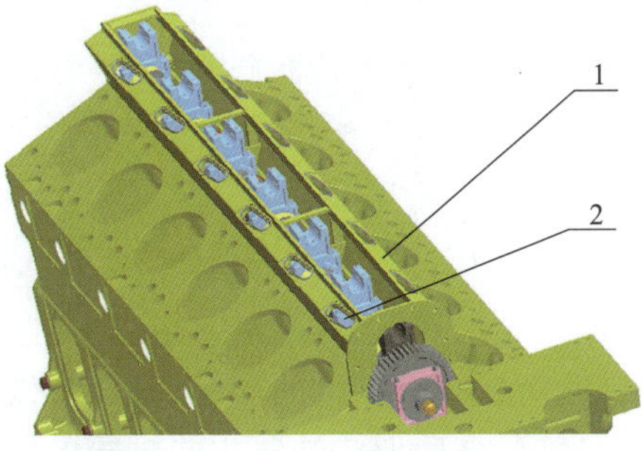

图 3.10 12V265 型柴油机凸轮轴箱

1—凸轮轴箱；2—摇臂顶杆孔

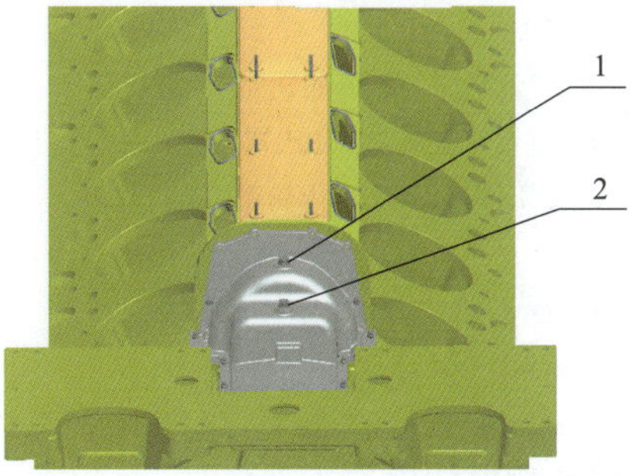

图 3.11 12V265 型柴油机凸轮轴齿轮盖

1—高位观察孔；2—低位观察孔

3.4.4 盖罩装配

柴油机盖罩装配主要包括后齿轮箱盖、油封、曲轴箱检查孔盖、动力组盖罩等。为了有效降低柴油机的质量，盖罩均采用铝合金材料。柴油机日常维护和检修时经常需要拆卸的盖罩采用橡胶材料作为密封件，其余为非石棉垫片。

图 3.12 为柴油机后端的定时齿轮箱密封盖以及油封，它们均为铸铝合金材料。其中齿轮箱盖还对双联齿轮起到支承作用。油封为迷宫式结构，其作用是阻止曲轴箱内的飞溅机油沿输出轴颈泄漏。12 个矩形曲轴箱盖采用铝合金板材加工，在拆卸这些盖板时应严格按照操作规程执行，防止内部油位过高造成机油外溢。此外，当柴油机因曲轴箱压力过高而停机时，不能过早打开曲轴箱进行检查，否则可能造成失火甚至爆炸等严重事故。

3.4.5 泵支承箱

泵支承箱，又称辅助箱，是一个安装在机体前部的铝合金铸造箱体。主要功能是为主机油泵和高、低温水泵的安装提供位置支承的箱体，如图 3.13 所示。在泵支承箱的内部，曲轴通过辅助传动齿轮来驱动高、低温水泵和机油泵齿轮，同时机油减压阀也安装在泵支承箱的内部。在泵支承箱的外部，安装有高温水泵、低温水泵、主机油泵、燃油输送泵、机油粗滤器、机油油位尺、机油加油口等零部件。除增压系统以外，柴油机的机油、燃油和冷却水的进、出口均布置在自由端。

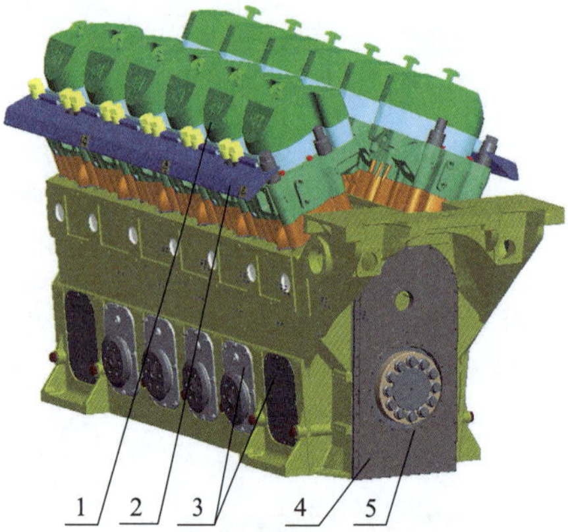

图 3.12 12V265 型柴油机后端密封盖

1—摇臂箱盖罩；2—防火罩装配；
3—曲轴箱盖罩装配；4—后齿轮箱盖；5—油封

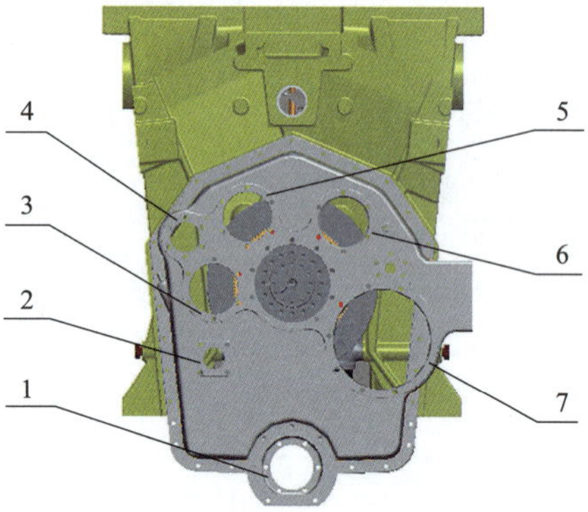

图 3.13 12V265 型柴油机前端的泵支承箱

1—机油粗滤器安装孔；2—金属颗粒探测器安装法兰孔；
3—离心精滤器连接安装孔；4—加油口装配安装孔；
5—高温水泵安装孔；6—低温水泵安装孔；7—机油泵安装孔

3.4.6 油气分离器装配

柴油机在正常工作状态下，虽然有活塞环的密封，但仍然会有少量的高温、高压燃气沿活塞与气缸套的侧壁间隙窜入曲轴箱，并与微小的机油颗粒混合后形成油气。曲轴箱的油气必须排出曲轴箱，但不经过滤直接排放将会污染大气，同时也会造成机油消耗量的上升，因此油气分离器是柴油机的必备部件之一。

正常运转情况下，12V265 型柴油机曲轴箱的压力保持为负值，即低于外界大气压，负压可以有效地减少柴油机内部油气渗漏的问题。负压的形成是由于该柴油机在油气分离器出口处安装了引射装置，利用空气引射原理将曲轴箱中的油气强制抽出。

柴油机油气分离器安装在柴油机左侧后部。曲轴箱内部的油气依次经过弯管、油气分离器和引射管，最后经过机车烟囱排入大气。油气分离器的壳体内部有金属网缠绕而成的滤芯，大部分机油颗粒会被刮除并流回曲轴箱。油气分离器上部的引射装置主要由喇叭形状的引射管以及两根蛇形金属软管组成。软管(一)和软管(二)的上端均与引射管后部的喷嘴相接，软管(一)的下端与左中冷器进气管相连，软管(二)的下端则通过电磁阀连接在机车风缸上，如图 3.14 所示。

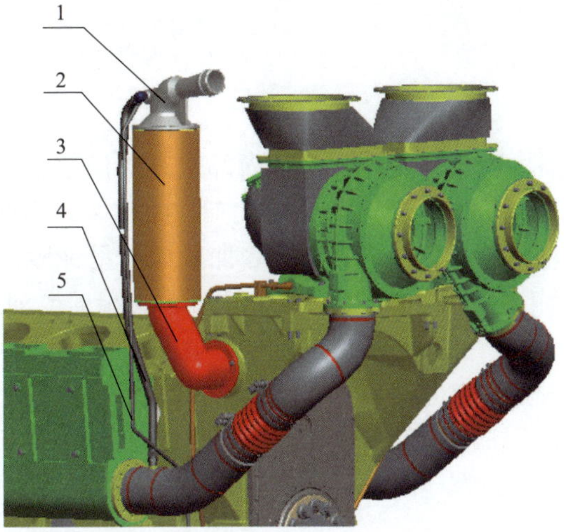

图 3.14 12V265 型柴油机油气分离器

1—引射管；2—油气分离器；3—曲轴箱弯管；4—软管(一)；5—软管(二)

3.5 运 动 件

柴油机运动件主要包括曲轴、凸轮轴、活塞、连杆、齿轮、联轴节以及驱动气阀开启的配气机构等零部件。柴油机的基本职能是将燃料的化学能转化为机械能并对外输出，而机械能的对外输出方式则是将活塞的直线运动转化为曲轴的旋转运动，完成这一运动规律的转化是柴油机各运动件主要任务。本节将重点介绍 12V265 型柴油机的曲轴、凸轮轴、齿轮、联轴节等主要部件，而活塞、连杆和配气机构等运动件将在动力组章节中予以介绍。

3.5.1 曲轴装配

曲轴装配作为柴油机的核心部件，其主要功能是动力传送和输出。曲轴装配由曲轴、曲轴齿轮、减振器、辅助传动齿轮以及两端的甩油盘等部件组成，如图 3.15 所示。12V265 型柴油机为并列连杆布置，通过活塞的往复运动将燃料的化学能转换为机械能，并通过曲轴输出端(后端)的联轴节输出功率。同时，曲轴一方面通过输出端的曲轴齿轮驱动定时齿轮系的运转，另一方面通过自由端的辅助传动齿轮(又称泵传动齿轮)驱动高、低温水泵和机油泵的运转。

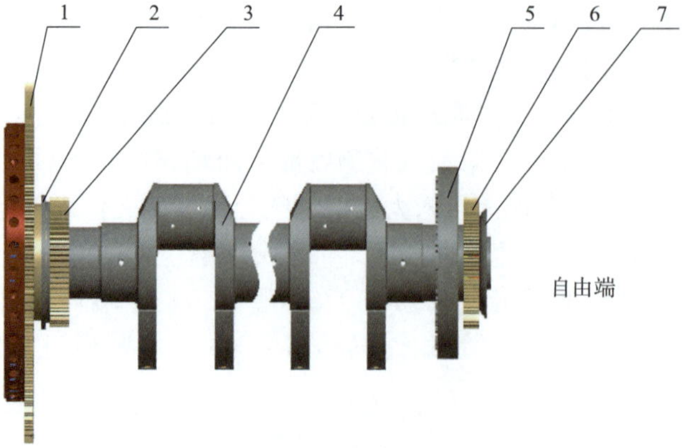

图 3.15　12V265 型柴油机曲轴装配

1—联轴节装配；2—输出端甩油盘；3—曲轴齿轮；4—曲轴；5—减振器；6—辅助传动齿轮；7—自由端甩油盘

柴油机的曲轴为合金钢全纤维锻造，在曲轴内部钻有机油通道。12 块平衡块采用螺栓紧固在曲柄臂下端，所有曲轴装机前均进行动平衡检查。曲轴的自由端安装有盖斯林格扭振减振器，曲轴输出端装有曲轴齿轮和单片式联轴节。曲轴齿轮呈钟形，通过双联齿轮和惰轮驱动凸轮轴齿轮。为防止曲轴箱中飞溅的机油沿柴油机两端的端盖或油封泄漏，在曲轴的两端分别安装了甩油盘。

在柴油机输出端，曲轴通过单片式联轴节与主发电机的转子连接，驱动电机旋转。同时，紧固在联轴节上的齿圈可以与空气启动电动机啮合，用以启动柴油机。主发电机壳体（定子）与柴油机不直接连接，它们通过螺栓固定在机车底架上。12V265 型柴油机曲轴如图 3.16 所示。

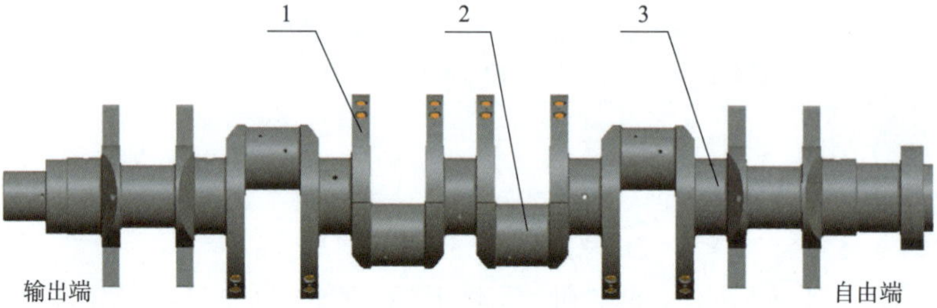

图 3.16　12V265 型柴油机曲轴

1—平衡块；2—连杆颈；3—主轴颈

3.5.2　联轴节装配

12V265 型柴油机采用“单片式”联轴节将曲轴与主发电机的转子相连，它是柴油机功率输出的重要连接件。联轴节装配由联轴节和启动齿轮盘组成，如图 3.17 所示。

联轴节中间的法兰通过螺栓固定在曲轴的输出端，外圈的法兰则固定在主发电机的转子上。联轴节的辐板部分厚度仅有 6.5 mm，因此轴向具有较大的柔度。在机车制动等情况下，电机转子的惯量会对曲轴系产生冲击，联轴节的轴向柔度将会有效地起到缓冲作用。联轴节外圈法兰的外圆柱面上刻有 360°的角度标识线，与盘车指针配合，便于在柴油机组装和检修时判定曲轴的相位。

联轴节装配最外圈的齿轮盘采用螺栓与联轴节固定在一起，主要作用：一是在柴油机检修时与专用盘车工具配合，用来转动曲轴；二是当柴油机启动时，与左、右两侧的启动电动机配合，在压缩空气的驱动下带动柴油机发火。为保护齿轮盘与启动电动机的齿轮啮合面，在齿轮盘的齿面上要敷涂开放型齿轮润滑脂。

3.5.3　泵传动装置

辅助传动齿轮装配又被称为泵传动装置，它安装在曲轴自由端，采用 16 个螺栓与盖斯林格扭振减振器一起固定在曲轴法兰上。辅助传动齿轮装配是一个具有缓冲作用的弹性齿轮机构，它由齿轮、轮毂、弹簧座、弹簧、圆柱销和前、后端板组成，如图 3.18 所示。前、后端板和轮毂通过 16 个螺栓与曲轴刚性连接，然后通过 8 个弹簧将扭转运动传递到外圈的齿轮上。通过弹簧的缓冲作用，这种结构能有效的减少轴系的扭转振动对水泵和机油泵的影响，同时也将因油、水系统压力波动而产生的振动冲击与曲轴隔绝开来。

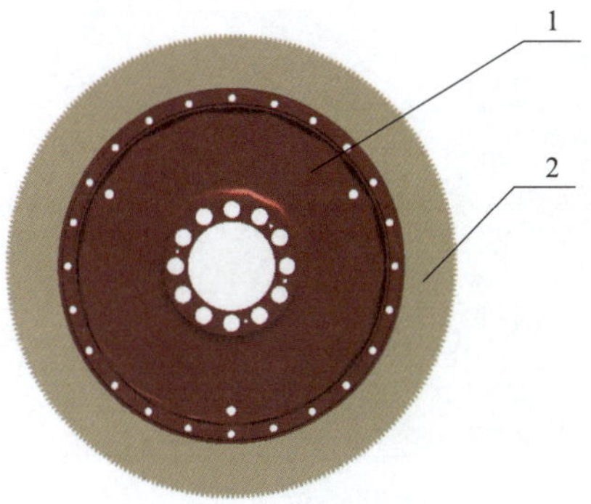

图 3.17　12V265 型柴油机的联轴节

1—联轴节；2—齿轮盘

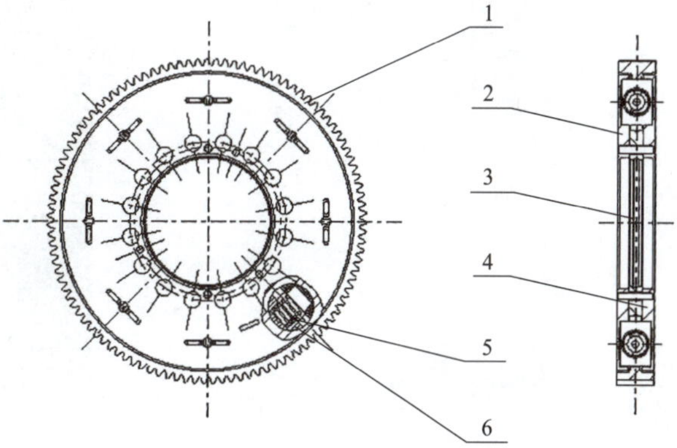

图 3.18　12V265 型柴油机辅助传动齿轮

1—齿轮；2—前端板；3—轮毂；4—后端板；
5—弹簧；6—弹簧座

3.5.4　定时齿轮系

柴油机的定时齿轮系安装在机体输出端(后端)的齿轮箱中，主要作用是通过齿轮传递扭矩，驱动凸轮轴旋转，继而通过随动摇臂、顶杆、摇臂、横臂等配气机构的零部件驱动各缸的进、排气阀按照设定的规律开启，与活塞的往复运动进行配合，以此完成燃烧室新鲜空气的进入和燃烧废气的排出。同时，凸轮轴通过类似的方法驱动各缸喷油泵的柱塞上、下运动，在柱塞室中形成高压燃油，并与电喷控制系统配合，将燃油喷入燃烧室。

图 3.19 为定时齿轮系的示意图，它由曲轴齿轮、双联齿轮、惰轮及凸轮轴齿轮以及支承轴、连接螺栓等部件组成。曲轴齿轮和凸轮轴齿轮分别被螺栓紧固在曲轴和凸轮轴上，双联齿轮和惰轮的支承轴固定在机体上。支承轴和齿轮内孔之间安装有薄壁轴套，机体主机油道末端的盖板兼有盖板、支架和油道三项功能，润滑机油通过盖板中油道进入齿轮支承轴的内孔，然后进入轴套。齿轮系的工作过程为：曲轴齿轮随曲轴旋转，并驱动双联齿轮的大齿轮；双联齿轮的大、小齿轮被连接螺栓和定位销固定在一起，按同一转速旋转；双联齿轮的小齿轮驱动惰轮，最后由惰轮驱动凸轮轴齿轮并带动凸轮轴旋转。面对柴油机的输出端，当曲轴沿逆时针

旋转时，凸轮轴的转向为顺时针。整个齿轮系的转速比为 2∶1，即凸轮轴的转速为曲轴转速的一半。

为保证柴油机配气相位的正确，曲轴齿轮与曲轴之间、凸轮轴齿轮与凸轮轴之间、双联齿轮的大小齿轮之间都采用定位销固定。

3.5.5 凸轮轴装配

凸轮轴的主要作用是通过配气机构的各运动部件，按一定的运动规律，将回转运动传递并转化为进、排气阀以及喷油泵柱塞的往复运动。与其他内燃机车用大功率中速柴油机不同，12V265 型柴油机仅采用了一根凸轮轴来控制左、右两排气缸的进、排气阀的开关以及喷油泵的供油。凸轮轴安装于两排气缸的中间，通过 8 个凸轮轴承座支承被固定在机体 V 形夹角的上部，如图 3.20 所示。每个凸轮轴承座中分别安装一对钢背铜铅合金材料的薄壁轴瓦。

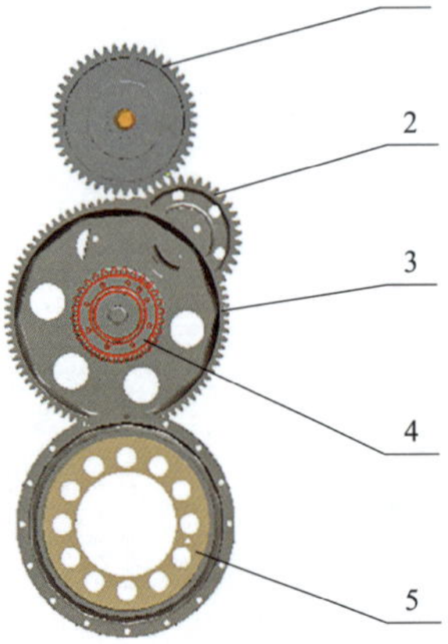

图 3.19　12V265 型柴油机定时齿轮系

1—凸轮轴齿轮；2—过渡齿轮；3—大齿轮；4—小齿轮；5—曲轴齿轮

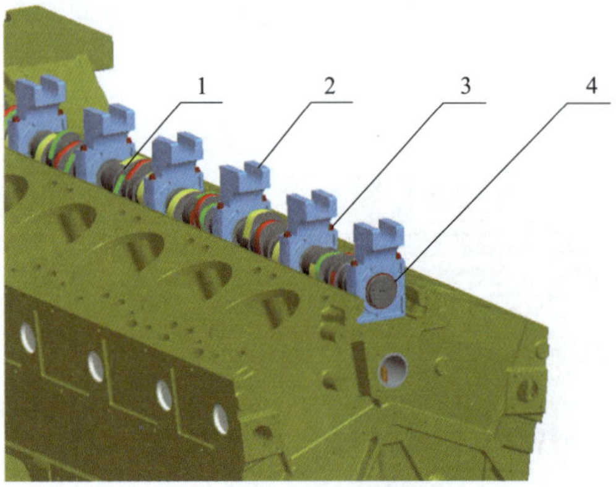

图 3.20　12V265 型柴油机凸轮轴的安装位置

1—凸轮轴；2—前端轴承座；3—轴承座螺栓；4—凸轮轴轴承

12V265 型柴油机的凸轮轴由 3 个单节构成，单节之间采用螺栓连接。凸轮轴的后端拧入一根螺柱，通过隔套将凸轮轴齿轮套装在螺柱端部，螺柱采用液压拉伸的方式与螺母配合将齿轮固定。凸轮轴齿轮与凸轮轴之间，以及各凸轮轴单节之间，均安装圆柱定位销，以保证凸轮相位正确。每个凸轮轴单节分别控制左、右共四个气缸的配气机构，每个气缸设置进、排气和供油三个凸轮。12V265 型柴油机凸轮轴装配及凸轮轴承座如图 3.21 所示。

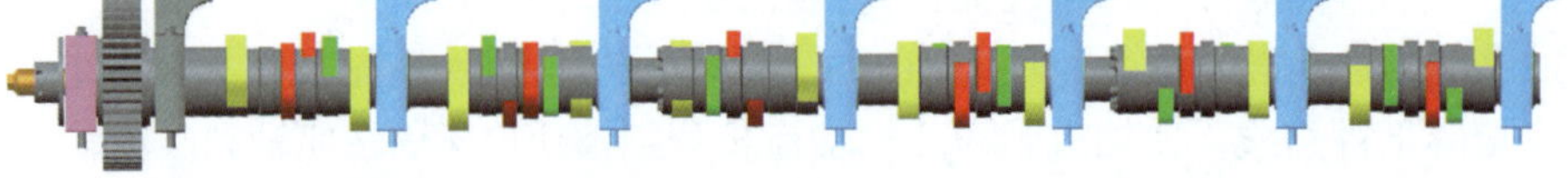

图 3.21　12V265 型柴油机凸轮轴装配及凸轮轴承座

3.5.6 随动摇臂装配

柴油机共采用 6 个完全相同的随动摇臂装配，每个随动摇臂装配控制同一连杆径上的左右两个气缸,其主要构成部件如图 3.22 所示。组装时,摇臂轴上弹性销的另一端将插入轴孔的油道中,弹性销除限制随动摇臂轴旋转外,其中间的通孔也是机油的通路,机油来自机体的主机油道,并依次经过凸轮轴承座、弹性销、随动摇臂轴中心孔后,最终通过各随动摇臂中的油孔为滚轮及随动摇臂轴承提供润滑,同时机油也经过球座中间的油孔上升进入顶杆,继而为气缸盖上部的进、排气摇臂等运动件提供润滑。

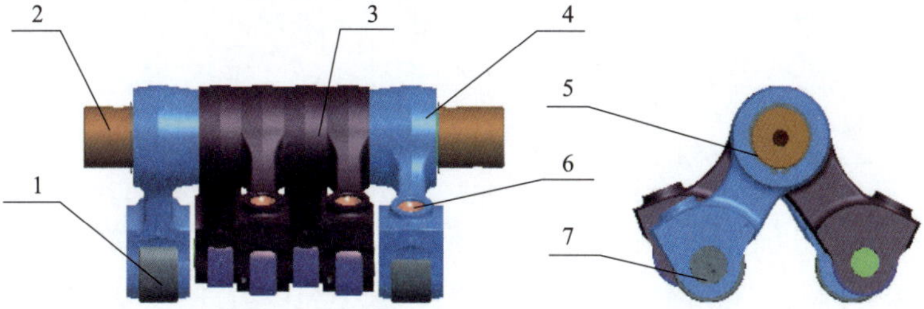

图 3.22 12V265 型柴油机随动摇臂装配

1—滚轮;2—随动轴;3—配气随动机构装配;4—供油随动机构装配;5—衬套;6—气门顶杆球座;7—滚轮销

随动摇臂为叉形连杆结构,上端孔嵌入钢背铜铅合金材料的薄壁轴套,并套装在随动摇臂轴上。下端的叉口处为滚轮,通过销轴悬挂在摇臂上。销轴与摇臂两侧的销孔为过盈配合,与滚轮内孔为间隙配合。因此销轴与摇臂没有相对运动,而滚轮则围绕销轴在凸轮型面上滚动。

3.6 动力组总成

动力组是柴油机的主要工作单元,可以完全互换,其中所有部件可随动力组一同拆卸。主要包括如下部件:连杆装配、活塞及活塞环、活塞销、气缸套、气缸盖、气缸盖螺柱、动力组螺母、配气机构(顶杆、气门摇臂装配、气门横臂装配)、摇臂箱和摇臂箱盖罩。12V265 型柴油机动力组总成如图 3.23 所示。

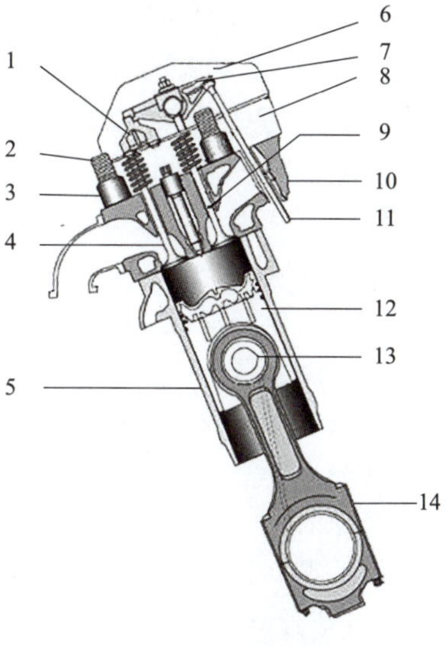

图 3.23 12V265 型柴油机动力组总成

1—气门横臂装配;2—气缸盖螺柱;3—动力组螺母;4—进气阀;5—气缸套;6—摇臂箱盖罩;7—气门摇臂装配;8—摇臂箱;9—排气阀;10—气缸盖;11—顶杆;12—活塞及活塞环;13—活塞销;14—连杆装配

3.6.1 连杆装配

连杆是以最轻质量获得最大强度为原则设计的锻钢部件如图 3.24 所示。连杆大端外侧面有一个凸台,与曲柄推力面配合。连杆大端内侧面与对面连杆对齐。并列连杆为直切口,用 4 个 M24 螺栓将体与盖连成一体。即连杆盖用 4 个螺栓、垫片以及螺母固定。螺栓头部为方形,与连杆上铣出的凹肩配合。由于轴承孔是一体加工并在加工后喷丸处理,因此杆身和盖成为配对件,并分别在杆身和盖上打印相同的序列号。

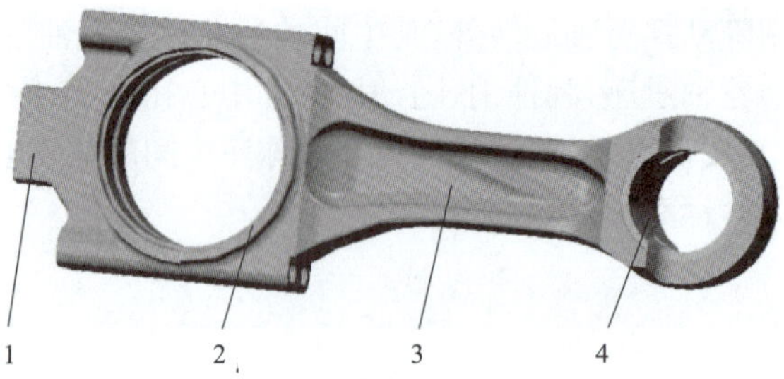

图 3.24　连杆

1—连杆盖;2—凸台;3—连杆体;4—钢背铜合金衬套

连杆大端轴瓦为三元合金瓦,类似于主轴承瓦。大端轴瓦带有定位舌,以防止在孔中转动。连杆上部(小端)装有钢背铜合金衬套,该衬套被冷装在连杆孔内,并带有与小端孔配合的油道。在杆身内部的钻孔,使润滑油从曲轴的曲柄销经连杆通向活塞销、活塞顶冷却腔进行润滑和冷却。

3.6.2　活 塞 销

钢制活塞销用于连接活塞和连杆,如图 3.25 所示。12V265 型柴油机采用全浮动活塞销设计。

活塞销内部有加工的油道,使润滑油从连杆小端衬套流入活塞销,之后经活塞裙上的油道进入活塞顶冷却腔。活塞销两侧有弹性挡圈,使活塞销不会从销孔窜出。

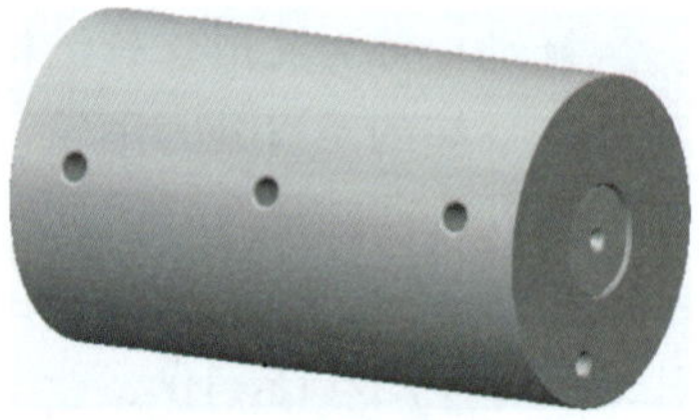

图 3.25　活塞销

3.6.3　活塞装配

12V265 型柴油机活塞装配采用钢顶铝裙结构,主要由活塞环组、活塞顶、活塞裙、连接螺栓等部件组成,如图 3.26 所示。

用 4 个连接螺栓及弹性套将活塞顶与活塞裙紧固在一起。顶裙之间装有橡胶密封圈,防止机油泄漏。两道气环槽布置在活塞顶上,环槽的上下表面进行了硬化处理,更加耐磨。一道油环槽布置在紧靠活塞顶的裙上,其下部还有一条环形油道,钻有回油孔,使油环刮下的过量滑油回到曲轴箱。靠近顶部的第一道气环材料为球墨铸铁,第二道气环材料是合金铸铁。油环设计成齿条形,其内部装有张紧弹簧。所有活塞环的外圆表面都经过镀铬处理,以提高耐磨性。润滑油通过活塞裙内部通道,直达活塞顶冷却腔内,用以吸收活塞顶的热量,然后经过裙部中央的回油孔流回曲轴箱。

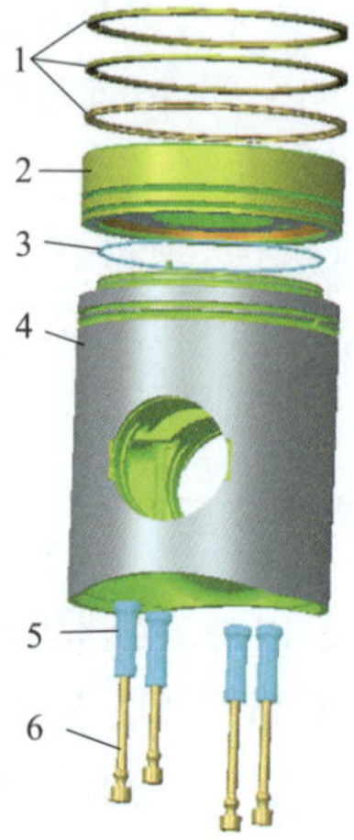

图 3.26　活塞及活塞环

1—活塞环组;2—活塞顶;3—密封圈;4—活塞裙;5—弹性套;6—连接螺栓

3.6.4 气 缸 套

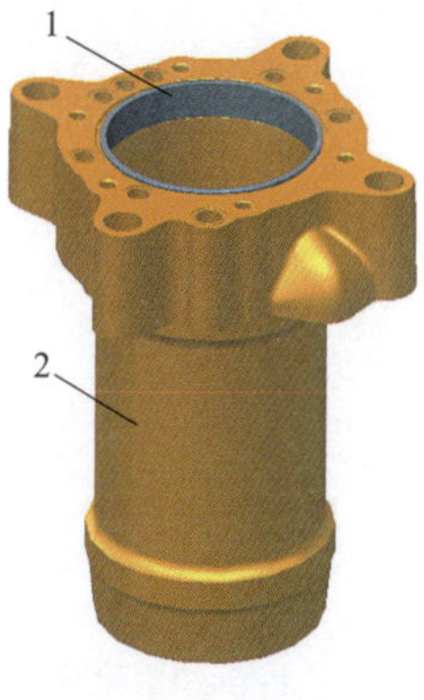

图 3.27　气缸套

1—减磨环；2—气缸套

气缸套是合金铸铁整体铸造结构，如图 3.27 所示。气缸套最小壁厚为 15 mm，总长度为 630 mm。缸套内孔采用平台网纹珩磨及软氮化处理。气缸套顶部装有圆形薄壁减磨环，减磨环材料与气缸套相同。减磨环的应用可防止燃气下窜并能显著降低机油消耗。

气缸套顶部为中空厚法兰，轴向厚度 140 mm，内部铸有环形水腔。气缸套桶体部分共有两道支承环与机体配合。缸套没有下部水套，冷却液从机体传上来后，流经缸套上部的水腔进入气缸盖。

气缸盖和气缸套之间采用定位销的方式对齐。

3.6.5 气 缸 盖

气缸盖是铸铁整体结构，是动力组装配中最复杂的部件，如图 3.28 所示。因该柴油机进排气道布置在气缸盖两侧，采取并联气道结构，进气口在外右侧，排气口在内左侧，所以四个气门布置很特殊，同时进、排气门还设置了气门旋转机构和气门间隙调整器。气缸盖中央有喷油器护套，内侧有喷油器孔，喷油器从顶部进油，高压油管在摇臂箱盖罩内，两端分别连接喷油器和喷油泵。喷油泵亦安装在摇臂箱内。

气缸盖用 6 个螺栓紧固在气缸套上，二者间通过使用 O 形橡胶圈和气缸盖垫片密封气缸盖和气缸套间的所有通道。

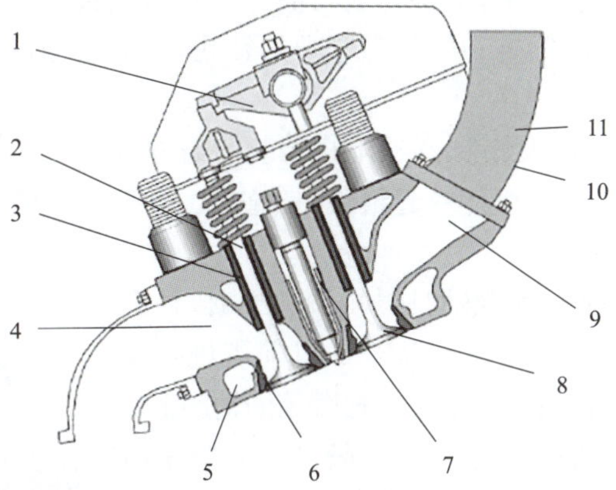

图 3.28　气缸盖装配

1—配气机构；2—进气门；3—气门导管；4—进气道；5—冷却水进入腔；6—气门阀座；7—喷油器护套；8—排气门；9—排气道；10—冷却水出口(在排气管后面)；11—排气管

3.6.6 配气机构

配气机构(简称阀系)由进排气门、气门导管、气门弹簧、气门旋转机构、气门间隙调整器、横臂装配、摇臂装配、气门顶杆和喷油泵顶杆组成，如图 3.29 所示。

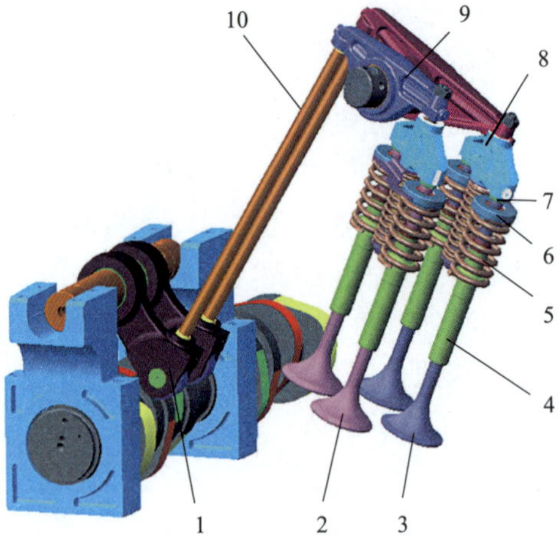

图 3.29　配气机构

1—凸轮轴及随动机构；2—排气门；3—进气门；4—气门导管；5—气门弹簧；
6—气门旋转机构；7—气门间隙调整器；8—横臂装配；9—摇臂装配；10—气门顶杆

3.6.6.1　阀系主要特点及说明

阀系各部件的动力来自于凸轮轴和随动机构，通过气门顶杆推动整个机构，实现进排气门的开闭。气门摇臂装配固定在摇臂箱上，每个摇臂下方连接气门横臂装配，可同时控制 2 个同名气门的开启闭合。气门横臂装配上带有防转片，组装时，防转片靠近气门旋转机构，减小了横臂的横向转动和摆动，对横臂的运动起到导向作用；气门横臂下端装有弹簧座（铜球座），安装时，弹簧座安装在气缸盖座孔中，缩小了气门横臂的侧向偏移量；机油通过气门顶杆的内孔到达气门摇臂装配，通过气门摇臂和气门横臂中的钻孔，到达气门间隙调整器，使各运动件均可充分润滑。

进、排气门做为阀系的主要部件，在柴油机组装前需进行前期组装，它和气门弹簧、气门导管、气门旋转机构以及气门座等部件一起组装在气缸盖上，靠气门锁夹固定。

3.6.6.2　摇臂装配

摇臂装配由进、排气摇臂，摇臂轴，压块，调整螺钉，衬套组成，如图 3.30 所示。摇臂机构在组装柴油机前需进行预组装，装机时通过压块将摇臂机构整体装在摇臂箱的轴座上。

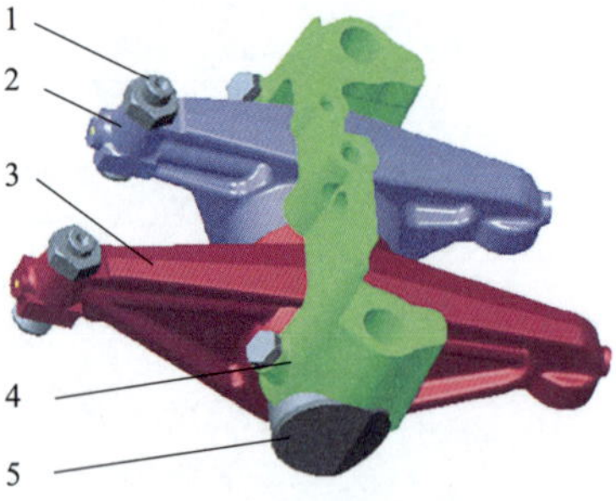

图 3.30　摇臂装配示意

1—调整螺钉；2—排气摇臂；
3—进气摇臂；4—压块；5—摇臂轴

进、排气摇臂为锻钢件，两端加工精度较高。其中钻有通孔的一侧安装调整螺钉，该螺钉上部装有螺母，用于调节螺钉半球座与气门横臂的接触高度；摇臂另一侧加工成半球型座，用于安装气门顶杆。

摇臂轴为渗碳淬火钢件，全部精加工，安装摇臂的位置上钻有机油油路通孔。轴两侧有安装螺纹孔，用于安装压块。

柴油机运行时，机油从摇臂的顶杆端进入，经摇臂分流至摇臂轴和调整螺钉，调整螺钉中的机油随后进入气门横臂进行润滑，摇臂轴上的机油润滑摇臂轴后，流入摇臂箱，经气缸盖回油孔流回机体。

3.6.6.3 气门横臂装配

气门横臂装配主要功能是直接控制进排气门开启和关闭，并具有一定的自身调节能力，最大程度上减小了因加工、组装过程中造成的气门受力不同轴的问题。气门横臂装配由气门横臂、气门横臂导杆、气门间隙调整器、气门横臂弹簧、铜球座、防转片和卡环组成，如图 3.31 所示。

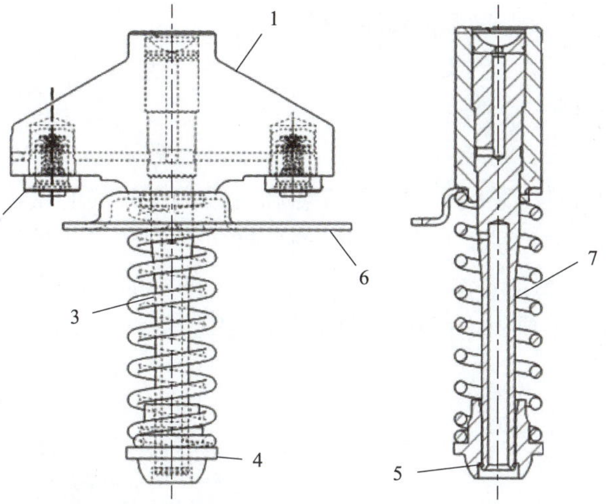

图 3.31 气门横臂装配

1—气门横臂；2—气门间隙调整器；3—气门横臂弹簧；4—铜球座；5—卡环；6—防转片；7—气门横臂导杆

气门横臂为锻钢件，因其运动频率较高，为保证运动平衡性，对部件质量有所要求。气门横臂两端孔内各安装 1 个气门间隙调整器。气门间隙调整器与气门端部接触，内部安装有弹簧，具有一定的伸缩性，如图 3.32 所示。该自动气门间隙调整器能够保证柴油机在冷态和热态均为"零"间隙，所以取消了传统柴油机的冷态气门间隙调整要求。

防转片是碳钢压型件，该件依靠两端钢板将气门横臂固定在进排气门周围，使气门横臂具有较小的活动空间，如图 3.33 所示。柴油机工作时，气门横臂波动频繁，防转片受力较大，柴油机例行检查中，可以在 325 r/min 工况拆下摇臂箱盖罩，观察防转片情况。如发现防转片损坏应及时更换，以免造成动力组损伤。

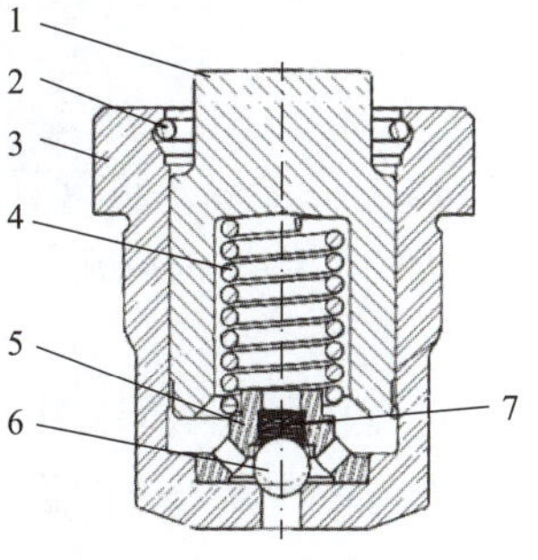

图 3.32 气门间隙调整器

1—柱塞；2—卡环；3—体；4—柱塞弹簧；5—弹簧座；6—球；7—弹簧

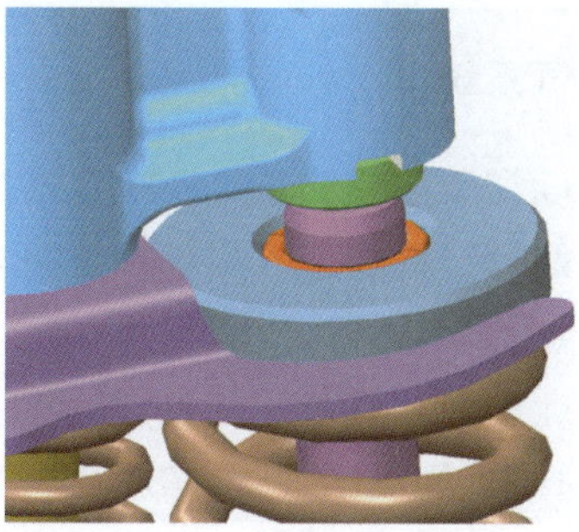

图 3.33 防转片安装位置

3.6.6.4 气门顶杆和喷油泵顶杆

气门顶杆和喷油泵顶杆极其相似，仅是长度不同。顶杆装配的杆体中间钻有油孔，杆体两端安装气门顶杆球头。喷油泵顶杆安装在喷油泵和随动摇臂之间，气缸达到供油点前，随动摇臂推动喷油泵顶杆顶起喷油泵柱塞，使燃油在喷油泵内形成高压油。气门顶杆安装在进排气摇臂和随动摇臂之间，随动摇臂通过顶杆和进排气摇臂与横臂控制气门开启和关闭，同时机油也通过气门顶杆进入阀系，为阀系各部件提供润滑。

3.7 增压和进排气系统

柴油机的增压和进排气系统是利用气缸燃烧后排出燃气的能量，通过排气系统进入增压器，驱动增压器的涡轮旋转，带动与涡轮同轴的压气机对进入柴油机增压器的空气进行压缩，压缩后的空气经中冷器稳压、冷却，进入燃烧室与喷入的燃油混合参与燃烧。

增压和进排气系统主要由增压器、中间空气冷却器(简称中冷器)、排气总管以及其他管路部件组成，如图 3.34 所示。

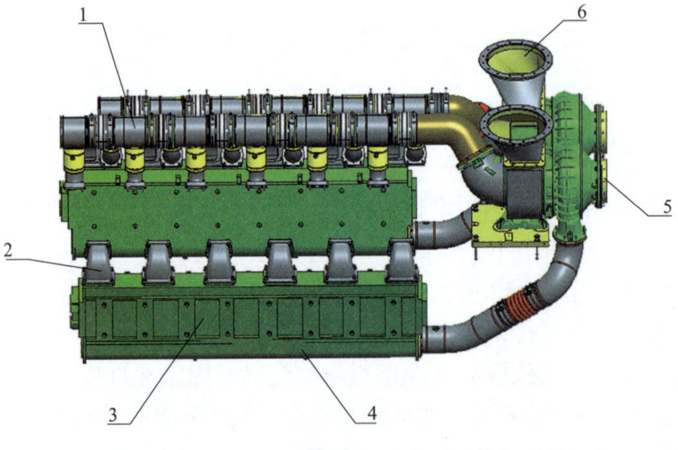

图 3.34 12V265 型柴油机增压和进排气系统

1—排气总管；2—进气支管；3—左侧中冷器；4—稳压箱；5—压气机进口(空滤侧)；6—废气涡轮出口(烟囱)

3.7.1 进气系统

12V265 型柴油机的进气系统包括增压器的压气机、中冷器以及进气管路。12V265 型柴油机左、右两排气缸的进气系统各自独立，两套进气系统的零部件构成基本一致，图 3.35 为进气系统示意图。

12V265 型柴油机采用两台增压器，分别用螺栓固定在机体输出端支座上。增压器压气机出口依次通过压气机出气管、橡胶波纹管、中冷器进气管与中冷器下方的稳压箱相接。橡胶波纹管起到隔振以及消除制造、组装误差的作用。

柴油机两侧共安装了两台中冷器，每个中冷器的上、下均设置了稳压箱。各缸的进气支管为铸铝合金材料，将经过冷却后的高压空气引入各气缸盖的进气道，并最终进入燃烧室。

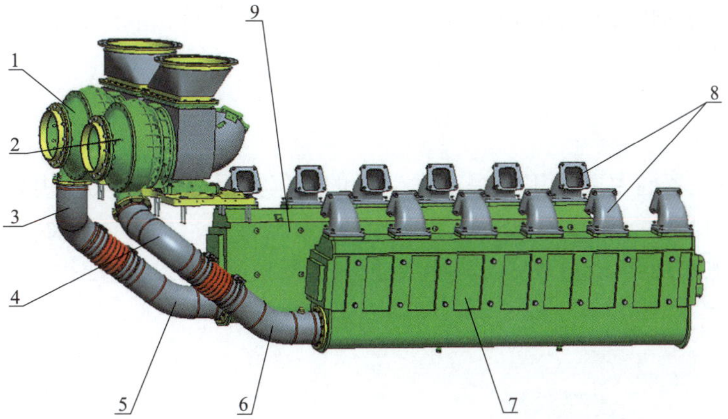

图 3.35　12V265 型柴油机进气系统

1—左增压器；2—右增压器；3—左压气机出气管；4—右压气机出气管；5—左中冷器进气管；6—右中冷器进气管；7—右中冷器装配；8—进气支管；9—左中冷器装配

3.7.2　排气系统

与进气系统相比，排气系统的零部件相对较少。同样，12V265 型柴油机左、右气缸的排气系统也各自独立，构成部件也基本一致。每侧排气总管由若干排气总管单节装配、波纹管装配以及管卡组成，这些部件均采用耐热不锈钢材料，如图 3.36 所示。此外，增压器的涡轮端部分理论上也应归入排气系统。

排气总管由各排气管单节装配串联构成。每两个排气管单节之间都安装了一个波纹管，其作用是：缓解排气脉冲造成的振动；避免零部件因高温变形而产生热应力；抵消因制造和组装而形成的排气总管单节间的对中误差。波纹管与排气管单节间采用弹性管卡连接，之间采用片状蛭石密封。

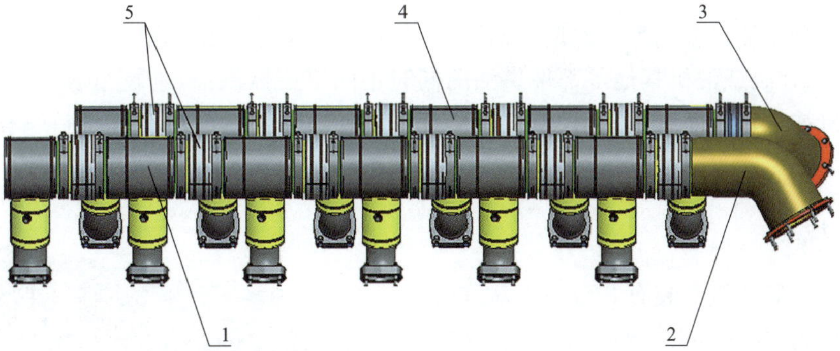

图 3.36　12V265 型柴油机排气系统

1—左排气管单节；2—左排气弯管；3—右排气弯管；4—右排气管单节；5—波纹管单节

排气管单节呈 T 字形状，垂直方向为排气支管，水平方向排气总管，如图 3.37 所示。位于柴油机最前端的左、右两侧单节，其总管前端用端板焊接封死。单节外部包裹了隔热材料，能够隔断燃烧废气的热传导，同时隔热材料本身满足环保要求。隔热材料的外部用不锈钢薄板包裹，并用卡带固定。波纹管的外部同样用不锈钢薄板进行了封盖。

3.7.3 增压器

废气涡轮增压器的主要作用是提高发动机的进气充量，提高动力性并改善燃油经济性。此外，增压器的自身性能和与柴油机的匹配也直接影响排放指标。增压器主要由涡轮(机)和压气机两部分构成，如图 3.38 所示。涡轮轮盘和压气机叶轮通过轴连接，被称为增压器的转子轴。

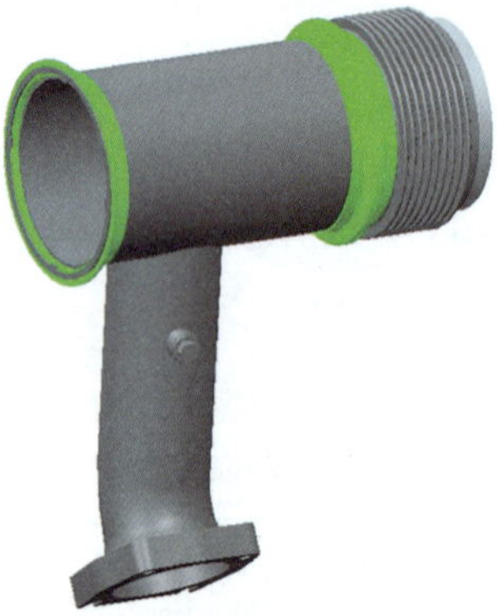

图 3.37 排气管单节

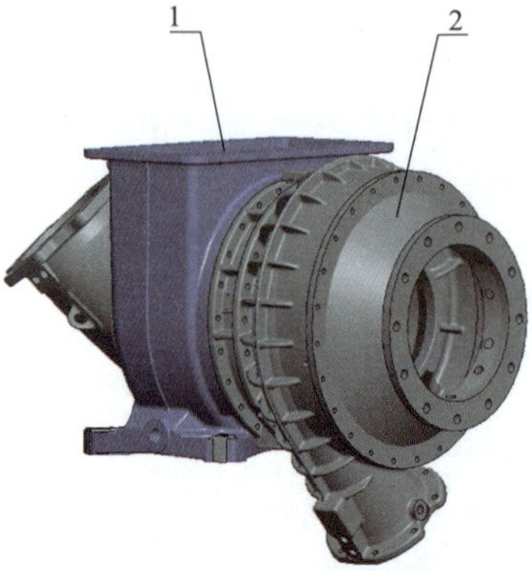

图 3.38 12V265 型柴油机右侧增压器

1—涡轮机；2—压气机

来自排气总管的高温高压燃烧废气，首先通过涡轮端的喷嘴环，然后驱动废气涡轮轮盘旋转从而带动增压器的压气机叶轮高速旋转，最后通过涡轮端上部的涡轮出口排入大气。压气机叶轮在旋转过程中，与压气机端的扩压器、蜗壳等部件配合，将外界空气吸入并压缩，再通过压气机出口将其导流至中冷器下部的稳压腔。

12V265 型柴油机采用无水冷增压器，热量依靠机油带走。柴油机启动前，安装在机车上的辅助机油泵在给柴油机其他零部件供油的同时也向增压器供油，进行“预润滑”。柴油机停机后，辅助机油泵将立即启动，单独向增压器提供机油，进行“后润滑”，并维持一段时间，以保护增压器。

3.7.4 中冷器

12V265 型柴油机共装有 2 台左右对称的中冷器。图 3.39 为中冷器的外形图，每个中冷器采用 16 个螺栓固定在机体外侧。

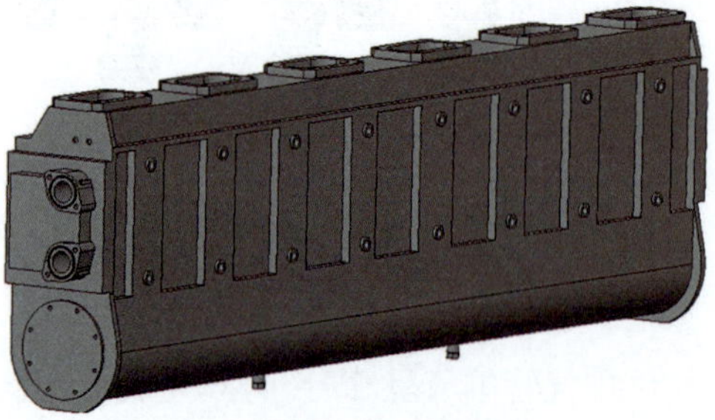

图 3.39 12V265 型柴油机中冷器

中冷器主要由上、下起稳压作用的腔体、管片式结构的冷却芯以及前后两端的水盖组成。冷却水管与翅片均为铜材质，水管与芯组两端的管片采用胀管工艺固接。来自增压器压气机的压缩空气由下部稳压腔进入，依次流经下、上冷却芯组的水管外壁，并通过翅片完成热量交换，共同汇入上部稳压腔，最终通过各缸的进气支管进入燃烧室。

3.8　燃油控制、润滑及冷却系统

3.8.1　燃油系统

燃油系统的作用是将一定数量的燃油，雾化后喷入燃烧室，与缸内压缩空气充分混合并燃烧。目的是将燃料的化学能转变为机械能，实现柴油机的功率输出。此外，燃油还具有为高压喷油泵中的电磁阀、柱塞等部件提供冷却和润滑的作用。

12V265 型柴油机燃油系统分为内循环系统和外循环系统，其中内循环系统由各缸电子控制的喷油泵、喷油器、高压油管，以及燃油输送泵、燃油分配块和其他燃油系统管件组成。外循环系统由燃油箱、离心式燃油粗滤器、燃油预热器、燃油精滤器、启动燃油泵、单向阀（逆止阀）以及系统安全减压阀等组成，布置在机车的辅助系统。

3.8.1.1　燃油系统工作原理

HXN3B 型内燃机车的燃油系统原理如图 3.40 所示。在系统中设置了两个燃油输送泵，其中布置在柴油机外循环的启动泵（又称辅助燃油输送泵）由电机驱动，安装在柴油机上的燃油输送泵通过主机油泵的主动轴后端驱动，后者又被称为“机带泵”。当机车发出柴油机启动信号时，启动泵从燃油箱中抽取燃油，并将其泵入系统，燃油经过粗滤器和精滤器后进入柴油机。当柴油机启动后，在低转速下运转时，机带泵的流量不足以满足柴油机的需要，此时的燃油流量由启动泵和机带泵联合提供。在高转速情况下，车载微机将停止启动泵的工作，燃油流量完全由机带泵提供。在低温情况下，经过粗滤器后的燃油还会在预热器中加温。

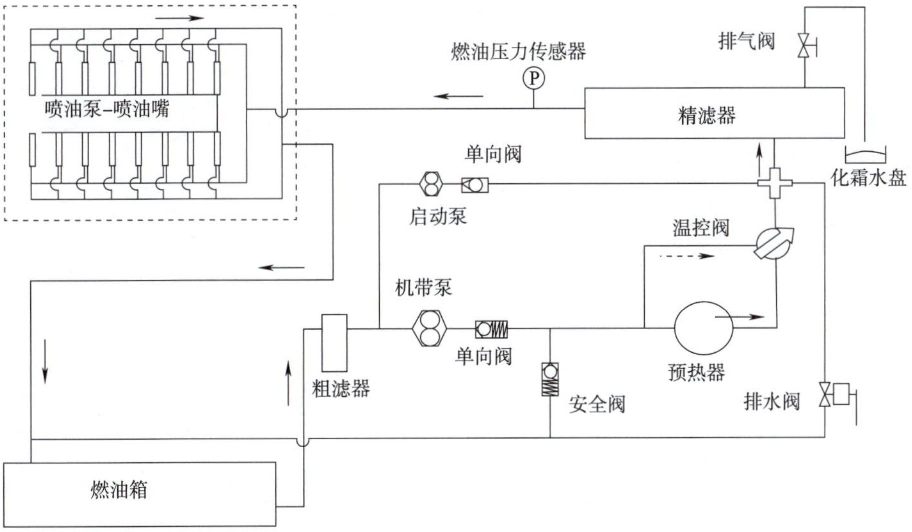

图 3.40　燃油系统原理

3.8.1.2 燃油喷射形式

进入柴油机的燃油，首先进入安装在自由端的燃油分配器，被分别输送到柴油机两侧的燃油供油总管，再通过各缸的进油软管进入各缸的喷油泵、高压油管、喷油器，并在 MVC 电喷控制软件的调控下按喷油定时进入各缸的燃烧室，参与燃烧。未参与燃烧的大部分燃油将流回柴油机左、右两侧的燃油回油总管，然后汇入自由端的燃油分配器，最后经系统管路返回机车燃油箱。12V265 型柴油机的“泵-管-嘴”燃油喷射装置如图 3.41 所示，即所谓“PPN”形式。在柴油机运转过程中，进入喷油泵的燃油在 MVC 电喷控制系统的调控下实现功能。

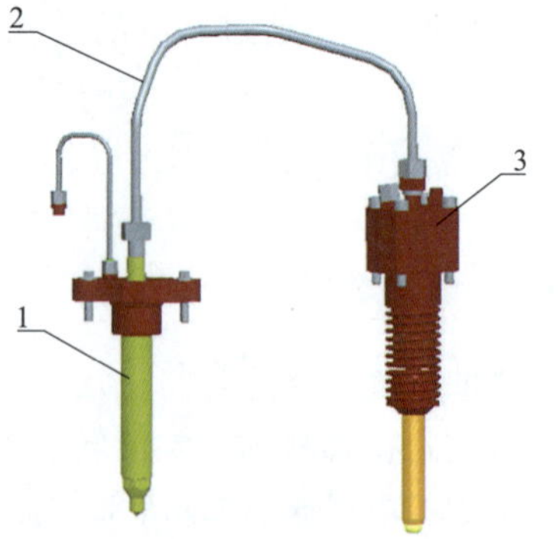

图 3.41　12V265 型柴油机的喷油器、高压油管、喷油泵

1—喷油器；2—高压油管；3—喷油泵

3.8.2 控制系统

12V265 型柴油机的电喷控制系统由 MVC 电喷控制器、配线柜、传感器、线束四部分组成，主要功能包括柴油机燃油喷射和转速控制、柴油机运行状态监测及安保控制、车载微机协作，12V265 型柴油机电喷控制系统示意如图 3.42 所示。

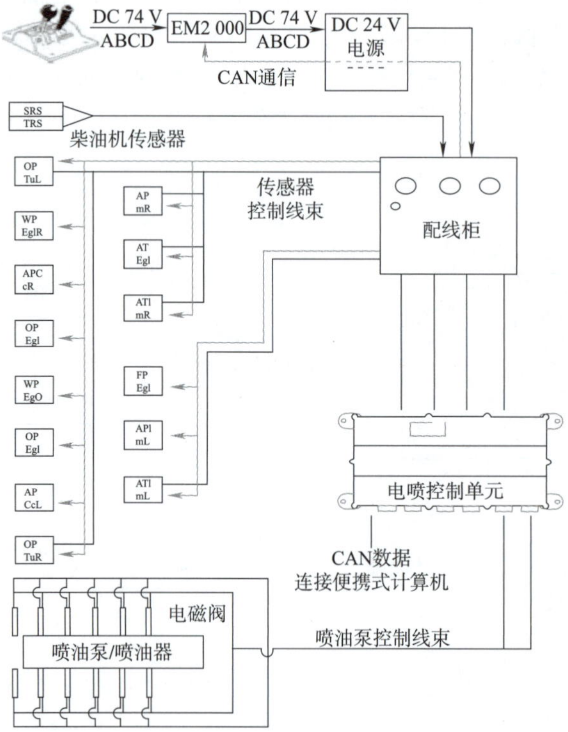

图 3.42　柴油机电喷控制示意

3.8.2.1 MVC电喷控制器

12V265型柴油机采用MVC电喷控制器和控制软件。MVC电喷控制器为电喷控制系统的核心单元,内部具有微处理器,它的基础功能为喷油控制:通过柴油机转速传感器信号来进行定时定量供油,控制柴油机转速,并根据性能数据来决定燃油喷射的基本定时点,使得电喷系统具有根据柴油机状态的变化来调整燃油喷射定时和脉冲宽度的能力;它的辅助功能为柴油机状态监控:通过采集安装在柴油机上的传感器信号监控柴油机各系统参数,并根据非正常状态的故障严重程度来限制柴油机的性能,甚至通过切断燃油的喷射来迫使柴油机停止工作;此外,电喷控制器还负责将收集的柴油机状态信息反馈给车载微机,与车载微机系统协作,实现机车对柴油机的控制。

12V265型柴油机MVC电喷控制器的安保功能见表3.1。

表3.1 MVC电喷控制器的安保功能

序号	安保功能	序号	安保功能
1	高温水进口压力低停机	2	高温水出口压力低停机
3	机油进口压力低停机	4	机油进口压力低报警
5	曲轴箱压力停机	6	机油进口温度高报警
7	机油进口温度高停机	8	增压器转速保护停机
9	柴油机超速保护停机	10	增压器进口压力停机(预留)

12V265型柴油机MVC电喷控制器的监测参数见表3.2。

表3.2 MVC电喷控制器的监测参数

序号	参数名称	序号	参数名称
1	高温水进口压力	2	高温水出口压力
3	机油进口压力	4	增压器机油进口压力
5	左侧中冷后空气压力	6	右侧中冷后空气压力
7	左侧曲轴箱压力	8	右侧曲轴箱压力
9	燃油进口压力	10	机油进口温度
11	左侧中冷后空气温度	12	右侧中冷后空气温度
13	空气进气温度	14	凸轮轴转速
15	曲轴转速1	16	曲轴转速2
17	左侧增压器转速	18	右侧增压器转速

3.8.2.2 配 线 柜

配线柜主要作用是对柴油机上的各个传感器信号进行处理,然后传输给电喷控制器;配线柜同时还具有CAN通信传送;内含油耗和排放模式转换开关,可以手动切换;功能化扩展接口。

3.8.2.3 传 感 器

电喷控制系统需要根据柴油机的转速、相位和采集的其他参数来计算燃油喷射的始点和持续期。这些信息都来自于柴油机传感器的数据反馈,这些传感器根据各自的类型分为电磁感应传感器、压力传感器和温度传感器,按照所采集数据的功能又可分为转速传感器、性能传感器和保护传感器三种。

3.8.2.4 线　束

电喷控制系统中包含了两条线束，分别担负电喷控制器、传感器及喷油泵电磁阀的通信。除此以外，还有一根车载线束承担电喷控制器与车载微机控制系统的通信。在柴油机以外，安装在机车辅助系统中的传感器，如安装在燃油和机油滤清器等其他部件上的若干传感器，也通过这条车载线束(或电缆)与车载微机相连。

安装在机车电器柜上的配线柜，通过这些线束担负着承上启下的作用：一方面接受来自司机控制器的挡位信号，将其转换为直流转速信号后发送到电喷控制器；另一方面接受来自电喷控制器的各种监控参数和诊断信息，再将其发送到车载微机。车载微机将把报警和故障诊断信息显示到微机显示屏上，同时也根据相关参数判定柴油机负载要求的反应状态。

电喷控制系统固定在柴油机上的两条线束按其功能以及连接的元件分别被称为喷油泵线束和传感器线束。顾名思义，喷油泵线束担负着电喷控制器与各缸喷油泵电磁阀的连接。传感器线束将柴油机上的各种传感器与电喷控制器连接，并传输与柴油机性能、保护及诊断相关的各种电压信号。

3.8.3 机油系统

机油系统的作用是将具有一定压力的清洁机油输送到柴油机各个部分，为各运动零部件的摩擦副提供润滑，同时带走热量，降低零部件的热负荷。12V265 型柴油机的机油系统主要有粗滤器、主机油泵、减压阀、增压器进油逆止阀等主要部件组成。此外，尚有部分辅助零部件安装在机车系统中，如辅助机油泵、辅助机油泵滤清器、机油冷却器(简称油冷器)、机油滤清器以及系统管件等。

3.8.3.1 机油系统的工作原理

以柴油机主机油道进口为界，机油系统的循环被分为内、外两部分，如图 3.43 所示。

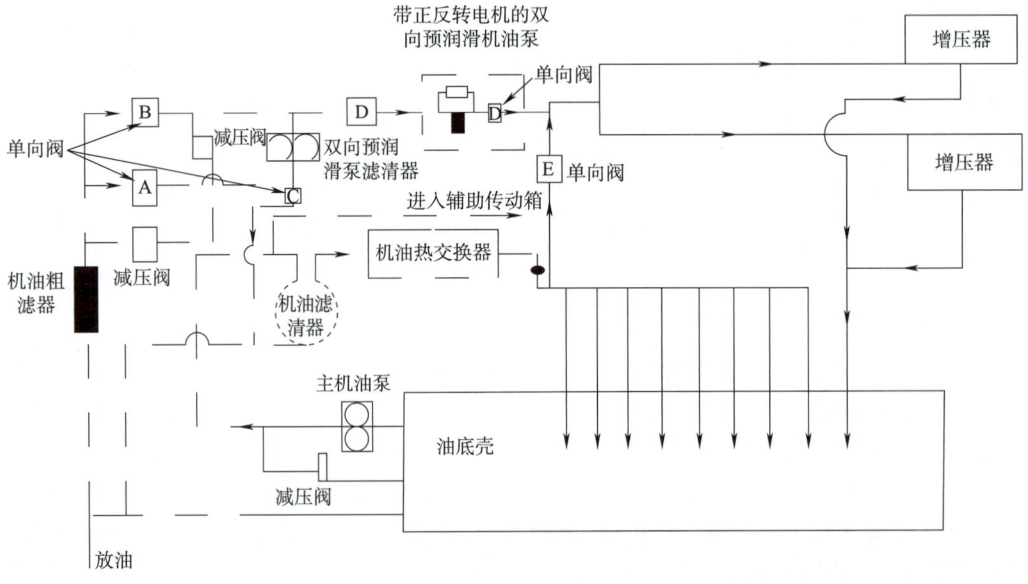

图 3.43　12V265 型柴油机机油系统原理图

(1)柴油机的外部，主机油泵从油底壳中抽取机油，机油在进入机油泵之前首先要经过粗滤器过滤。在机油泵的出口处并联安装了一个系统减压阀，当泵出口压力大于 965 kPa 时，减压阀将被打开，使部分机油泄入油底壳，以缓解系统压力。机油从主机油泵的出口流出后，通过管路进入设置在机车上的冷却器进行冷却。HXN3B 型机车的机油使用高温水(缸套冷却水)冷却，因此柴油机在高挡位运转时的机油温度较高。冷却后的机油再经过滤清器过滤后进入柴油机前端的主油道进口。

(2)柴油机的内部，在柴油机主油道的进口处，机油被分流为两个流向：大部分机油进入机体中部的主机油道；另一部流经主油道侧面并接的增压器进油逆止阀后，分别进入固定在柴油机两侧的管路后，进入左、右增压器，为增压器的高速运转提供润滑和冷却，然后经增压器下部的回油管路进入机体后部的定时齿轮腔，并流回油底壳。

进入主机油道的机油被分成三路，同时向柴油机各个部分的零部件输送机油，以提供润滑和冷却，如图 3.44 所示黄色部分。

第一路机油沿主机油道被输送到柴油机后端的定时齿轮系，然后通过齿轮轴内部的油孔进入各轴承间隙，为齿轮轴的旋转提供润滑和冷却后流回油底壳。各定时齿轮的齿面啮合润滑主要靠曲轴箱中油雾和飞溅的机油。

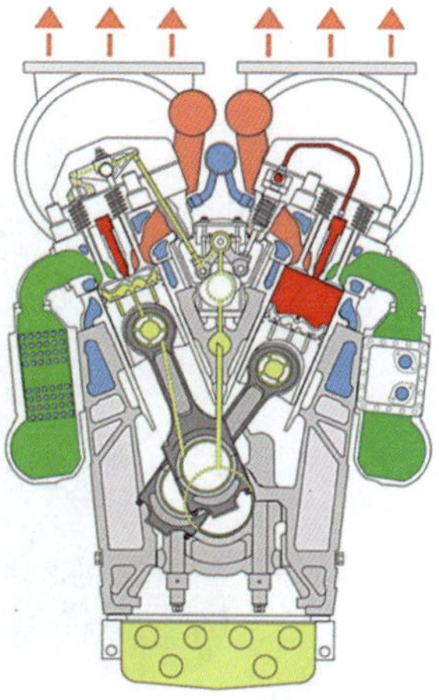

图 3.44　12V265 型柴油机机油系统内部循环横截面

第二路机油同时沿 7 个下行钢管分别进入对应位置的主轴承间隙中。其中，小部分机油在完成主轴承的润滑和冷却后流回油底壳，而大部分机油，通过与曲轴主轴颈垂直的油孔沿斜向油孔进入连杆大端的轴承间隙。与主轴承间隙中的机油类似，小部分在完成润滑和冷却后流回油底壳，大部分机油会沿连杆中的油孔上行至连杆小端轴承的间隙。后者在完成小端轴套的润滑和冷却后，将沿着活塞销中的油道进入活塞内部油孔进入顶部内腔，并随活塞的运动对活塞顶进行振荡冷却，通过沿轴承间隙和回油孔靠重力流回油底壳。

进入第一位主轴颈的机油流向与上述不同，机油将沿着垂直于曲轴自由端(前端)面的油孔分别流向扭振减振器和弹性齿轮，然后经过这两个部件上的回油孔和零件之间的间隙回到油底壳。

第三路机油将沿着 7 个上行油管依次进入各个凸轮轴轴承和随动摇臂轴承，并沿随动摇臂中的油孔进入滚轮和顶杆球座。顶杆是由中空的钢管制成，中间的空腔兼做油道，机油会沿着每个进、排气顶杆和喷油泵顶杆继续上行。沿喷油泵顶杆上行的机油将用于润滑顶杆上部与喷油泵柱塞下部之间球关节。而沿进、排气顶杆上行的机油将用于润滑各缸的进、排气摇臂和横臂，同时进入每个气阀顶部的气门间隙调整器，以补偿因气门下陷和阀头磨损形成的气门间隙。同第二路机油一样，第三路机油在上行过程中同样有一部分机油在完成各轴承和运动关节的润滑后直接流入油底壳。而进入气缸盖顶部的机油将会汇集到气缸盖顶面的集油槽，然后在重力作用下依次沿气缸盖、缸套和机体中的回油孔流回油底壳。

3.8.3.2　机 油 泵

机油泵是一个正压输送的斜齿轮泵，泵体内有相互啮合的一对齿轮。主动泵齿轮用键安装在主动轴上。从动轴被定位螺钉固定在泵体上，从动泵齿轮的内孔中有压入的轴承套，与从动齿轮一起围绕从动轴转动。主动轴在压入泵体的轴套中旋转，轴套带有翻边止推环，略微突出泵体，用来承受主动齿轮的轴向力。机油泵安装在柴油机前端的泵支承箱(又称辅助传动箱)的左下侧，由辅助传动齿轮驱动，如图 3.45 所示。在壳体后端，固定着柴油机的机带燃油泵，机油泵主动轴的后端通过联轴器与燃油泵转子轴相连，在柴油机泵传动齿轮的驱动下，机油泵和燃油泵按同一转速运转。在额定转速下，机油泵输出流量为 110 m^3/h。

3.8.3.3 减 压 阀

机油系统减压阀的主要作用是：在系统压力超过安全值时，减压阀将开启，将机油泵出口的机油直接放入油底壳，以减少系统中机油流量的方式降低压力负荷，保护柴油机的安全。

图 3.46 为 12V265 型柴油机机油系统减压阀的纵向剖面图，减压阀中弹簧预压缩量决定了阀的开启压力，即机油泵出口的最大油压。在出厂时减压阀被设定为 965 kPa，当油压大于该值时，减压阀的阀口将开启至最大面积。

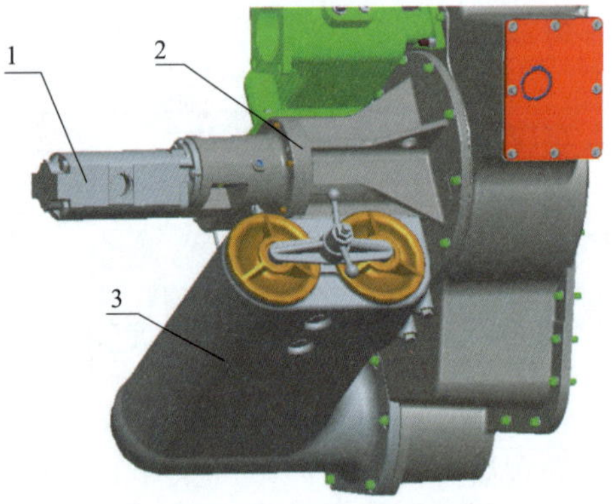

图 3.45 12V265 型柴油机机油泵安装位置

1—燃油泵；2—机油泵；3—机油粗滤器

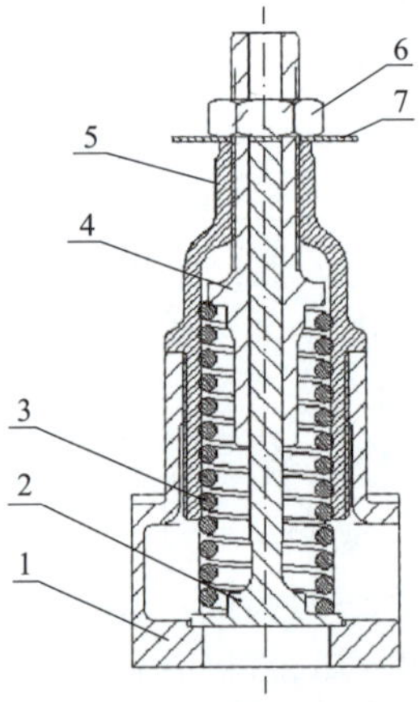

图 3.46 机油减压阀剖视

1—减压阀座；2—阀；3—弹簧；4—阀导管；5—减压阀体；6—螺母；7—指示牌

3.8.3.4 12V265 型柴油机主机油道进口压力停机保护值(表 3.3)

表 3.3 12V265 型柴油机主机油道进口压力停机保护值

挡位	转速(r/min)	压力(MPa)
0	280	0.18
1	350	0.201
2	420	0.239
3	490	0.280
4	560	0.315
5	630	0.346
6	700	0.381
7	770	0.412
8	840	0.440

3.8.3.5　机　　油

12V265 型柴油机采用 SAE40 单级五代机油，该油品在 80～90 ℃下仍具备良好的使用性能，可满足柴油机长期高温运行的要求。四代机油通常在较高温度长期运用时，机油润滑性能下降，寿命降低。SAE40 五代机油的基础油性能、清净分散性、抗凝、抗泡性、抗氧化性、抗磨性经长期测试验证，对柴油机轴系润滑、油膜建立、积碳缓解、油耗降低、矿物盐中和具有积极作用。

为了更好地维护和保养柴油机，应定期(每周)检查柴油机机油油样。此外，还应定期检测并比较机油在同一温度下的黏度，这是一项用来判断机油能否继续使用的重要指标。应注意的是，黏度的限制值与采用的检测方法和手段直接相关。黏度的非正常下降意味着机油被过度稀释，而黏度的非正常上升则意味着机油被过度氧化。

3.8.4　冷却水系统

12V265 型柴油机冷却水不能含有过量的固体杂质、钙镁离子和腐蚀性元素等物质，以去离子水或软水为基础，必要时也可使用蒸馏水。该冷却水具备缓蚀、阻垢、热传导效率高、密封件无腐蚀等特点。12V265 型柴油机通常使用硼酸盐、亚硝酸盐和硅酸盐类缓释剂。

HXN3B 型内燃机车的冷却水系统原理如图 3.47 所示。两个系统中的冷却水分别由安装在柴油机的高、低温水泵驱动循环。除共用一个封闭式水箱外，两个系统相对独立。水箱的安全减压阀设定压力为 150 kPa(1.5 bar)。此外，机车系统中尚有机油冷却器、燃油预热器、散热器、冷却风扇及其他系统管件等。

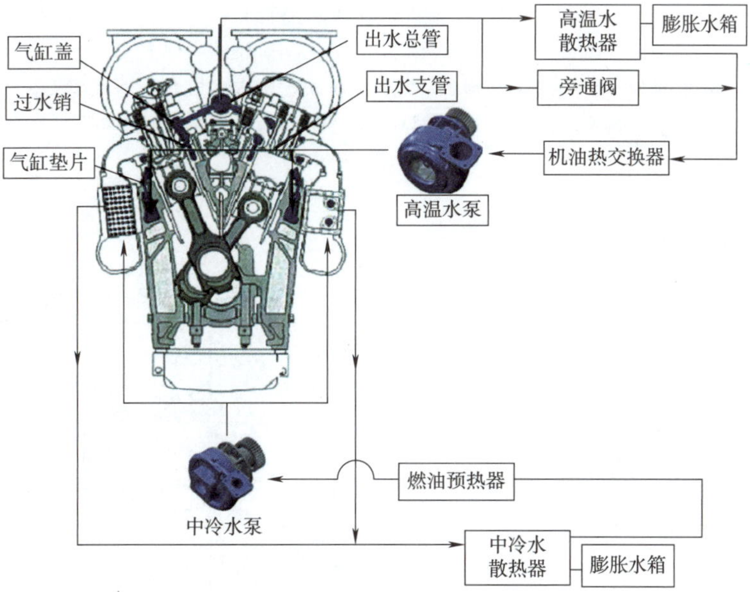

图 3.47　HXN3B 型内燃机车冷却水系统

12V265 型柴油机的两个高、低温水泵均安装在前端的泵支承箱上，如图 3.48 所示。高、低温水泵的外部和内部构造分别如图 3.49、图 3.50 所示。右侧的高温水泵将冷却水吸入并压入一个分流器(水泵出口三通)，冷却水在此被分流到左、右两侧机体内部水道的进口处。机体两侧铸有水道，在机体左、右两侧气缸顶板上各钻有 6 个水孔(每个气缸一个)与下方的水道相通。冷却水在压力作用下，由上述各水孔分别进入 12 个动力组。冷却水在动力组中的流动线路依次为：气缸套的上部冷却水腔—气缸盖的下水腔—气缸盖的上水腔—动力组出水支管。最后，高温水将汇集到柴油机上部的出水总管，并流向机车冷却间顶部的散热器组。

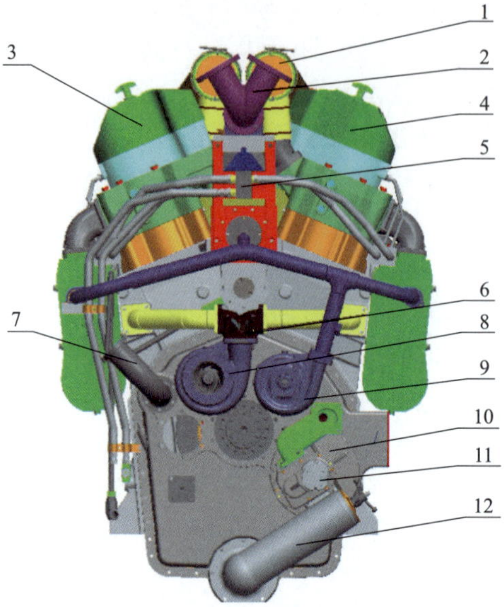

图 3.48　12V265 型柴油机前端

1—排气总管；2—高温冷却水出水总管；3—B 侧动力组；4—A 侧动力组；
5—燃油分配器；6—高温冷却水分配器(三通)；7—机油加油口；8—高温水泵；
9—低温水泵；10—主机油泵；11—燃油输送泵；12—机油泵前粗滤器

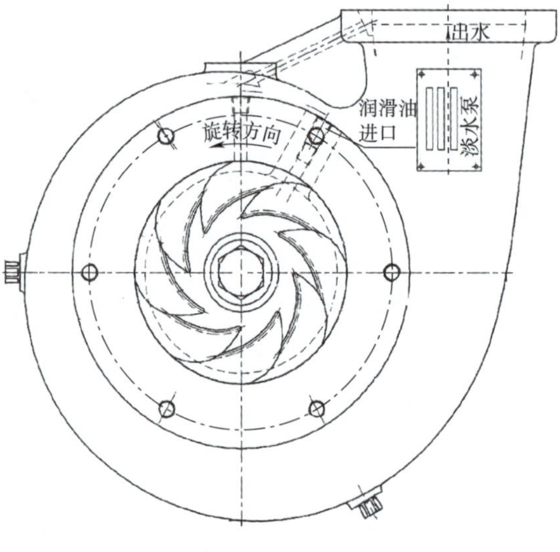

图 3.49　高温水泵外部构造

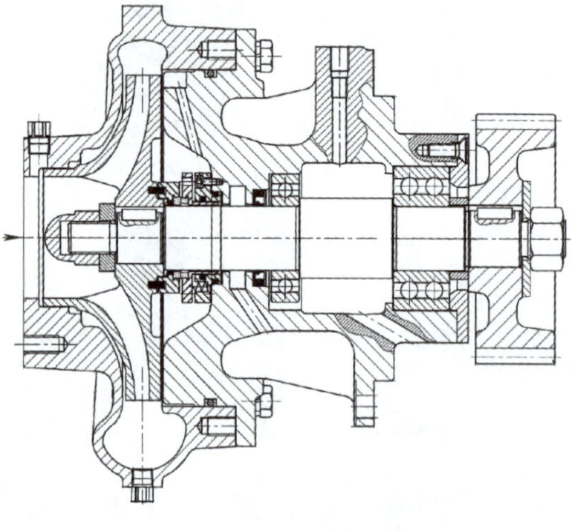

图 3.50　低温水泵内部构造

同样,冷却水在低温水泵出口处也被分流到柴油机两侧,并送入中冷器前端上部的入口处。冷却水沿中冷器上部冷却芯组的铜管流向后端,经过后端水盖后沿中冷器的下部芯组流向中冷器前端的出口。采用这种冷却水流动方式的中冷器被称为双流层中冷器,有利于提高冷却效果和降低冷却芯组的热应力。由中冷器前端下部出口的冷却水将沿机车系统管路进入低温散热器。

12V265 型柴油机采用的两个水泵均是自排式离心泵,转向与曲轴相反。高、低温水泵的结构基本类似,但高温水泵流量相对较大。在冷却水泵中,驱动轴由泵体里的两个轴承所支承,轴承采用油脂润滑。在水泵壳体下方设有排水孔,当水封失效时,泄漏的冷却水会从该孔排出而不会进入柴油机内部。

柴油机上部的出水总管由两根钢管串联而成。12 个出水支管既作为各气缸盖流向出水总管的输水管路,又作为出水总管的支承。流经高温水系统的冷却水从出水总管的前端流向机车散热器。

3.9　典型故障分析及处理

柴油机无法启动。

3.9.1　故障说明

柴油机无法启动,按下启机按钮,柴油机不动作,无法工作。电喷控制界面会显示具体的故障信息。

3.9.2　故障分析

柴油机无法启动的主要原因:曲轴及凸轮轴转速传感器线短路或传感器出现故障,电喷控制器检测不到柴油机转速柴油机无法启动;柴油机电喷线与电喷盒之间虚接,电喷控制器的喷油指令无法精准的传递给喷油泵,喷油泵不能定时准确的喷油柴油机无法启动;柴油机供给燃油压力低,柴油机无法启动;接口模块出现故障,柴油机电喷控制器不能与机车微机进行有效交互,柴油机无法启动;启动风机电机的风压不足,启动风压不足时,风机电机不能带动柴油机达到发火转速,柴油机无法启动;启动风机电机出现故障,不能带动柴油机转动,柴油机无法启动。

3.9.3　处理方法

柴油机无法启动时主要处理方法:利用接线原理图,校对转速传感器线束是否正确连接,检查线束是否有破损或烫伤现象,转速传感器是否完好,同时检查曲轴转速传感器和凸轮轴转速传感器的安装间隙是否满足要求;检查电喷控制线束的插针是否有凹陷或推针;查看柴油机燃油进口压力值是否满足要求,若不满足要求检查燃油管路是否有漏点;检查接口模块的指示灯是否正确显示;检查风机电机的风压,风压不足时,将风压打到满足要求值;查看风机电机的小齿轮是否伸出。

4 辅助系统

4.1 概　　述

辅助系统是保证机车运行的关键系统，它为柴油机供给符合要求的燃油、机油、增压空气，为柴油机、机油和中冷器提供冷却，为机车主要电气设备提供强迫通风冷却，它对机车的安全性、可靠性都起着极其重要的作用。

HXN3B 型内燃机车的辅助系统由机油系统、燃油系统、冷却系统、空气滤清系统、通风系统等组成。

4.2 机油系统

机车机油系统与柴油机内部机油系统连接为一体，共同构成完整的机油循环系统，对柴油机运动部件发挥润滑、冷却、清洗、密封及防锈等作用。机车机油系统主要由预润滑系统、主润滑系统、后润滑系统三个分系统组成。

4.2.1 系统组成

机车机油系统主要由启动机油泵电机组、主机油泵、机油粗滤器、机油滤清器、增压器滤清器、机油热交换器、逆止阀、截止阀及管路管件组成，原理如图 4.1 所示。

预润滑系统是在柴油机启动之前，启动机油泵以逆时针方向旋转（电机以顺时针方向旋转），经过逆止阀 B 从油底壳吸取机油，再经过逆止阀 C 将机油输送到机油精滤器中，使机油滤清器壳体充满机油，对柴油机的所有部件进行预润滑。

主润滑系统是主机油泵从油底壳吸取机油，机油先经过粗滤器进行过滤，然后被主机油泵输送到机油热交换器，流向柴油机的机油和从散热器流回的水在机油热交换器中进行热交换，可以降低流入柴油机的机油温度。机油经过机油热交换器后，被输送到机油滤清器进行进一步的过滤后进入柴油机。

后润滑系统是在柴油机停机后，启动机油泵以顺时针方向旋转（电机以逆时针方向旋转），经过逆止阀 A 从柴油机的油底壳抽取机油，再经过逆止阀 D 然后将机油输送到增压器滤清器。滤清后的机油进入两侧增压器的两条管路中，对增压器进行润滑 15 min。

4.2.2 启动机油泵电机组

在柴油机进行预润滑和后润滑吸取机油时用的都是同一个机油泵电机组，即启动机油泵电机组。启动机油泵电机可以双向旋转，同时带动启动机油泵也可以顺时针和逆时针两个方向旋转。当机油泵逆时针旋转时，是在柴油机启动前对柴油机进行预润滑；当机油泵顺时针旋转时，是在柴油机停机时对增压器进行后润滑。启动机油泵的出口处安装一个安全阀，用于柴油机预润滑阶段，防止管路堵塞时，对机油泵本身或其他部件造成损坏。电机的尾部装有散热器，启动机油泵与电机采用联轴节连接，如图 4.2 所示。

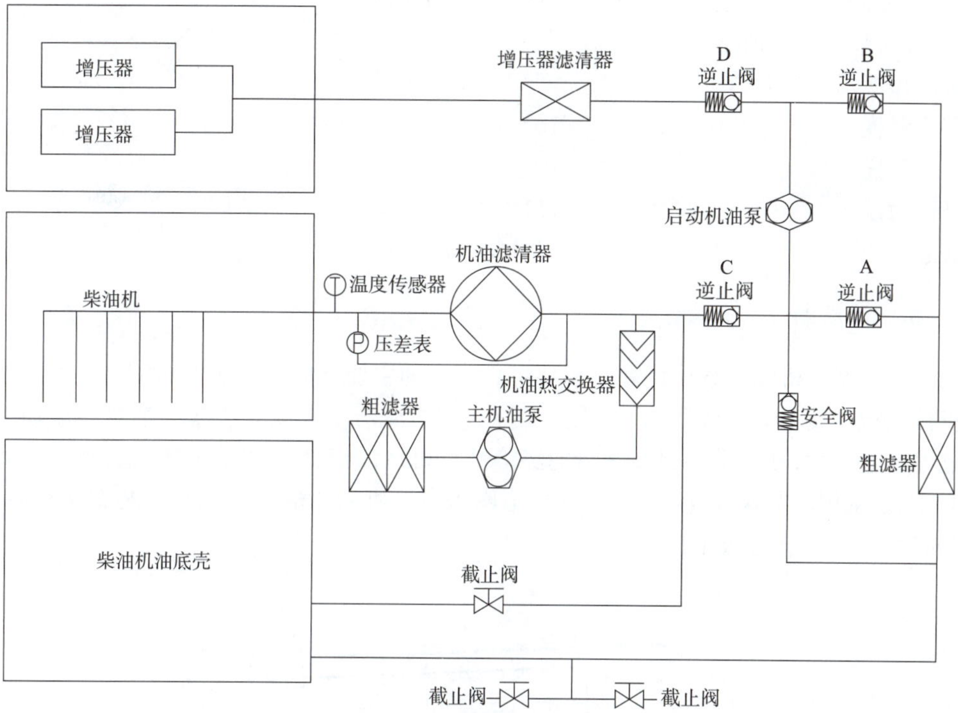

图 4.1　机油系统原理

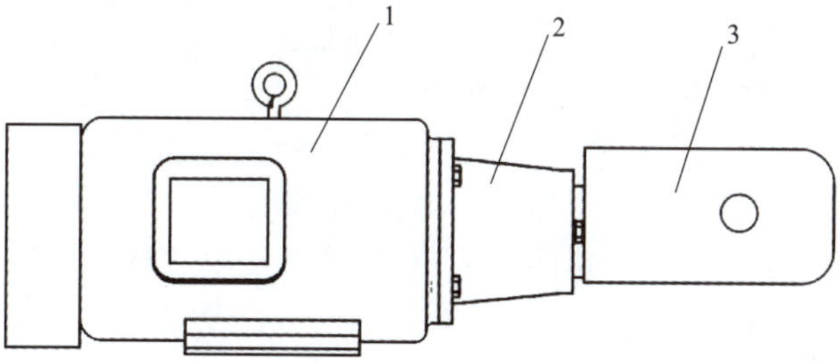

图 4.2　启动机油泵电机组

1—电机；2—联轴节；3—启动机油泵

启动机油泵电机组主要参数	
预润滑时额定流量	30.3 L/min
预润滑时额定压力	137.8 kPa
后润滑时额定流量	15.15 L/min
后润滑时额定压力	275.6 kPa

4.2.3 机油粗滤器

机油粗滤器安装在机油管路中，对机油进行过滤，预润滑和后润滑时都经过机油粗滤器。机油粗滤器的壳体为铸件，内部的滤芯为不锈钢的滤网，滤网由 0.5 mm 直径的孔组成，如图 4.3 所示。

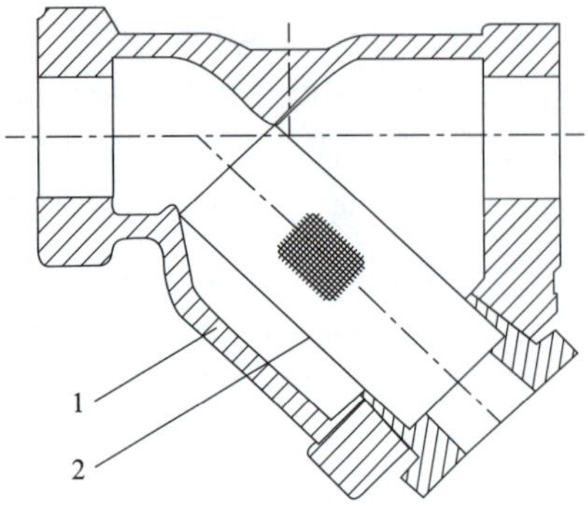

图 4.3 机油粗滤器

1—壳体；2—滤芯

机油粗滤器主要参数

工作温度	10～124 ℃
过滤精度	20 目
壳体材质	HT250
滤芯材质	不锈钢 304

4.2.4 机油滤清器

机油滤清器是机油系统中的一个重要部件。它的主要功能是为了及时清除机油工作中产生的机械颗粒杂质和氧化胶质物，使机油保持一定的清洁度。保证机车柴油机各运动件运转的可靠性和耐久性，从而提高机车运行的经济性。机油滤清器壳体是由体、端盖、O 形圈等组成，体与端盖采用活节螺栓连接，并且用 O 形圈密封。机油滤清器壳体里面装有 4 组滤芯，每组滤芯有 2 个滤芯单元，如图 4.4 所示。

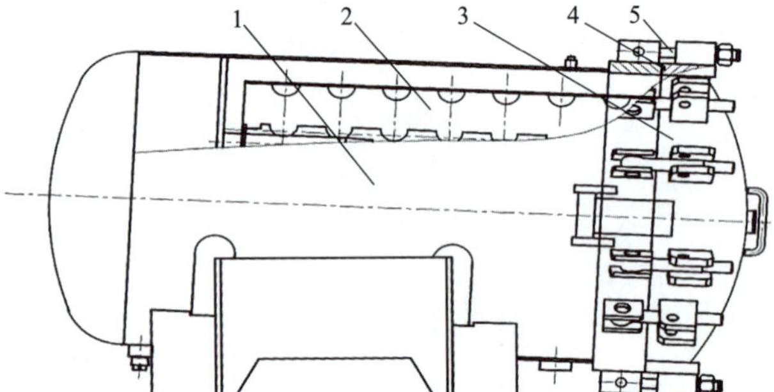

图 4.4 机油滤清器

1—体；2—滤芯；3—端盖；4—O 形圈；5—活节螺栓

滤芯单元主要参数

工作温度	10～124 ℃
额定流量	235 L/min
过滤精度	13 μm
最大压降	≥200 kPa
滤芯材质	纸质

4.2.5 增压器滤清器

在柴油机停机后，启动机油泵继续工作从油底壳吸取机油，经过增压器滤清器，为增压器润滑 15 min。增压器滤清器装配是由滤清器和安装块组成的，在安装块中有机油的进出油口，内部还安装了安全阀，防止管路压力过高对滤器造成损坏。在安装块与滤清器之间装有密封圈，防止机油泄漏，如图 4.5 所示。

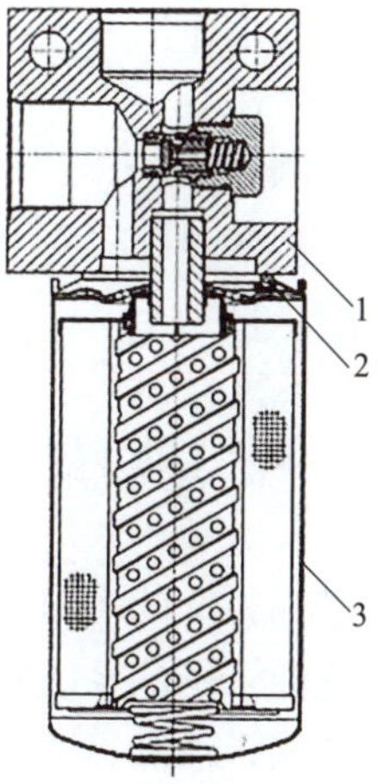

图 4.5 增压器滤清器

1—安装块；2—密封圈；3—滤清器

滤清器主要参数

工作温度	10～124 ℃
额定流量	15 L/min
过滤精度	30 μm
极限压差	172.2 kPa
滤芯材质	纸质

4.2.6 机油热交换器

机油热交换器是以冷却水为介质，对机油进行冷却的油水换热装置。结构为管片式，冷却水在管内流动，机油在管外流动，两者流动方向相反，通过管壁进行热交换。HXN3B 型内燃机车机油热交换器为单管程换热器，即冷却水在管程内只通过一次；为了提高壳程中机油的流速，在壳体中间位置安装了一个与换热管束相垂直的折流挡板即隔板，这样可使机油横向流过管束，提高管间对流传热系数。此隔板为缺圆形，起折流和支撑的作用，把壳程分为两个流程，机油进入壳程以后穿过管束，通过隔板的缺口处流进隔板的另一侧即第二个流程，再穿过管束流到机油出口，如图 4.6 所示。

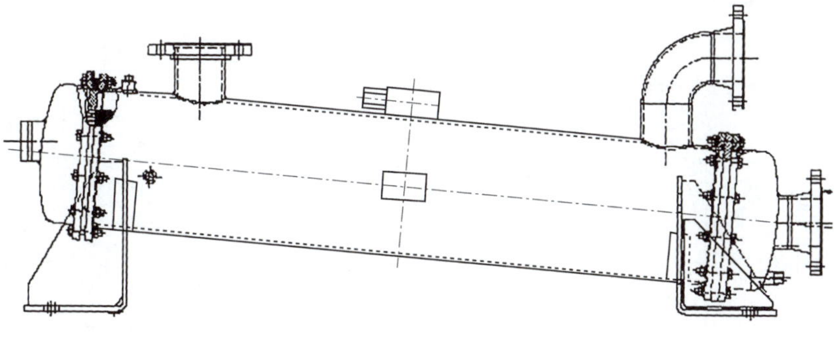
图 4.6 机油热交换器

机油热交换器主要参数

冷却水最高温度	102 ℃
冷却水最大工作压力	0.42 MPa
冷却水流量	159 m^3/h
机油最高温度	124 ℃

机油工作压力	0.96 MPa
机油流量	108 m^3/h
水侧压降	55.2 kPa(8 psi)
油侧压降	69.0 kPa(10 psi)
散热量	590 kW(全新)

4.3 燃油系统

燃油系统的作用是存储燃油和供给柴油机所需的具有一定压力、温度和数量的清洁度较高的燃油。燃油系统配有两个燃油输送泵:一个为电机驱动的启动燃油泵,是用于柴油机启动前为柴油机注满燃油使柴油机能正常启动;另一个为柴油机驱动的主燃油泵,为柴油机正常工作时提供燃油。

4.3.1 系统组成

机车燃油系统与柴油机内部燃油系统共同构成统一的循环回路,保证柴油机的正常工作。机车燃油系统是由燃油粗滤器、启动燃油泵电机组、主燃油泵、燃油滤清器、燃油预热器、温控阀、逆止阀、截止阀、安全阀、排气阀及管件管路等组成,原理如图 4.7 所示。

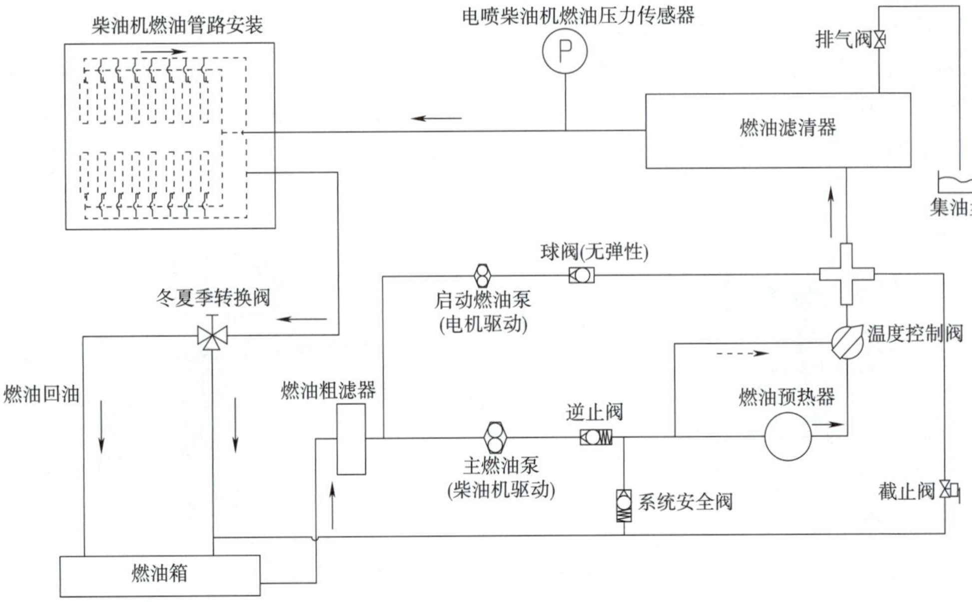

图 4.7 燃油系统原理

柴油机启动前,电机驱动的启动燃油泵从燃油箱吸取燃油经过燃油粗滤器、逆止阀、燃油精滤器,并把燃油输送到柴油机。

柴油机启动后,启动燃油泵关闭,由柴油机携带的机械驱动的主燃油泵开始工作,同样从燃油箱吸取燃油经过燃油粗滤器、逆止阀、燃油精滤器,并把燃油输送到柴油机两侧的燃油总管，然后分别输送到每个缸的燃油喷射泵，被加压后的燃油由喷油嘴喷出形成雾化状并在汽缸中实现燃烧。剩余的燃油流回燃油箱。

在冬季或寒冷地区由于燃油的温度过低而造成无法启动柴油机，因此在柴油机的高温水系统里放置了燃油预热器。当燃油温度低于 24 ℃时，燃油经过燃油预热器被加热后进入柴油机。当燃油温度高于 24 ℃时，燃油不经过燃油预热器而直接进入柴油机，燃油是否经过燃油预热器是由温控阀来控制的。

4.3.2 燃油粗滤器

燃油粗滤器安装在燃油系统的燃油箱与燃油泵之间，它的作用是清除燃油中的杂质，保护燃油泵的正常工作，供给柴油机比较清洁的燃油。燃油粗滤器主要由基座、壳体和滤芯组成，如图 4.8 所示。

燃油粗滤器主要参数

工作温度	−9～+90 ℃
过滤精度	30 目
壳体材质	20 号
滤芯材质	不锈钢 304

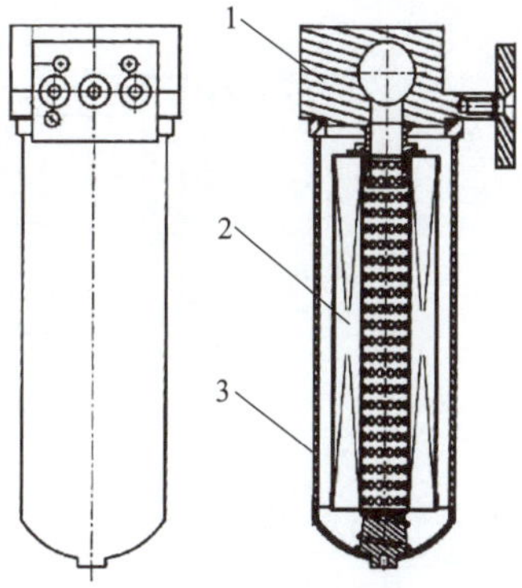

图 4.8 燃油粗滤器

1—基座；2—滤芯；3—壳体

4.3.3 启动燃油泵电机组

启动燃油泵是由交流电机直接驱动的，它的作用是在柴油机启动前为柴油机注满燃油。启动燃油泵电机是靠机车蓄电池电源供电，当柴油机高于第二手柄位运行时，启动燃油泵将关闭。启动燃油泵是内啮合齿轮油泵，如图 4.9 所示。

启动燃油泵电机组主要参数

工作流量	26.5 L/min(DC 74 V,620 kPa)
工作电压	DC 74 V
最大连续工作压力	620 kPa
最大瞬时工作压力	1 033.5 kPa
最大启动电流	40 A(DC 64 V)
连续工作电流	8 A(620 kPa)
最大工作电流	14 A(826.8 kPa)

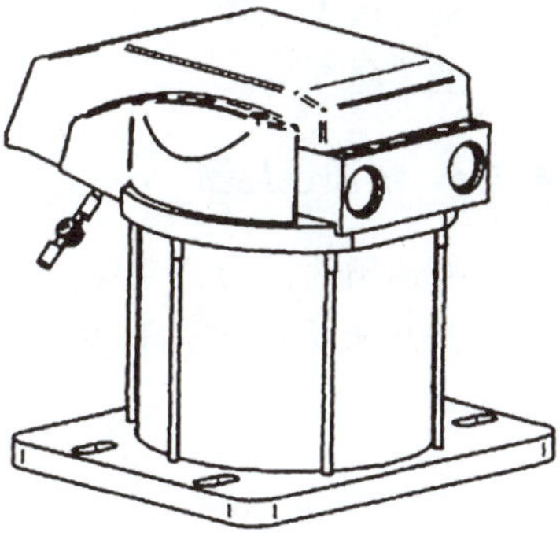

图 4.9 启动燃油泵电机组

4.3.4 主燃油泵

主燃油泵安装在柴油机前端，是内啮合齿轮泵。主燃油泵和柴油机的主机油泵的中心轴由十字联轴节连接，当柴油机开始运转时，主机油泵带动着主燃油泵也开始工作。当柴油机转速为 1 000 r/min 时，主燃油泵的转速为 1 375 r/min，流量为 75.7 L/min。主燃油泵的出口最大压力为 964.6 kPa。

4.3.5 燃油滤清器

燃油滤清器是燃油系统中的精滤器,作用是滤掉燃油中大于 5 μm 的杂质,为柴油机提供清洁的燃油。燃油滤清器壳体是由体、端盖、O 形圈等组成,壳体内部安装 3 组滤芯,如图 4.10 所示。

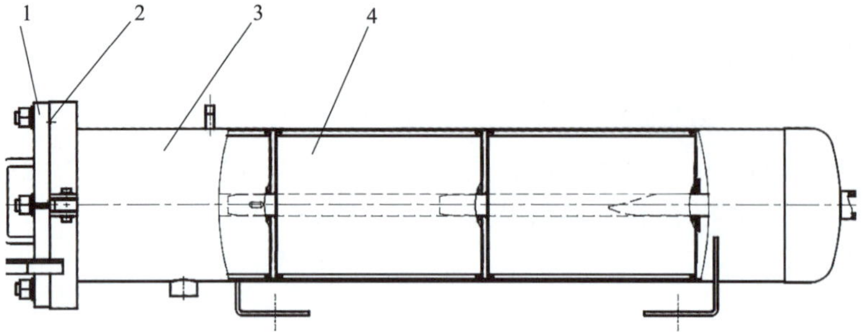

图 4.10 燃油滤清器

1—端盖;2—O 形圈;3—体;4—滤芯

燃油滤清器滤芯主要参数

工作温度	−9～+90 ℃
过滤精度	5 μm
脏污最大压降	≥200 kPa
滤芯材质	纸质

4.3.6 燃油预热器

燃油预热器为管壳式油水换热装置,安装在燃油滤清器的支架上。燃油预热器用机车的高温冷却水来给燃油预热,冷却水在管内流动,燃油在管外流动,通过管壁进行热交换,如图 4.11 所示。

图 4.11 燃油预热器

燃油预热器主要参数

工作压力	69.0～965.5 kPa
冷却水流量	30.3～45.5 L/min
水侧压降	103.4 kPa
燃油流量	72.0～79.5 L/min
油侧压降	103.4 kPa

4.3.7 温 控 阀

为了保证进入柴油机的燃油温度，在燃油系统中加入了温控阀，根据燃油的温度来控制燃油是否经过燃油预热器。温控阀的核心部件是恒温元件，恒温元件可以感应周围的环境温度变化而产生体积变化，带动调节阀芯产生位移，进而可以调节燃油的流量。

温控阀的控制温度是 23 ℃。当介质温度达到 20 ℃时，阀芯开启，即温控阀上的旁通口开始关闭；当温度达到 29 ℃时，阀芯完全开启，即旁通口完全关闭。

当冷却水流量为 53.0 L/min 时，温控阀的最大压降为 13.8 kPa；当冷却水流量为 102.2 L/min 时，温控阀的最大压降为 48.3 kPa。

4.3.8 逆止阀和安全阀

在主燃油泵和启动燃油泵的后面分别安装一个 34.45 kPa 的逆止阀。逆止阀的作用是当主燃油泵或启动燃油泵运转时，防止燃油从另一个燃油输送泵流回燃油箱；在逆止阀的后面又安装一个 964.6 kPa 的安全阀，燃油可以通过安全阀流回燃油箱。安全阀的作用是防止燃油输送泵超压过载，保证燃油输送泵和管路系统的工作可靠性，以免损坏。

4.4 冷却系统

冷却系统的作用是对柴油机在高温条件下工作的零部件、机油和增压空气进行适当的冷却，使这些零部件在允许的和最佳的温度下工作，保持机油正常的工作黏度和性能，并保证柴油机发出额定功率，提高柴油机的性能和耐久可靠性。

4.4.1 系统组成

冷却系统主要由散热器、冷却风扇、冷却水系统(包括高温水泵、低温水泵、三通装置、膨胀水箱、自动排水阀、手动排水阀以及一些管路、接头等)组成，原理如图 4.12 所示。

散热器和冷却风扇都安装在冷却间，散热器安装于顶部的冷却室钢结构中，冷却风扇安装于散热器的底部。

根据柴油机所需冷却的零部件、机油及增压空气的不同要求，冷却水系统分为两个系统，即冷却柴油机气缸套、气缸盖及机油的高温冷却水系统，或称柴油机冷却水系统；冷却增压空气的低温冷却水系统，或称中冷水系统。

柴油机启动后，高温水泵将冷却水输入柴油机的进水总管，通过气缸套水腔、气缸盖。冷却水受热升温后，由出水总管流出，流进高温散热器，由高温冷却风扇进行冷却。流经高温散热器冷却后的冷却水，流进机油热交换器，对机油进行冷却，冷却水继续升温后，流回高温水泵，这样不断地往复循环。部分高温冷却水被送到燃油预热器。燃油是否需要被高温冷却水预热由温控阀控制。

柴油机启动后，低温水泵将冷却水输送到柴油机的中冷器。中冷器通过冷却水对增压空气实施冷却，从中吸收增压空气热量。升温后的冷却水从中冷器流出，流进低温散热器，由高温冷却风扇进行冷却，然后流回低温水泵。

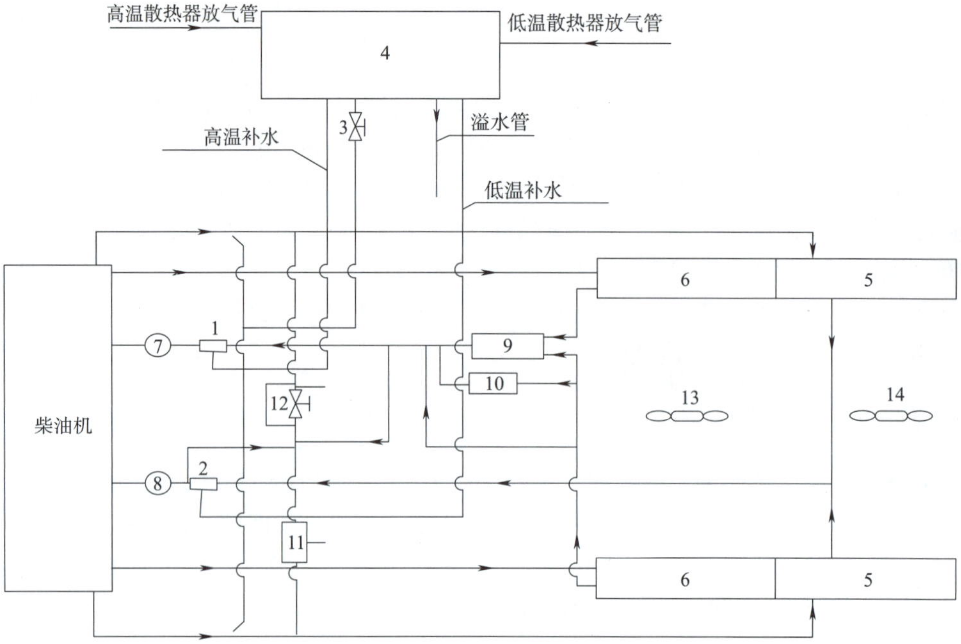

图 4.12 冷却系统原理

1—高温水三通；2—低温水三通；3—拉接塞门；4—膨胀水箱；5—低温散热器；
6—高温散热器；7—高温水泵；8—低温水泵；9—机油热交换器；10—燃油预热器；
11—自动排水阀；12—手动排水阀；13—高温冷却风扇；14—低温冷却风扇

在机车底架的两侧设有加水管路及接头，它与膨胀水箱相连。运用中根据加水量多少及装备作业条件的具体情况，可采用电机驱动的水泵向整个冷却水系统进行加水；若少量补水，则可以打开水箱上面的压力阀，从此处进行补水。

在冷却水系统最低管路上安装有自动排水阀和手动排水阀，需要手动排水时，可以将手动排水的截止阀打开，即可排净冷却水。

4.4.2 散热器

散热器是冷却系统的重要部件。它把冷却水从柴油机中带出的热量传给空气散入大气中，保证柴油机耐久可靠的工作。散热器分为左右两组，每组由高温散热器和低温散热器连接而成，如图 4.13 所示。

散热器主要参数

高温水散热量	1 400 kW
中冷水散热量	961 kW
高温水泵流量	238.5 m^3/h
低温水泵流量	50 m^3/h
柴油机进口水温	96 ℃
中冷器进口最高水温	50 ℃（当外界温度 25 ℃时）

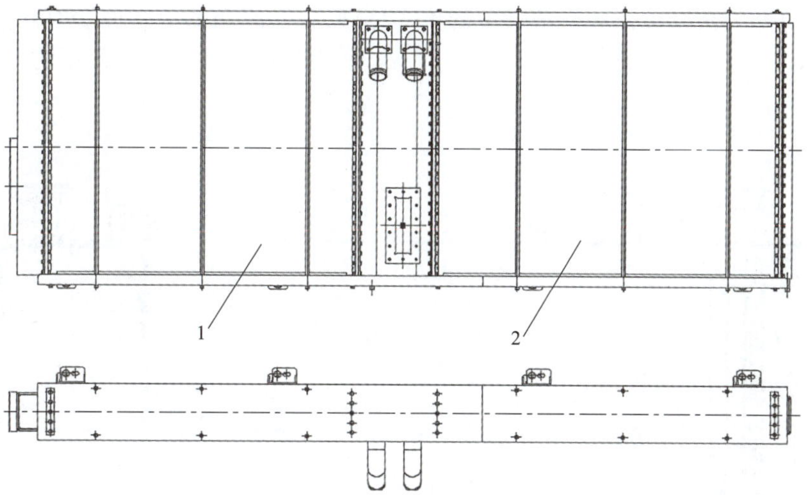

图 4.13 散热器
1—高温散热器；2—低温散热器

4.4.3 冷却风扇

冷却风扇是冷却系统的重要部件，它对散热器中的冷却水进行强迫通风冷却，以保证柴油机工作在较好的油、水温度范围内。机车装有两个同样的冷却风扇，分别安装在高低温散热器的下面，中间安装了风扇隔板把气流分成了两个独立的部分。冷却风扇从冷却室侧面的百叶窗吸入空气，然后向上吹向散热器，为散热器中的冷却水通风，如图 4.14 所示。

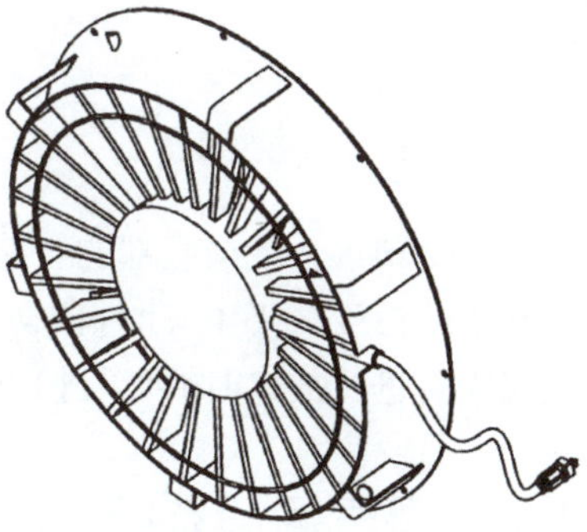

图 4.14 冷却风扇

冷却风扇主要参数

直径	1 372 mm
转速	2 000 r/min
电机额定功率	60 kW
电机额定频率	133.3 Hz
电机额定电压	444 V

4.4.4 膨胀水箱

膨胀水箱的功能是用来储存足够的补给水，以补偿水泵的渗漏损失，同时具有冷却水受热后的膨胀容积空间，并具有排除冷却水系统中的空气和蒸汽的作用。

膨胀水箱是由钢板压型焊接而成，安装于冷却间与动力间的隔墙上。膨胀水箱上面有两根放气管，与散热器相连，当柴油机停机时，散热器中的冷却水靠重力作用自动流回膨胀水箱，防止在温度过低时冻坏散热器的铜管。膨胀水箱的底下有两根补水管，分别与高低温水泵进口前的三通装置相连，随时可以为系统补充冷却水。膨胀水箱安装有液位仪，可以显示膨胀水箱内的液位，旁边有最高液位和最低液位的显示标牌；膨胀水箱的上端面装有压力阀，当系统压力超过 137.8 kPa 时，压力阀自动打开，与外界大气相通，防止由于系统压力增大损坏其他部件，如图 4.15 所示。

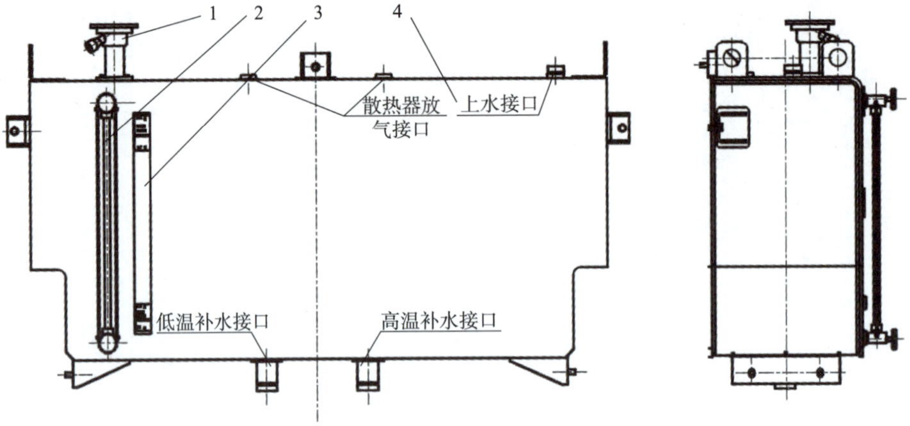

图 4.15 膨胀水箱

1—压力阀；2—液位计；3—液位显示标牌；4—膨胀水箱装配

4.4.5 排 水 阀

在冷却水系统最底部的管路上安装了自动排水阀和手动排水阀，自动排水阀的作用是在冷却水的温度低于 4 ℃时，自动排出机车的冷却水，防止水管及其他部件冻裂。手动排水阀在机车需要进行放水时，可以进行手动开启。

4.5 空气滤清系统

空气滤清系统是内燃机车柴油机重要保护装置之一，其作用是给柴油机提供经滤清后的满足其需要的清洁空气，防止空气中的杂质和灰尘颗粒污染、堵塞中冷器，或者导致柴油机部件的异常磨损，从而保证柴油机正常工作。

4.5.1 系统组成

HXN3B 型内燃机车空气滤清系统由三级滤清元件组成：第一级为多孔板压成的 V 形波浪网，第二级为惯性滤清器，两者作为一个整体（惯性过滤器装配）安装在车体侧墙上；第三级为空气滤清器，安装在车内，空气滤清器壳体和安装在侧墙内部的惯性过滤器风道连接。空气滤清系统如图 4.16 所示。

四个惯性过滤器装配对称布置在机车两侧，共用一个除尘通风机；主发电机通风机和电气柜通风机进风由惯性过滤器装配 5、8 进行过滤；增压器进风由惯性过滤器装配 3、6 和空气滤清器壳体 4、7 内的袋式空气滤清器进行过滤。

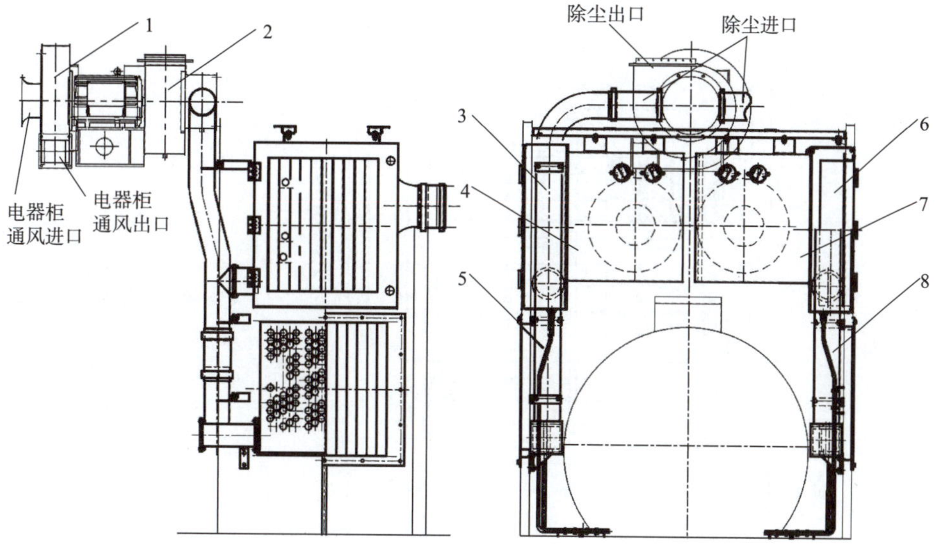

图 4.16 空气滤清系统

1—电气柜通风机；2—除尘通风机；3、5、6、8—惯性过滤器装配；4、7—空气滤清器壳体

4.5.2 惯性过滤器

惯性过滤器是由一系列的管组成，每个管中都有专门的叶片，可以使吸入的外界空气进行旋转运动。由于杂质和灰尘颗粒比空气重，会被甩到管的外壁并进入抽气管道。除尘通风机可清除杂质颗粒，并从机车车顶排出，如图 4.17 所示。

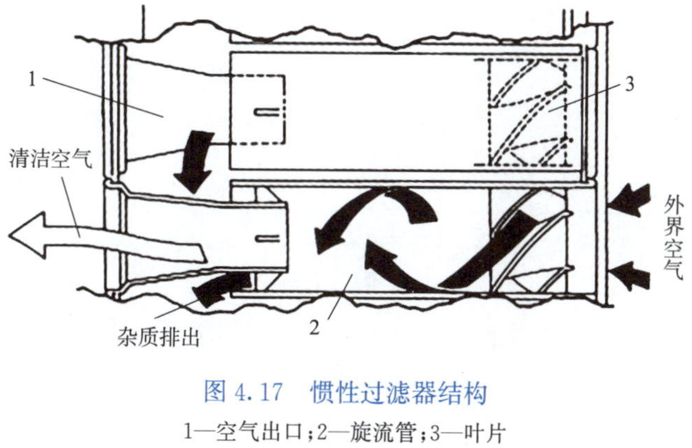

图 4.17 惯性过滤器结构

1—空气出口；2—旋流管；3—叶片

4.5.3 空气滤清器

柴油机空气滤清器的壳体是由钢板焊接而成，中间有钢丝框、固定架，外面有固定滤芯的锁紧机构。壳体的一端还焊接了两个喇叭状进气口，与增压器进气口相连。每个壳体内部安

装 3 个袋式空气滤清器，如图 4.18、图 4.19 所示。

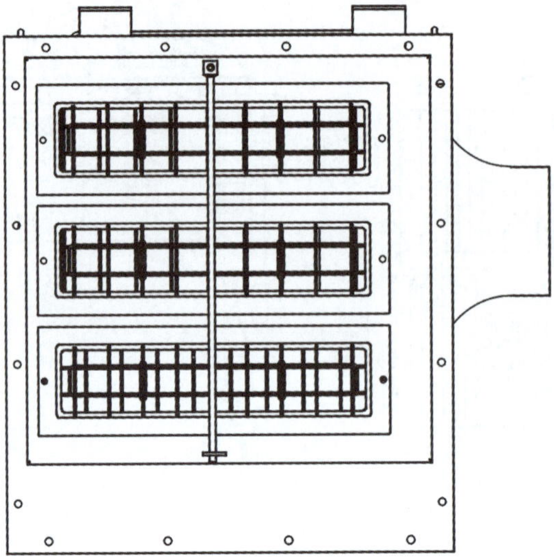

图 4.18　空气滤清器壳体

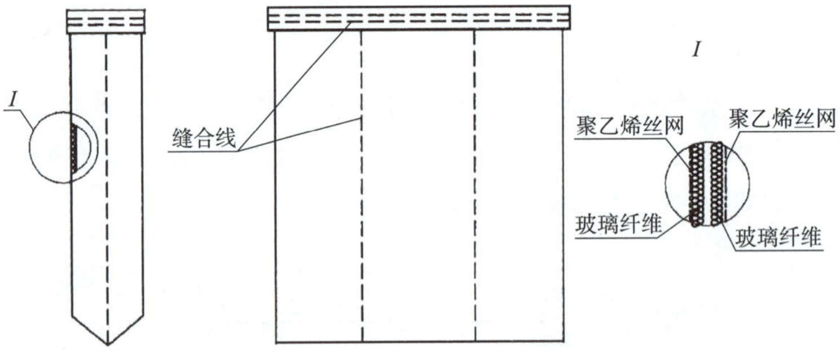

图 4.19　袋式空气滤清器

袋式空气滤清器主要参数	
工作温度	−40～+50 ℃
额定流量	0.90 m^3/s
过滤效率	≥97%（试验灰尘：AC 细灰）
原始空气阻力	≤0.87 kPa
脏污滤芯压降	≤4.35 kPa
脱落系数	≤0.15
容尘量	≥3 000 g（试验灰尘：270 目石英砂）

4.6 通风系统

通风系统的作用是对机车上需要进行散热的设备、部件(例如牵引电机、主发电机、辅发电机和电气间一些发热元件等)进行强迫通风冷却,使其工作温度在许可范围内,从而保证机车的可靠工作。

4.6.1 系统组成

通风系统主要由通风机组(包括通风机和电机)和风道等组成,其中通风机组按照安装位置和功能可分为前端转向架通风机组、主发通风机组、电器柜除尘通风机组、动力室通风机组、后端转向架通风机组。通风系统如图 4.20 所示。

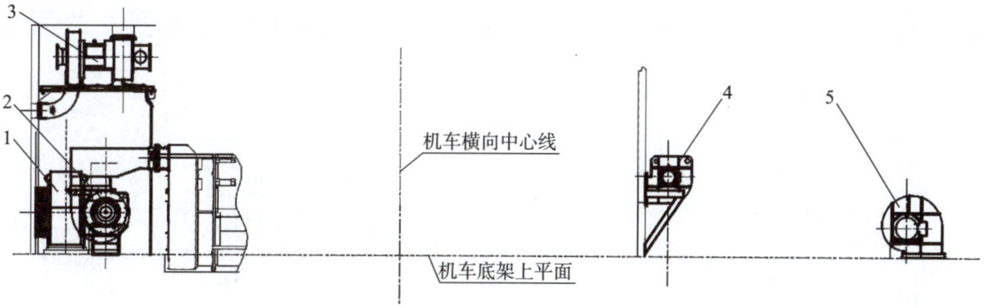

图 4.20 通风系统

1—前端转向架通风机组;2—主发通风机组;3—电器柜除尘通风机组;4—动力室通风机组;5—后端转向架通风机组

4.6.2 前端转向架通风机组

前端转向架牵引电机通风机组为电气间顶部的相模块和前端转向架上的 3 个牵引电机通风冷却。通风机从电气间的相模块中吸入空气,经过车体风道,将风量均匀分配给 3 个牵引电机。通风机的电机由辅助发电机供电,机车正常运行时,电机以低速运行,当相模块和牵引电机温度过高或机车电阻制动时以高速运行,如图 4.21 所示。

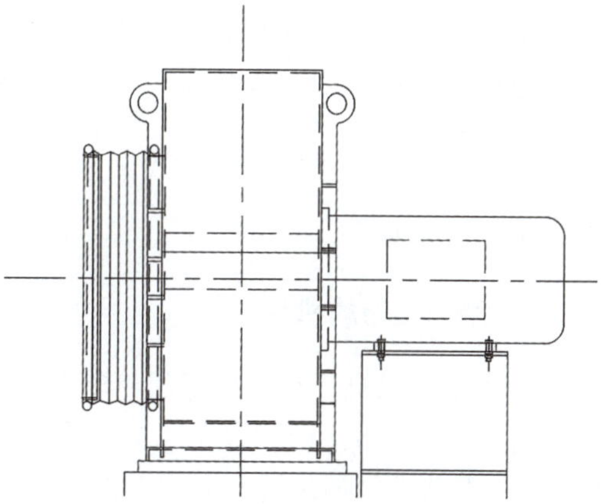

图 4.21 前端转向架通风机组

前端转向架通风机组主要参数

电机额定功率	34 kW
电机额定转速	3 950 r/min
电机额定电压	445 V
电机额定频率	133.3 Hz

4.6.3 主发通风机组

主发电机通风机组为主发电机通风冷却。通风机从电阻制动间吸入空气，经过铝制风道，将空气吹向主发电机，如图 4.22 所示。

主发通风机组主要参数

电机额定功率	17 kW
电机额定转速	3 950 r/min
电机额定电压	445 V
电机额定频率	133.3 Hz

4.6.4 电器柜除尘通风机组

电器柜除尘通风机组是由一个电机带动两个通风机，一个通风机的作用是将惯性过滤器过滤的杂质从车顶排出，另一个通风机是为电器柜的发热元件通风冷却，如图 4.23 所示。

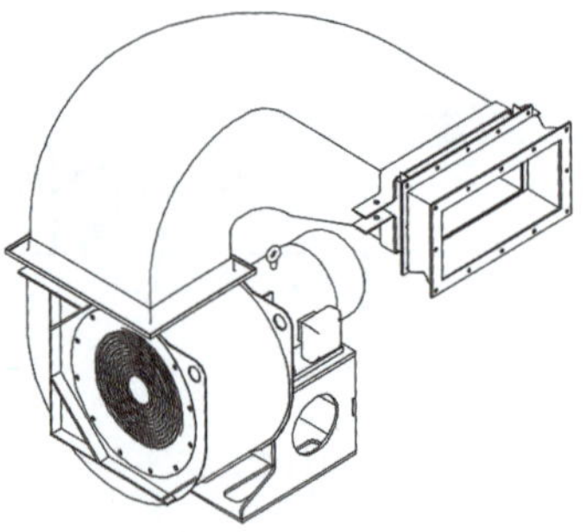

图 4.22　主发通风机组

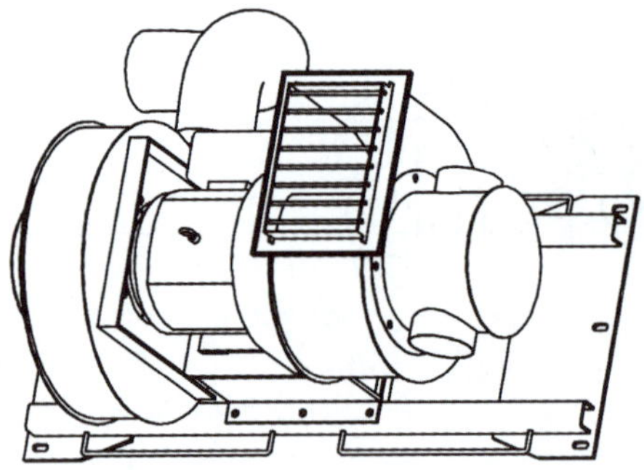

图 4.23　电器柜除尘通风机组

电器柜除尘通风机组主要参数

电机额定功率	11 kW(低速)/14 kW(高速)
电机额定转速	3 980 r/min(低速)/4 330 r/min(高速)
电机额定电压	445 V(低速)/244 V(高速)
电机额定频率	133.3 Hz(低速)/73.3 Hz(高速)

4.6.5 动力室通风机组

动力室通风机组是在冷却间与动力间的隔墙上安装的两个离心式通风机和电机，通风机从冷却间吸入空气吹向动力间，为动力间通风冷却，同时也使动力间内保持正压，如图 4.24 所示。

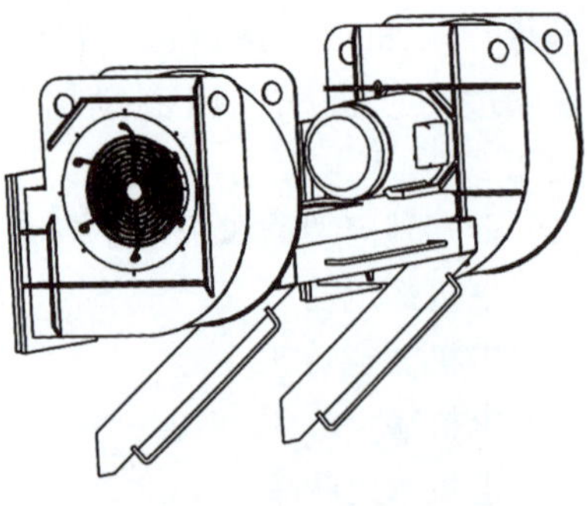

图 4.24　动力室通风机组

动力室通风机组主要参数

电机额定功率	3 kW
电机额定转速	3 940 r/min

电机额定电压	445 V
电机额定频率	133.3 Hz

4.6.6 后端转向架通风机组

后端转向架牵引电机通风机组为后端转向架上的 3 个牵引电机通风冷却。通风机从冷却间吸入空气，经过车体风道，将风量均匀分配给 3 个牵引电机。机车正常运行时，电机以低速运行。如图 4.25 所示。

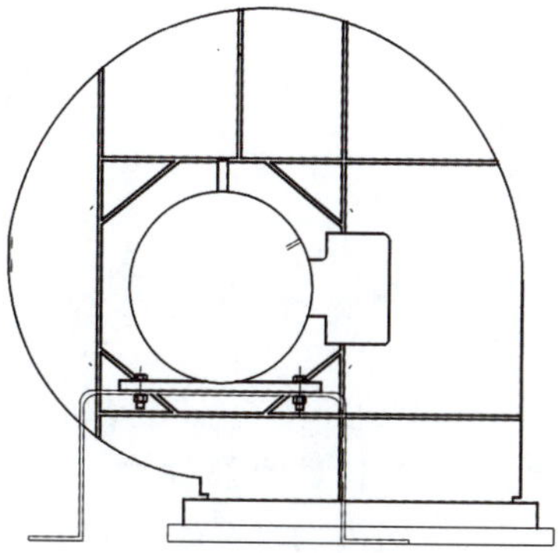

图 4.25 后端转向架通风机组

后端转向架通风机组主要参数

电机额定功率	21 kW
电机额定转速	3 950 r/min
电机额定电压	445 V
电机额定频率	133.3 Hz

4.7 典型故障分析及处理

冷却水系统渗漏。

4.7.1 故障说明

机车在运用中膨胀水箱上的液位仪显示的液位出现明显的降低即表明散热器或冷却水系统管路出现渗漏，需要进行检查。

4.7.2 故障分析

冷却水管路的渗漏一般出现在法兰连接处，原因是密封垫老化或破损；散热器的渗漏一般出现在内部管路上，原因是管路因锈蚀等原因出现漏点。

4.7.3 处理方法

当密封垫老化或破损导致法兰连接处渗漏时，需要更换新的、完好的密封垫；当散热器出现渗漏时，需要将散热器拆卸下车进行水浸气压试验确定漏点位置，处理方法是将出现漏点的管路两端加堵头进行堵管，使冷却水不流经该管。但每个散热器堵管根数不应多于总根数的 1%，不足 100 根的可堵管 1 根，并在散热器显著位置加标识“D”。

机车应使用符合柴油机要求的冷却水，并定期进行化验和更换，避免因冷却水不符合要求造成冷却水系统管路和散热器的锈蚀。

5 牵引传动系统

5.1 概　　述

内燃机车的交流主传动不仅承载着充分发挥柴油机功率的任务，同时也是发挥内燃机车性能的最重要的部件之一。内燃机车的能量传递形式是交流电传动系统控制的关键。HXN_{3B} 型内燃机车的交流牵引系统应用架控和矢量控制技术，采用大功率 IGBT 变流装置作为主传动能量传递和电量变化的主要载体，并以大功率交流牵引电动机为执行部件。该交流牵引系统具有单轴功率大、维护少，牵引性能高等特点。

传统上说交流主传动的一般结构被描述为 AC-DC-AC。与柴油机相连的交流发电机通过励磁控制把柴油机不同转速下的输出扭矩转化为交流电能，经整流器后变换成直流电给牵引逆变器供电，再由牵引逆变器控制输出频率、电压和电压/电流相位可控的三相交流电，作用到交流牵引电动机上以获得机车牵引运行所需要的扭矩和速度。在这个体系中，发电机励磁控制的目标是中间直流电压，中间直流环节的主要任务是整流、平波和储能，矢量控制的电压型牵引逆变器的主要任务是恒功率控制、扭矩控制等。

主传动部件由牵引发电机（含牵引整流装置）、控制电器、相模块、交流牵引电动机、制动电阻、转换开关和制动接触器等组成。交流主传动的核心问题是异步牵引电动机的扭矩和速度控制，电动机的输出扭矩和速度必须满足机车的牵引性能和电阻制动性能要求。DLPUS 微机和接口模块通过控制逆变器相模块脉冲，将直流电逆变为交流电动机需要的三相交流电，从而驱动电机使机车以期望的速度运行。

5.2 主辅发电机及牵引整流装置

5.2.1 YJ117B 同步主辅发电机

5.2.1.1 电机总体介绍

YJ117B 同步主辅发电机采用的是主辅发电机一体化结构，由牵引发电机（主发）和辅助发电机（辅发）组成，牵引发电机和辅助发电机机械连接在一起，但电气上相互独立。他们安装在同一个发电机机腔体内部，同轴连接。辅助发电机位于靠近柴油机的一端。牵引发电机与整流器集成在一起，通过整流环节输出直流电，为牵引电机提供直流电源。YJ117B 同步主辅发电机如图 5.1 所示。

发电机由机车柴油机拖动，牵引发电机发出三相交流电，为两个逆变器提供高电压（最高至 2 800 V）直流电电源，经逆变器将直流电变成三相交流电，并控制三相异步牵引电动机的转速和功率。

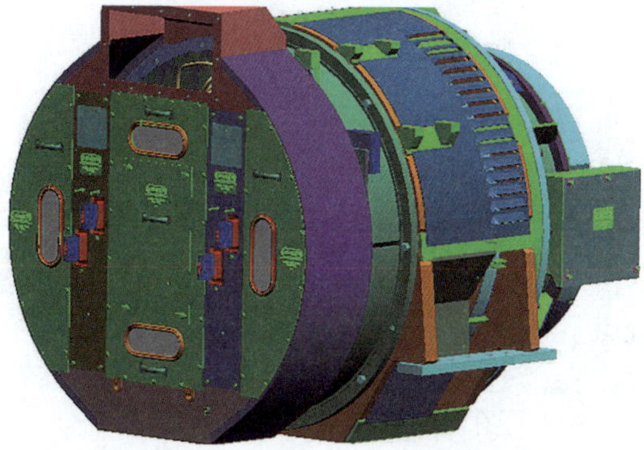

图 5.1　YJ117B 同步主辅发电机

辅助发电机输出三套交流电源，主输出(1-2-3 输出端)为交流辅助传动系统的冷却风扇电机、空压机电机、牵引通风机电机供电；中间抽头输出(4-5-6 输出端)为牵引发电机励磁绕组供电；辅助输出(7-8-9 输出端)为蓄电池充电、照明等辅助用电电源。

5.2.1.2　技术参数

YJ117B 同步主辅发电机的技术参数见表 5.1。

表 5.1　技术参数

	牵引发电机	辅助发电机		
		主输出	辅助输出	中间抽头
额定功率(kW)	4 480	270	31.5	20
额定电压(V)	2 100	444	72	222
额定转速(r/min)	1 000	1 000	325	1 000
额定频率(Hz)	83.3	133.3	43.3	133.3
极数	10	16		
励磁电流(A)	135	≤70		
额定效率	≥96.5%			
绝缘等级	H	H		
工作制	S1	S1		
冷却方式	强迫通风			
转向	逆时针(从滑环端视)			
质量(kg)	8 570(总重)			

5.2.1.3　结构介绍

电机为主辅发电机一体结构，且均为转场式凸极同步发电机。电机采用自调心单轴承支撑结构，主辅发电机同轴安装，主辅发定子用螺栓连接，转子磁轭也用螺栓连接在一起，辅发靠近柴油机端。刷架滑环及牵引整流器安装在电机端盖外侧，产品集成度高。电机采用强迫通风冷却结构，冷却空气由整流器室进入，在冷却牵引整流器后进入发电机内部，分别对主辅发电机定/转子进行通风冷却。其整机结构如图 5.2 所示。

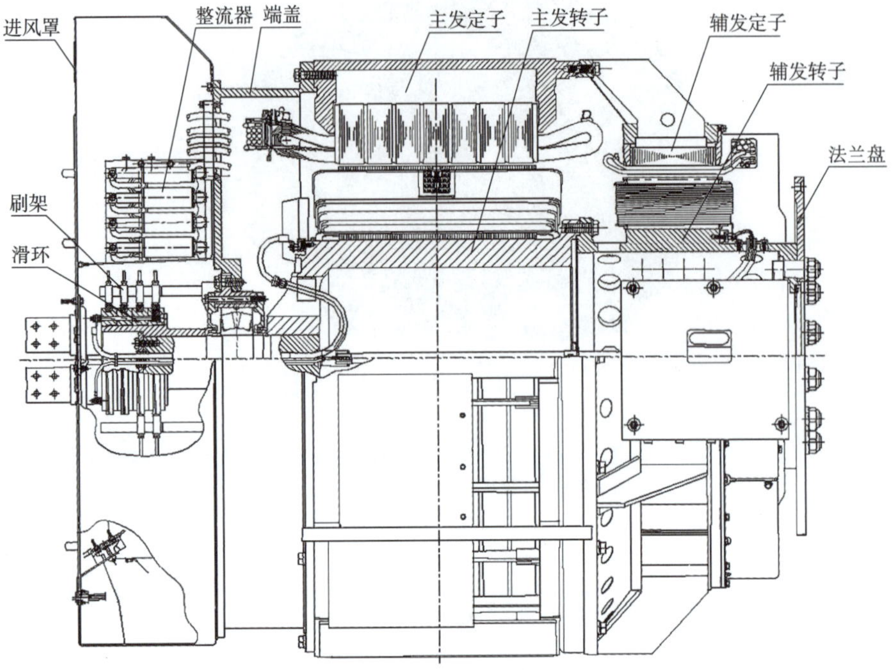

图 5.2　主辅发电机结构

(1)主发定子

主发定子由机座、铁芯、定子线圈、电缆连线、出风罩等组成,其中机座和铁芯为一体结构,如图 5.3 所示。在叠铁芯的同时,用上下压圈和外拉筋板将铁芯和机座在压力下焊接为一体,焊接后不再退火消除应力直接进行加工。由于该定子线圈为特殊的硅橡胶绝缘结构,可靠性高,嵌放到槽内时,无需槽绝缘,定子线圈通过多根电缆线连接为双星形结构。

(2)辅发定子

辅发定子由辅发机座、辅发铁芯、定子线圈、电缆连线组成,如图 5.4 所示。

图 5.3　主发定子

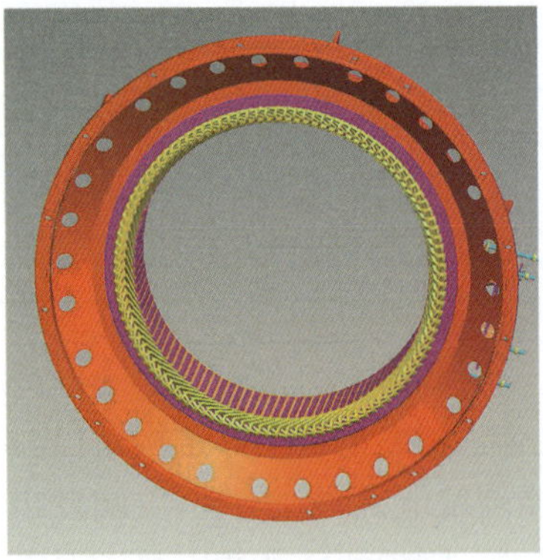

图 5.4　辅发定子

辅发机座为钢板焊接结构。由三个支持环和筋板组成，如图 5.5 所示。

辅发铁芯由扇形冲片叠压而成，每层八片，铁芯两端有端板，用筋板将两侧端板及铁芯冲片焊接在一起，如图 5.6 所示。

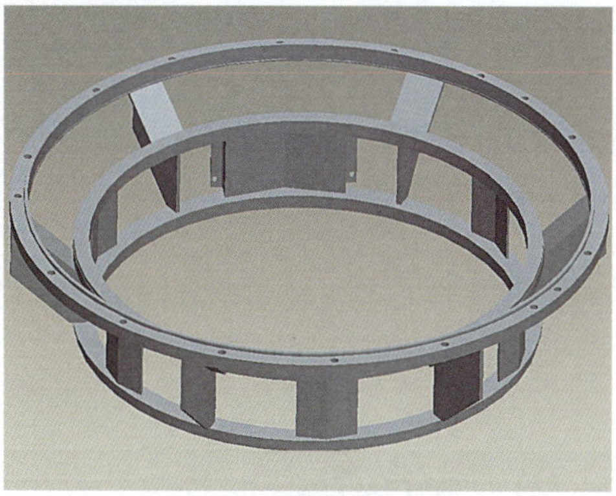

图 5.5　辅发机座

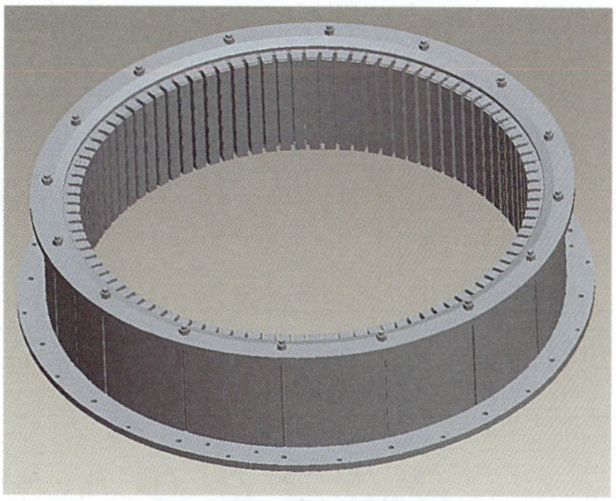

图 5.6　辅发铁芯

定子线圈嵌放在铁芯槽内，槽内放有槽绝缘。通过多根电缆线将定子绕组连接成三套星形输出。

辅发机座与连线后的铁芯套在一起，由螺栓紧固。三套绕组输出电缆线，通过绝缘子连接在接线盒内。

辅发定子线圈单根绕 2 匝，导线为丝包涤纶包漆包铜扁线。

(3)主辅转子

主发转子和辅发转子通过磁轭止口对接，并用螺栓连接在一起，主转子励磁引出线通过导管由轴孔引出，辅转子励磁引出线穿过磁轭内部安装的钢管，由轴孔引出。辅发转子支架与法兰盘止口对接，通过特殊螺栓和螺母连接紧固。该法兰盘为整机与柴油机连接提供了接口。主辅转子如图 5.7 所示。

图 5.7　主辅转子

主发转子由轴、磁轭、磁极装配、极间撑块、磁极螺栓、极间连线等组成。轴和磁轭冷压套在一起，磁极装配通过磁极螺栓连接在磁轭表面，磁极之间用极间连线串连起来。磁极与磁极之间有极间撑块。

辅发转子由辅转子支架、磁极装配、磁极螺栓、极间连线等组成。磁极装配通过磁极螺栓连接在磁轭表面，磁极之间用极间连线串连起来。

(4)端盖

端盖与主发定子用螺栓连接在一起。端盖为全钢板焊接结构。端盖上留有两个大通风孔和 4 组定子电缆线出线孔。轴承座连接在端盖上，为安装轴承提供轴承室。

(5)整流器

两个整流器安装在端盖上，并与两套主发定子电缆线连接。整流器由绝缘隔板、导电杆、散热器、熔断器、二极管组装而成，每个整流器为全波整流。单个整流器如图 5.8 所示。

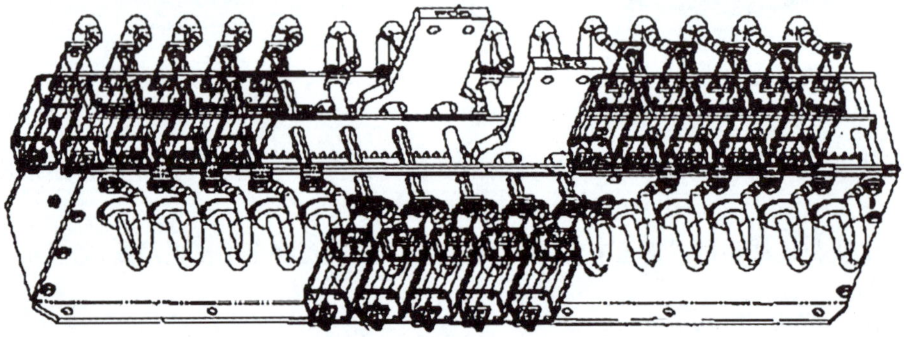

图 5.8　单个整流器

(6)滑环和刷架

4 个滑环套在滑环座上，为一体结构，形成滑环装配，然后，滑环装配热套于轴头上。主发和辅发的励磁引出线穿过轴孔连接到各自四滑环的接线柱上。

刷架由刷架固定杆、刷握和电刷组成。刷架固定杆紧固在外轴承盖上，固定杆上套有绝缘管，刷握紧固在绝缘管上，刷握内装有电刷。主发每个滑环配有 2 个刷握和 2 个电刷，辅发每个滑环配有 2 个刷握和 2 个电刷。

滑环与刷架外侧有滑环罩，起绝缘作用，也能防止雨、雪进入。

(7)进风罩

整流器外部有一个进风罩，固定在端盖上。它包括检修门、进风口、观察窗口(用于观察整流器上的熔断器、二极管以及发电机)，检修门接近滑环，便于更换、检查电刷。

5.2.1.4　电机特点

(1)选用双列滚子自调心球面轴承以适应电机安装时轴向、角度偏移和调整；并采用绝缘轴承座结构，有效防止轴电流对轴承的损坏。

(2)发电机轴承不设润滑脂加注孔，运行中不补充润滑脂，轴承为免维护运行。

(3)主发定子铁芯和机座为一体结构，采用压圈和拉板将铁芯和机座在施加压力的情况下焊接为一体。焊后不需进行退火，可直接加工。

(4)主发定子线圈采用特有的硅橡胶绝缘体系,通过绕梭形、垫匝间、匝间热压硫化、涨形、直线卷包、对地硫化、弯头等多工序制成。该绝缘结构一体性好,耐高压、耐高温、抗老化、耐腐蚀,可靠性高。

(5)主发电枢绕组采用创新性的极间跳线连接方式,虽连线复杂,但能有效改善因负载不均衡、工艺偏差引起的支路电流、电压不均衡现象。

(6)主辅转子磁极铁芯,采用特殊结构,使用专用叠压、旋铆设备,使铁芯在加压的同时进行旋铆紧固。

(7)主辅转子磁极采用大规格圆漆包铜线多层多匝绕制结构,需特殊专用的设备和工装绕制形成。经高温环氧固化为一体。转子勿需浸漆。

(8)滑环和刷架系统外置,便于检修和更换电刷。

(9)整流器与发电机集成在一起,集成度高,并有效利用空间。整流器外设置进风罩,便于通风、查看、防护和检修。

5.2.2 牵引整流装置

机车同步牵引发电机输出的三相交流电经牵引整流装置整流成脉动直流电,再逆变成变频变压的三相交流电以驱动 6 台交流牵引电机。

机车的牵引整流装置由两个完全相同的整流器组成,安装于发电机组端面的空气箱内,如图 5.9 所示。

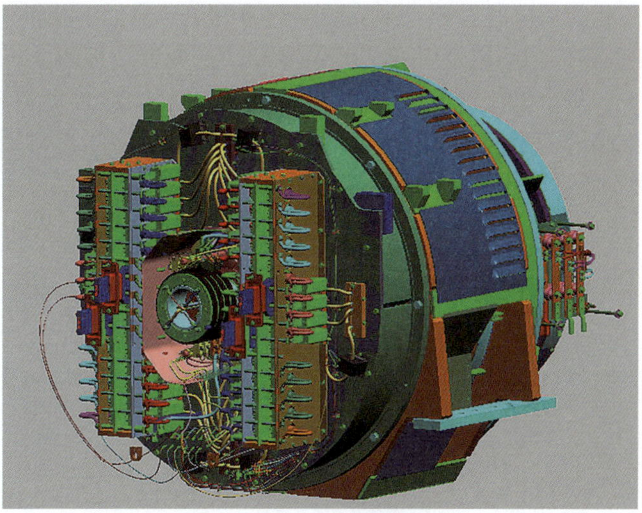

图 5.9 牵引整流装置安装位置

每个牵引整流装置采用三相桥式全波整流,由 4 组三相桥式整流电路并联,共用 24 只硅整流二极管,每组桥臂各串联 1 个 400 A 快速熔断器,共 12 个熔断器,每台机车共两个牵引整流装置被安装在牵引主发电机空气箱内,空气箱内由过滤或没过滤的冷却空气通风,空气流量 178.4 m^3/min。螺栓式牵引整流器结构如图 5.10 所示。

牵引发电机为三相交流发电机,转子装配有 10 个磁极,定子上装有两套星型连接的绕组。

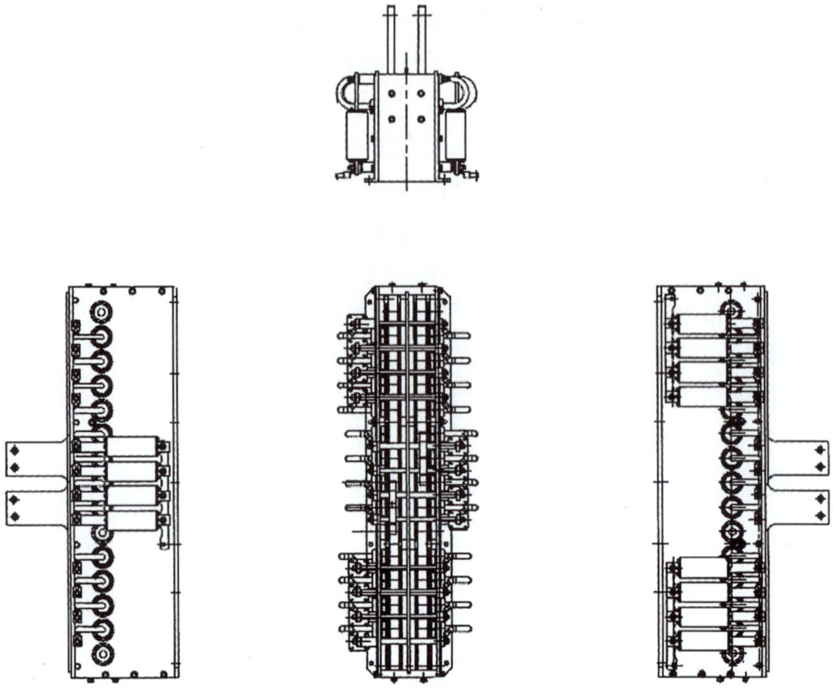

图 5.10　牵引整流器结构

两套绕组分别输出三相交流电并经相互独立的两组带有散热器的三相桥式全波整流器输出直流电，该直流电被分别输入到两组牵引逆变器中并经该逆变器转换输出三相交流电控制牵引电动机的转速和扭矩。每个整流器模块由四个相同的三相桥式全波整流电路并联而成，每个三相桥式全波整流电路的三相输入端都串接一个快速熔断器，熔断器对系统起到短路保护的作用，牵引整流装置整流功能原理简图如图 5.11 所示。

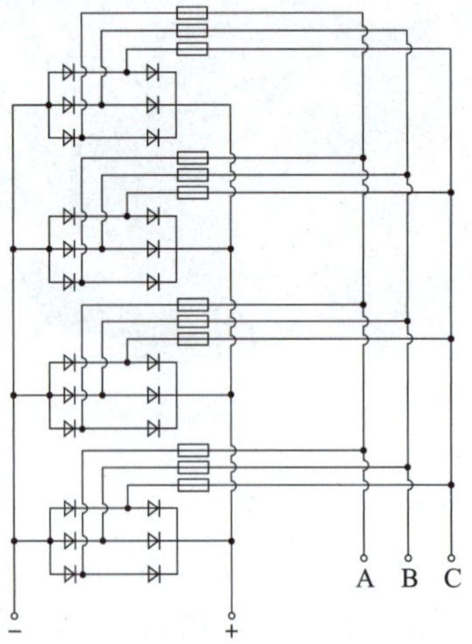

图 5.11　牵引整流装置整流原理简图

5.2.3 牵引整流器技术参数

输入电压范围(线)	444～1 926 Vrms;
输入相电流标称值	900 Arms(对应 1 200 A 直流输出);
输入频率范围	17～92 Hz;
最大输出电压	DC 2 800 V;
最大输出电流	DC 960 A;
最小反向重复峰值电压(RPRV)	DC 4 400 V;
最小反向非重复峰值电压(NRPRV)	DC 4 600 V;
整流装置周围空气温度范围	−40～+85 ℃;
产品质量	66 kg
整流电路	三相桥式全波整流电路

在≤65 ℃时,通过散热片的冷却空气风量至少为 20 m^3/min。

5.2.4 牵引整流装置冷却

硅整流元件工作时,PN 结内部产生很大的热损耗,若不及时将热量散出去,结温会越来越高,直至烧毁整流元件。机车牵引整流装置采用强迫通风冷却散热方法。冷却空气从车体外进入车内,首先由发电机组通风机吹向发电机组的空气箱,然后经过装于发电机组端面的牵引整流装置流向发电机组,对发电机组进行冷却。发电机组通风机的风量可以达到 203.9 m^3/min,满足牵引整流装置 178.4 m^3/min 的风量要求,保证了牵引整流装置的可靠运用。

5.3 牵引逆变器

机车装有 6 个单相模块,每 3 个单相模块组成一组牵引逆变器,因此 HXN3B 型内燃机车相当于装有两组牵引逆变器。牵引逆变器安装在电气间的顶部。每组逆变器将直流电转换为变频变压的交流电给 3 台并联的交流牵引电动机用于机车牵引,两组牵引逆变器分别给机车的两个转向架的牵引电机提供电能,从而组成了 HXN3B 型内燃机车的架控结构,当机车 6 根动轴的轮径差、轴重转移及空转等可能引起负载分配不均匀,都可以通过牵引逆变器的控制进行适当的补偿,以实现最大限度地发挥机车牵引力。

5.3.1 机车主回路结构介绍

机车主回路结构如图 5.12 所示,逆变器回路主要由以下部件组成:1. DLPU-INC 模块(2 个);2. 相模块(6 台);3. PM 输出电流传感器(6 个);4. 门极驱动电源 (2 台);5. OVCRF 过压保护装置(2 台) ;6. 电压传感器(2 个);7. 电压传感器电阻(2 组);8. 放电电阻(2 台);9. 接地继电器电容(2 组);10. 放电电阻 (2 个);11. 接口模块(1 台);12. 光纤装配(14 根)。

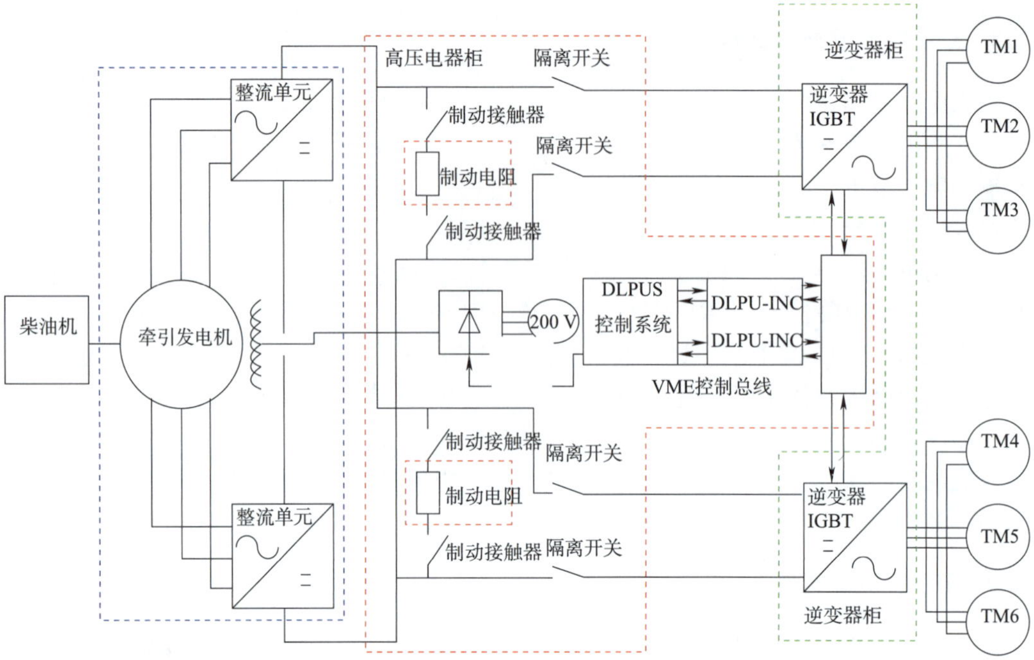

图 5.12　HXN3B 型内燃机车主回路结构

5.3.1.1　DLPU-INC 模块

DLPU-INC 模块在机车回路里主要功能是:①控制逆变器进行牵引控制;②通过 VME 总线与 DLPUS 通信;③每个 DLPU-INC 模块通过两个 25 芯电缆连接器与接口模块通信。

5.3.1.2　牵引逆变器相模块

相模块主要技术参数

每台车数量	6 个
相模块额定输出电流	1 200 A
逆变器直流连接输入额定电压	DC 2 800 V
电源电压	24×(1±0.5%) V
电源频率	100 kHz
控制信号	光纤输入
温度信号	电缆输出

牵引逆变器相模块外形如图 5.13 所示。

5.3.1.3　电流传感器

牵引逆变器的每相输出端都安装了一个电流传感器,用于检测牵引逆变器的相电流。

5.3.1.4　过压保护装置

在某些情况下,机车中间直流环节可能存在很危险的高电压,如机车严重空转或直流环节部件故障。这种高电压可能会对牵引逆变器造成严重的伤害。当机车微机系统检测到电压超过限值,将通过光纤触发信号给过压保护装置。该装置会在 5～10 μs 内导通晶闸管,通过放电电阻放电,保护牵引系统电气部件。其电气原理如图 5.14 所示。

过压保护装置最大工作电压 6 500 V，最大电流 800 A。

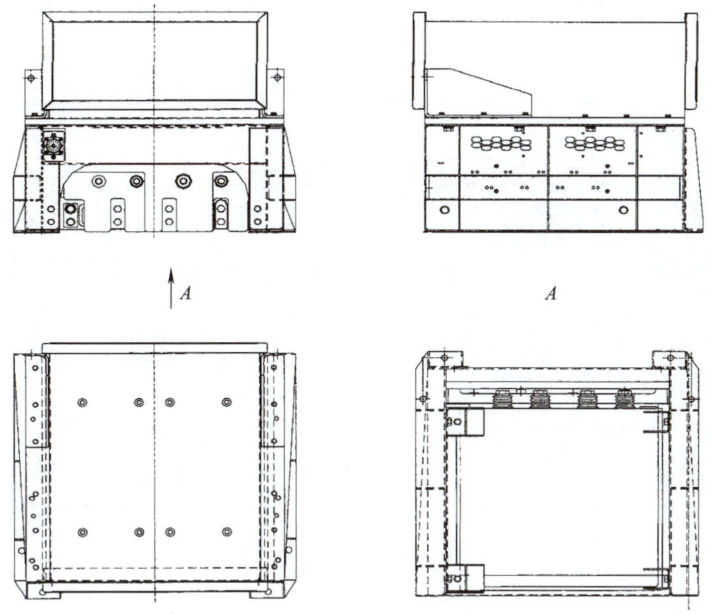

图 5.13 牵引逆变器相模块

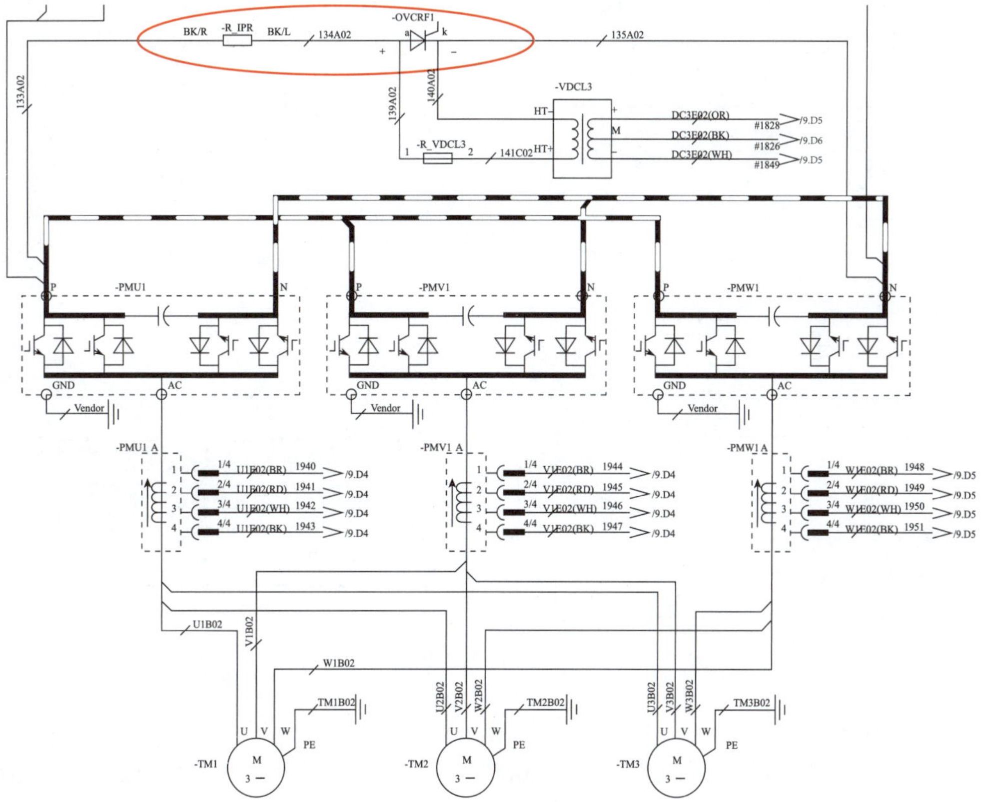

图 5.14 OVCRf 过压保护装置电气原理

过压保护装置主要由过压放电晶闸管和过压控制电路板组成,如图 5.15 所示。当直流环节出现故障时,过压放电晶闸管将被触发导通,将直流环节储存的电能通过过压放电电阻消耗掉。

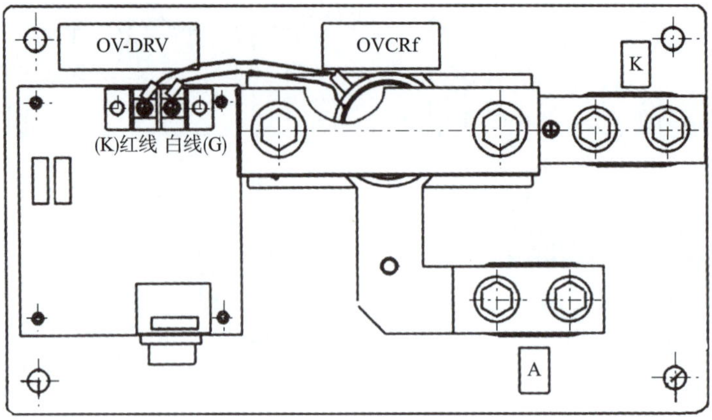

图 5.15 OVCRf 过压保护装置

5.3.1.5 接口模块

每台机车装有一个接口模块,如图 5.16 所示。接口模块内有两块接口板,每条光纤电缆是单独安装输出的。接口模块主要用于光电控制信号的转换。接口模块也接收机车速度信号,电压信号及电流信号。这些信号用于 DLPU-INC 单元进行控制和保护逆变器。

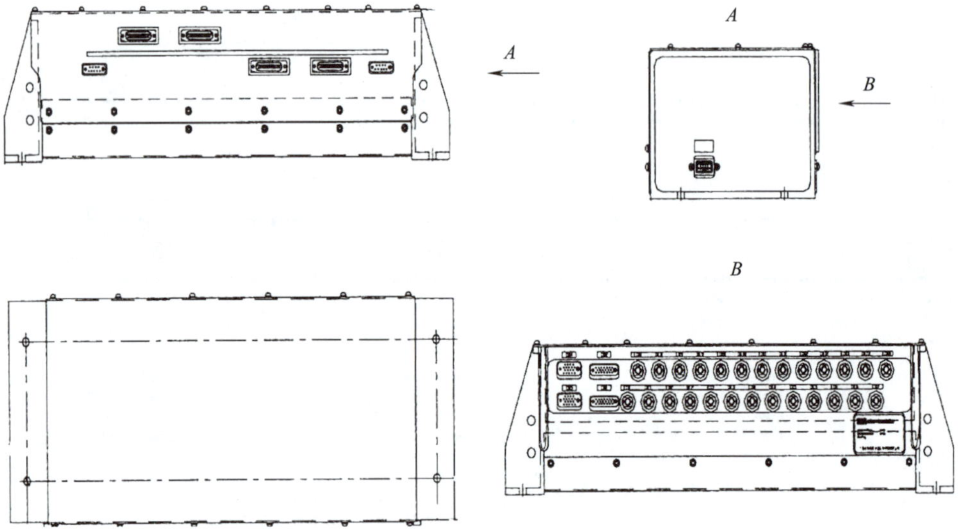

图 5.16 接口模块

5.3.1.6 光纤安装

逆变器的门极控制信号通过光纤传输,这样可以避免控制信号在传输过程中受到电磁干扰,造成逆变器 IGBT 的误触发导通。

5.3.2 牵引逆变器风冷系统

机车牵引逆变器采用了风冷却方式。逆变器通过橡胶风道(图 5.17 中红色器件)从机车车体两侧的风道获取冷却空气。冷却空气通过相模块冷凝器和冷却板后,在相模块中间的风道汇集,并从电气间风道排出,相模块的通风条件要求为当柴油机 1 000 r/min 时,通风量不小于 40 m^3/min。

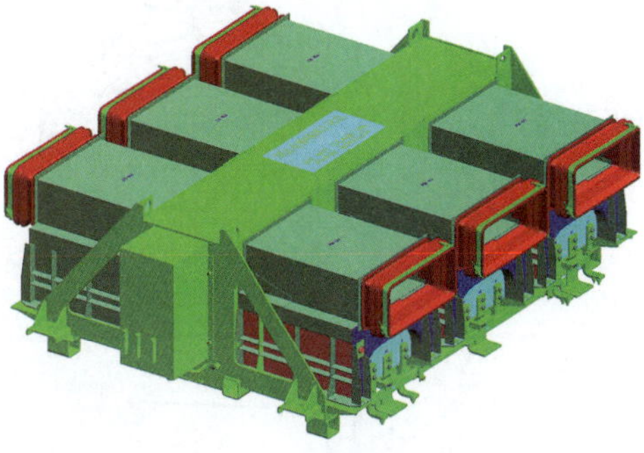

图 5.17 牵引逆变器

5.4 交流牵引电动机

HXN3B 型内燃机车装用的交流牵引电动机是三相鼠笼式异步牵引电动机,电机最高转速 2 514 r/min;该电机定子全叠片滚抱结构,200 级绝缘,嵌线后进行真空压力浸漆,转子为鼠笼式,由铜导条与铜端环焊接形成鼠笼,在端环上有高强度优质合金护环。电机强迫外通风,冷却风从非传动端进入传动端排出;两端轴承采用绝缘结构,非传动端深沟球轴承定位,端盖处不设注油口,运行中不需补充润滑脂,可实现免维护运行,传动端采用圆柱滚子轴承油润滑结构,转子轴锥与小齿轮配合为内锥配合。

5.4.1 交流牵引电动机主要技术数据

5.4.1.1 电机定额参数

额定功率	434 kW
额定电压	1 010 V
额定电流	310 A
功率因数	0.85
额定转速	403 r/min
额定频率	13.9 Hz
额定转矩	10 261 N·m
最高转速	2 514 r/min
额定效率	91%
绝缘等级	200
极　　数	4
定子绕组接线方式	Y
工 作 制	S1
冷却方式	强迫通风,风量 1.2 m^3/s
电机质量	2 900 kg

5.4.1.2 外形及尺寸

交流牵引电动机外形如图 5.18 所示。

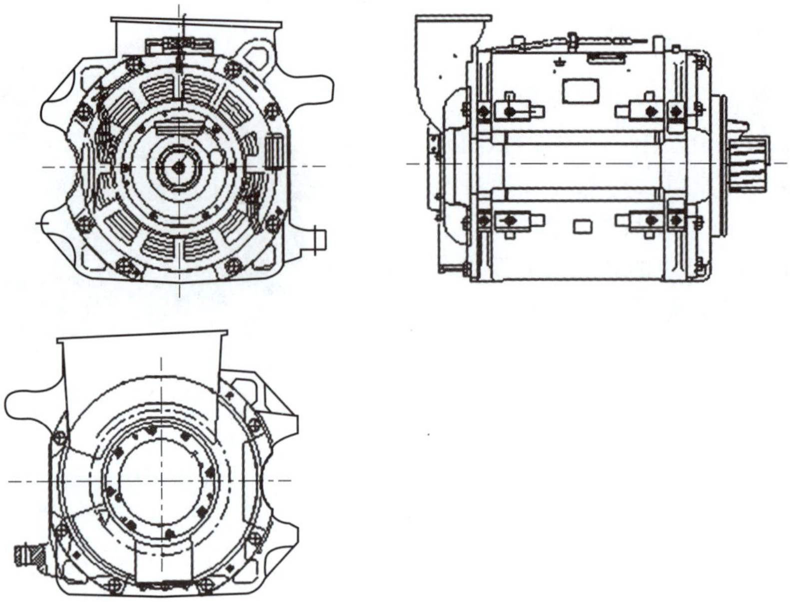

图 5.18　交流牵引电动机外形

5.4.2　交流牵引电动机结构组成

5.4.2.1　牵引电机结构

牵引电机具体结构如图 5.19 所示。

5.4.2.2　定　　子

定子绕组为双层成型绕组，成型后嵌进定子槽中。为了得到足够的机械强度、良好的电气性能与优良的热稳定性，定子绕组用端箍固定，端箍固定在支架上，定子整体真空压力浸漆(VPI)。整个电机的绝缘等级为 200 级。电机浸漆后，三相绕组用电缆线引出，经安装在定子上的引出线夹板固定后与机车直接相连。

(1)定子铁芯

定子采用全迭片焊接结构机座，机座由定子冲片迭片和两个支撑磁路的铸钢压圈组成，通过 3 个钢板拉板和一个铸钢小吊挂焊接而成，机座焊接设计应力释放空间，工作焊缝加强、连接焊缝有效密封，定子铁芯焊完后进行喷漆防锈处理。定子铁芯由冷轧硅钢板叠压，由上吊挂、下吊挂、小吊挂和二个通风道板与两端压圈焊接，使定子铁芯成为一个笼形壳体。机座焊完后进行喷砂和真空退火处理，以消除焊接杂物和应力。

(2)定子绕组

每个线圈由薄膜绕包的电磁线绕成，线圈匝间垫有绝缘，对地用聚酰亚胺复合云母作为主绝缘，外包绝缘采用无碱玻璃丝带。

5.4.2.3　转　　子

转子为铜条鼠笼式结构，端环外套有高强度合金护环。增加鼠笼强度，铁芯外表面喷防锈漆。

(1)转子铁芯

转子铁芯由 0.5 mm 低损耗冷轧硅钢板叠压而成，为了增强转子的散热能力，转子压板和

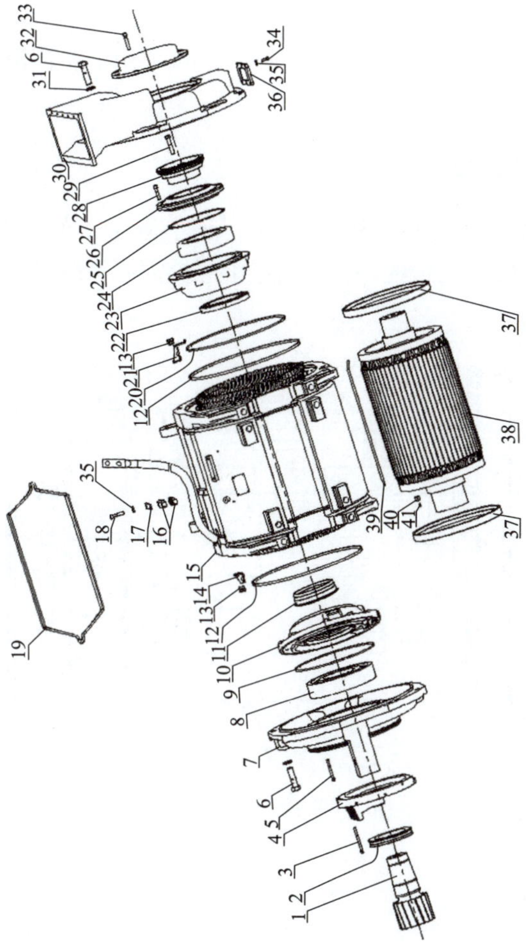

图 5.19　交流牵引电动机结构

1—小齿轮；2—A 端外封环；3—内六角螺钉；4—A 端外轴承盖；5—内六角螺钉；6—螺栓；7—A 端端盖；8—轴承；9—密封圈；10—A 端内轴承盖；11—A 端内封环；12—支撑环装配；13—内六角螺钉；14—固定支架；15—电缆线装配；16—线夹；17—垫片；18—内六角螺钉；19—定子线圈；20—零环装配；21—固定支架；22—B 端内封环；23—B 端内轴承盖；24—轴承；25—O 形密封圈；26—B 端外轴承盖；27—内六角螺钉；28—测速齿盘；29—螺栓；30—B 端端盖加工；31—弹簧垫圈；32—非传动端外轴承盖；33—内六角螺钉；34—内六角螺钉；35—弹簧垫圈；36—观察孔盖板装配；37—护环；38—转子焊端环；39—导条；40—平衡块 A；41—平衡块 B

冲片上开有通风孔。

(2)转子导条和端环

采用铜质导条和端环，通过感应钎焊焊接在一起。

(3)转轴

转子铁芯套在转轴上，通过紧配合传递扭矩，转轴的材料为优质合金锻钢。

(4)电机的通风

电机采用强迫通风，由非传动端经由定子通风孔、气隙、转子通风孔后，由传动端端盖排出。

(5)轴承

电机非传动端装有一个免维护的深沟球绝缘轴承，采用油脂润滑；传动端装有滚子绝缘轴承，由齿轮箱的油进行润滑。

5.4.3 交流牵引电机与轮对的安装

交流牵引电动机安装于机车抱轴箱上，要求保证小齿轮和车轴齿轮正确啮合。检查电机与抱轴箱配合面，保证电机安装到位。所有的 8 个螺栓需要涂螺纹锁固剂，拧紧螺栓。具体安装如图 5.20 所示。

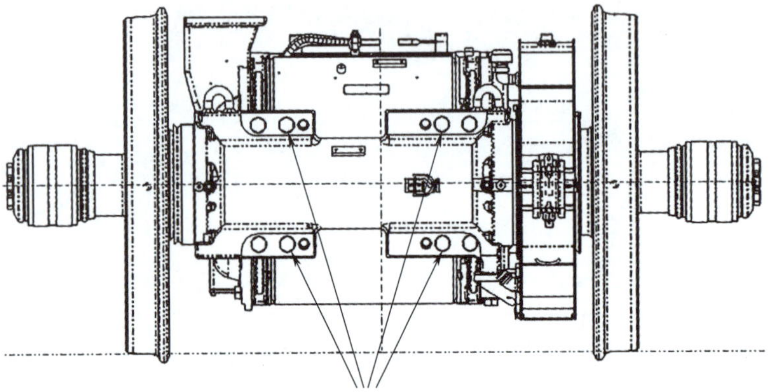

图 5.20 交流牵引电动机与轮对安装

5.5 制动电阻装置

机车制动电阻装置采用的是顶置式结构，每台车一个，安装在机车电阻制动间的上部，风向为下进上出，额定电压 DC 2 700 V、额定电流 670 A、额定功率 2×1 800 kW，如图 5.21 所示。其优点是充分利用机车空间，替代机车的顶盖，同时下面空间又可以布置机车上的其他部件，很好的解决了机车空间紧张、布置制动电阻装置困难的问题，制动电阻装置上方加装百叶窗，既解决了漏雨问题，又减少了制动电阻装置高负荷运行时的排风阻力，有利于电阻带散热。

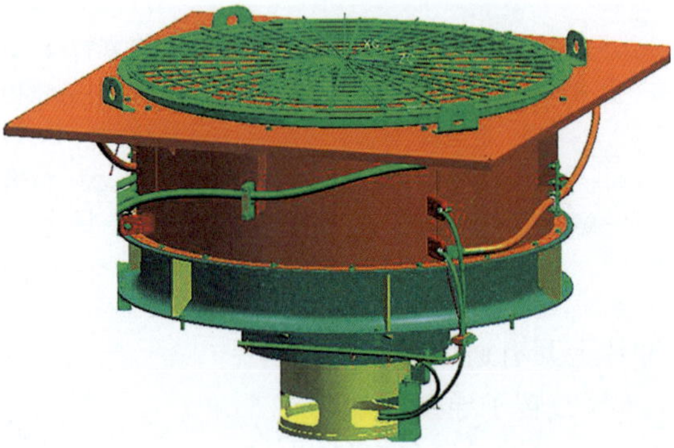

图 5.21 制动电阻装置

5.5.1 组　　成

装置内部由 4 个电阻单元和 1 台风机电机构成两个彼此独立的电阻带电路，风机电机直接安装在电阻单元的底部，并构成后转向架装置电阻带电路的一部分，装置内部电路如

图 5.22 所示，其外形结构如图 5.23 所示。

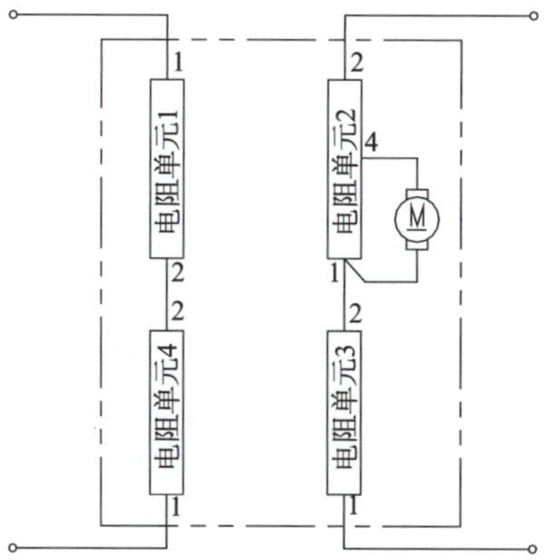

图 5.22 内部电路

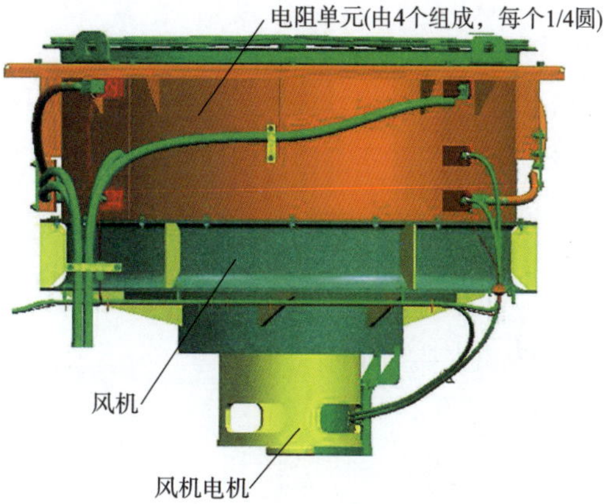

图 5.23 制动电阻装置外形结构

5.5.2 风机电机

风机电机结构为开启式，换向器端进风，轴伸端出风，外形如图 5.24 所示。风机电机主要由联轴器、前端盖、后端盖、定子、电枢、刷架、轴承、锁紧圆螺母、轴承盖等组成。

联轴器为锻钢件加工而成；两端端盖均为灰铸铁 HT200 铸造而成。

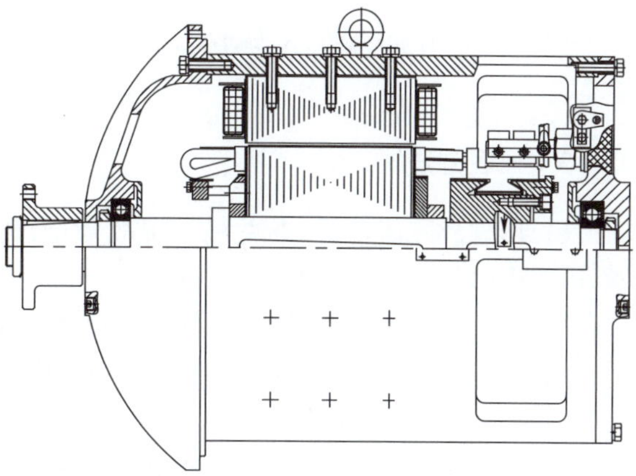

图 5.24 风机电机外形

定子主要组成部分为机座、主极、换向极。机座由钢板围圆焊接加工得到，其换向器端开有四个窗孔，侧面有出线孔和接线保护罩。主极由主极铁芯、串激线圈及绝缘构成。换向极由换向极铁芯、换向极线圈及绝缘组成。主极铁芯和换向极铁芯采用 1 mm 厚的钢板叠压、两端加端板后铆接而成。串激线圈和换向极线圈均由薄型丝包铜扁线绕制。

电枢为叠片结构，主要由转轴、电枢线圈、电枢冲片、电枢端板、压圈、套圈、换向器等组成。转轴用圆钢加工，电枢线圈均由薄型丝包铜扁线绕制。电枢冲片采用 0.5 mm 厚的热扎硅钢片。电枢冲片直接在转轴上叠压，叠压时在两端都放置了电枢端板，压圈。电枢端板采用 1 mm 厚的钢板，压圈为铸铁件，尽量减小冲片弹开度，改善电机槽口电气绝缘强度。换向器为拱形套筒结构，机械强度可靠性高。

主要技术参数

工作制	S1
额定功率	75 kW

额定电压	DC 450 V
额定电流	DC 195 A
额定转速	2 000 r/min
励磁方式	串励
绝缘等级	H
安装方式	立式带凸缘、锥轴
型号	ZTP-400HXN3

5.6 典型故障分析及处理

中间直流环节过电压故障。

5.6.1 故障说明

机车卸载，微机显示屏提示“中间直流环节过电压故障”。

5.6.2 故障分析

机车发生“中间直流环节过电压故障”时，需要对中间直流环节电路中的相关部件进行检查。

5.6.3 处理方法

(1)出现故障信息后，查看显示屏故障记录，是否有撒砂记录。若有，请检查机车撒砂功能，砂箱内砂量。若都正常，往下进行。

(2)检查速度传感器、接口模件上的反馈接线和连接器。

(3)检查雷达角度。验证雷达与其底座相对于轨道的倾角是 37.5°±0.25°。

(4)检查测量(主回路放电后进行)R_VDCL1、R_VDCL2、R_VDCL3、R_VDCL4，电阻值应在 200×(1±1%) kΩ 范围内，否则，应更换。

(5)检查 MGFldA 或 MGFA Rf 信号的波动幅度，若超过 5 A 或 ChpDty 信号大于 0.2 或波动幅度超过 0.1，则检查励磁系统。

(6)检查 DCL1V 或 DCL2V 显示，如果反馈异常则应检查传感器、PDP 面板、ADA 模块、微机背板，更换故障部件。

(7)检查 T1DCLV 或 T2DCLV 显示，如果反馈异常则应进一步检查牵引逆变器控制模块、接口模块、及微机背板，更换故障部件。

6 辅助电气系统

6.1 概　　述

HXN3B 型内燃机车交流发电机机壳内除牵引发电机外，还包括一台辅助发电机。该辅助发电机不仅负责给主发提供励磁，同时还负责为其他辅助设备提供电源。辅助发电机共有两套独立的绕组，一组绕组(2 定子)通过辅助电源变换器(APC)输出 DC 74 V 电源用于蓄电池充电和机车控制用电等；另一套绕组(1 定子)采用了中间抽头的方式，提供两个不同电压等级的电源输出：一个为机车冷却风扇电机及各种辅机提供三相交流电源；另一个中间抽头的输出通过牵引发电机励磁斩波器为牵引发电机提供励磁电流。辅助供电结构示意如图 6.1 所示。

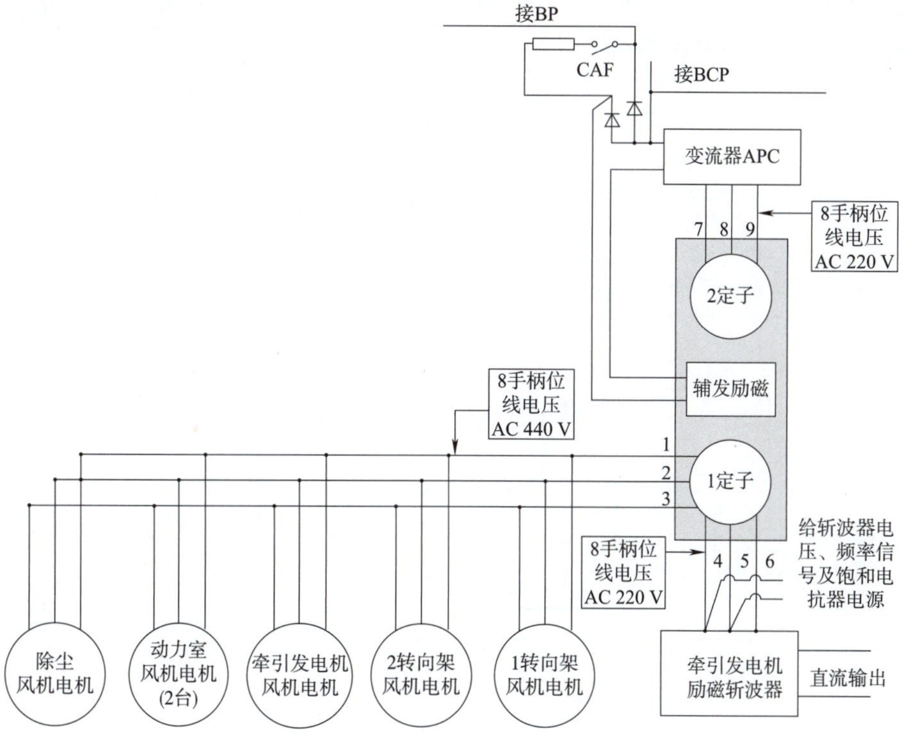

图 6.1　HXN3B 型内燃机车辅助供电结构示意

机车辅助交流发电机的 1 定子 1、2、3 端输出除如图 6.1 所示负载外，还有 2 个逆变器驱动的空压机电动机和两台逆变器驱动的冷却风扇电机。1 定子 4、5、6 绕组输出除给牵引发电机励磁斩波器提供电源外，4、5 两相绕组输出还通过斩波器给微机网络控制系统(DLPUS)提供辅助交流发电机电压和频率的反馈信号以及为饱和电抗器提供电源。DLPUS 将以这个电压和频率的反馈信号为依据，生成控制信号送给斩波器 IGBT 的控制模块，斩波器控制模块(CCM)根据 DLPUS 传送来的控制信号控制牵引发电机励磁电流的大小。

6.2 交流牵引发电机励磁

HXN3B 型内燃机车牵引发电机的励磁回路主要由斩波器控制模块实现，由辅助发电机抽头绕组 4、5、6 输出端输出三相交流电供给整流装置，在三相电和整流装置之间连接断路器 GEN FLD(100 A)及接触器 GFC 进行保护，整流输出的直流电压为斩波器提供电压；同时斩波器通过辅助发电机 4、5 两个输出端检测辅助发电机输出电压的幅值和频率。

6.2.1 交流牵引发电机励磁装置组成

交流牵引发电机的励磁回路如图 6.2 所示，交流牵引发电机励磁装置由整流装置、斩波器控制模块 CCM 及斩波器组成，整流装置将辅助发电机发出的 60～200 V 交流电整流为 90～300 V 直流电，该直流电经过 4 400 μF 电容滤波，斩波器斩波后为交流牵引发电机提供可控的励磁电流。当牵引发电机卸载时，接触器 GFD 断开，将牵引发电机励磁(MG field)回路串入的电阻 R-MGF1 形成放电回路。

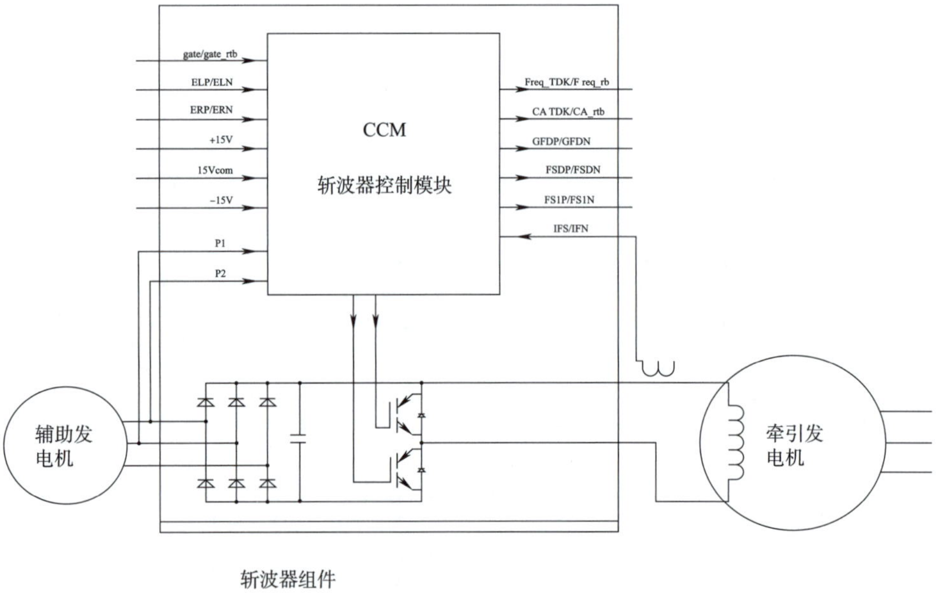

图 6.2 交流牵引发电机励磁回路

6.2.2 交流牵引发电机励磁装置功能

斩波器控制模块的主要功能是驱动 IGBT。CCM 将辅助发电机供给整流装置的三相交流电的幅值和频率输送给 DLPUS，DLPUS 根据此电压的幅值、频率以及牵引发电机励磁回路反馈的电流值，计算出 CCM 所需的频率(频率范围为 0～1 000 Hz)，CCM 根据这个频率发出频率为 1 000 Hz，占空比可调的 PWM 信号，用于控制 IGBT 的通断，从而控制主发励磁回路的励磁电流。

6.3 蓄电池及充电电路

机车控制电压为 DC 74 V，机车蓄电池的额定电压为 DC 64 V。DC 74 V 回路中的核心部件是辅助电源变换器，简称 APC。它有三个主要功能，一是为蓄电池充电；二是为辅助发电机提供励磁电流；三是为包括加热回路、照明回路、控制回路在内的 DC 74 V 回路提供可靠稳定的直流电源。

6.3.1 辅助电源变换器(APC)

APC 的输入为辅发电机 7、8、9 绕组输出的变频变压交流电，其频率和电压随柴油机转速变化。

在 APC 的输出侧，配有四个电容器及 2 个电抗器，以消除 DC 74 V 系统中的谐波。除此之外还配有一个二极管模块用以分配不同的 DC 74 V 系统供电。二极管模块有三个正极输出母排 BP、BCP、CAP，它们共用负极母排 BN，其外形如图 6.3 所示。

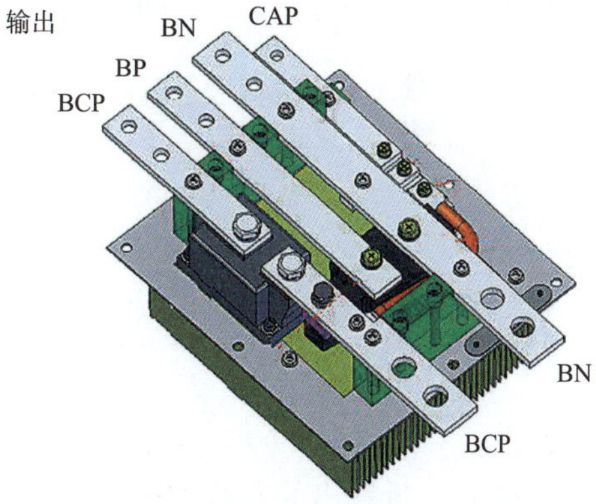

图 6.3 二极管模块输出母排

经过调制滤波后的直流电电压范围为 DC 73～78 V，其最大输出功率为 31.5 kW。输出电压大小取决于蓄电池箱温度，蓄电池箱温度与 APC 输出电压的关系如图 6.4 所示。

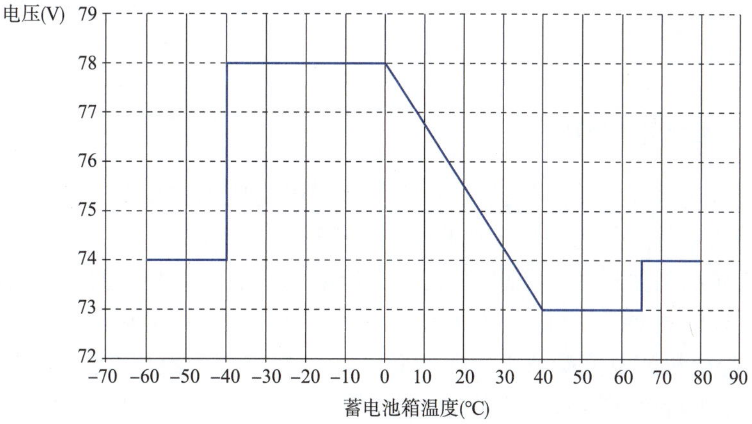

图 6.4 APC 输出电压与蓄电池箱温度的关系曲线

BP 输出通过蓄电池充电电阻为蓄电池充电，与 BP 母排连接的所有负载都可以直接从蓄电池得到电源供给，而不需要机车柴油机启动运行。在这里需要特别注意的是，BP 回路的一个重要功能是在机车柴油机启动的时候，DLPUS 将控制接触器 CAF 闭合为辅助发电机励磁绕组提供励磁电流，如图 6.5 所示。当柴油机正常启动，辅助发电机正常发电，DLPUS 将控制 CAF 接触器断开，改由 APC 二极管模块的 CAP 母排为辅助发电机励磁供电。

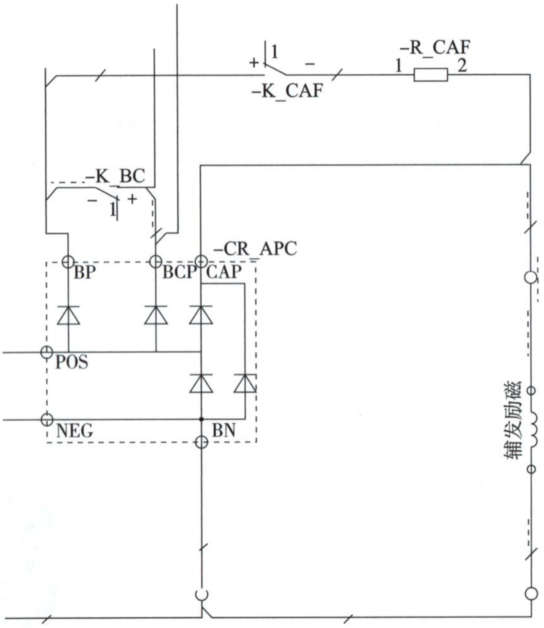

图 6.5　辅助发电机励磁起励回路

BCP 母排输出的负载为空调、电热玻璃、空气干燥器等较大功率的辅助设备，二极管模块的设计避免了这些负载直接从蓄电池得电，防止蓄电池馈电。与 BCP 母排连接的负载只有在柴油机运转，辅助发电机发电，APC 正常工作后才能得到电能。

6.4　辅助电机

6.4.1　短端转向架牵引通风机

该通风机位于进气间，它为相模块和 1、2、3 牵引电动机提供冷却通风。通风机从机车相模块进风口处吸入室外空气为相位模块和牵引电机进行冷却。

短端转向架牵引通风机由一个单速、三相交流电动机驱动，只要通风机断路器闭合，辅助发电机输出电流，电机便会运行。使用其中一个电机相线上安装的互感器（TMBL1A），DLPUS 便可监控电机相电流确认电机是否正常运行并检测开路以及过流、欠流等故障。在 FIRE 显示屏上可进行短端转向架通风机自检，执行自检时可观察到风机电机的电流值。

短端转向架通风机电动机采用的是单极电动机，定子铁芯采用 0.5 mm 厚 50W470 冷轧硅钢片叠压而成；转子为铸铝转子结构，转子冲片采用 0.5 mm 厚的 50W470 冷轧硅钢片。后端带风扇和风罩。电机传动端轴承和非传动端轴承均为进口 SKF 全封闭球轴承，型号均为 6311-2Z/C3 GJN，润滑脂为耐高温的。电机结构如图 6.6 所示。

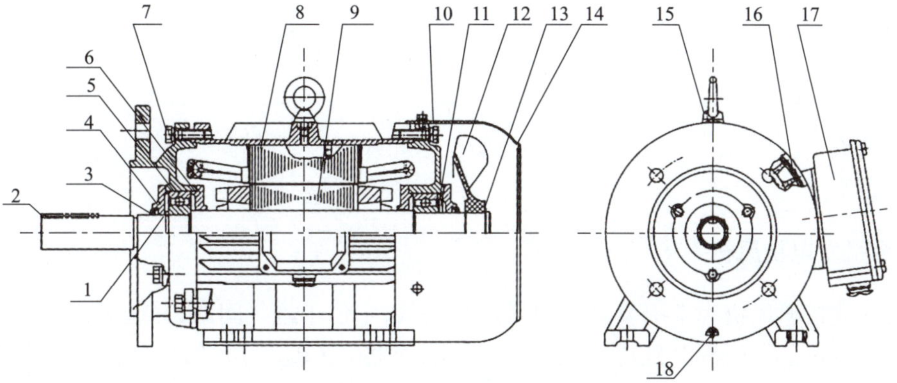

图 6.6 短端转向架通风机电动机结构

1—挡圈；2—键；3—密封圈；4—轴承外盖；5—轴承；6—轴承内盖；7—凸缘端盖；8—定子；9—转子；10—后端盖；
11—波形弹性圈；12—风扇；13—挡圈；14—风罩；15—转向牌；16—铜铭牌；17—接线盒；18—密封塞

短端转向架牵引通风机电机基本参数

额定功率	34 kW
额定电压	444 V
额定电流	56.4 A
额定频率	133.3 Hz

6.4.2 长端转向架牵引通风机

该通风机位于冷却间内，在冷却风扇下方，为 4、5、6 牵引电机提供冷却空气。长端牵引通风机也由一个单速、三相交流电机驱动，只要长端通风机断路器闭合，辅助发电机输出电流时，电机便运行。工作和状态控制与短端转向架通风机相同。

长端转向架通风机电动机采用的是单极电动机，定子铁芯采用 0.5 mm 厚 50W470 冷轧硅钢片叠压而成；转子为铸铝转子结构，转子冲片采用 0.5 mm 厚的 50W470 冷轧硅钢片。后端带风扇和风罩。传动端轴承和非传动端轴承均为 SKF 全封闭球轴承，润滑脂为耐高温润滑脂。电动机结构如图 6.7 所示。

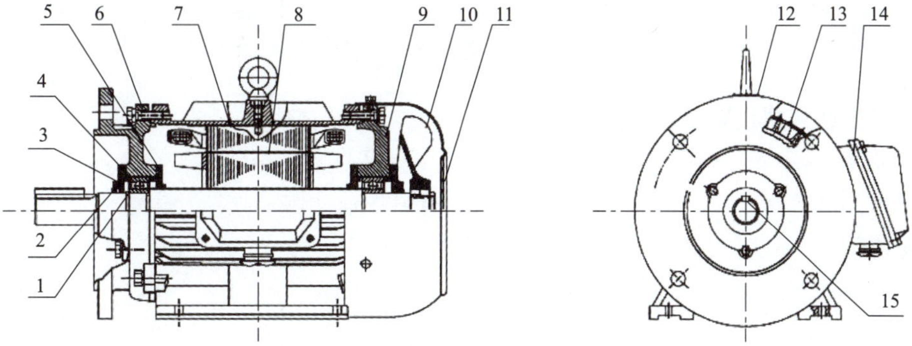

图 6.7 长端转向架通风机电动机结构

1—挡圈；2—密封圈；3—轴承外盖；4—轴承；5—轴承内盖；6—凸缘端盖；7—定子；8—转子；
9—后端盖；10—风扇；11—风罩；12—转向牌；13—铜铭牌；14—接线盒；15—键

长端转向架通风机基本参数

额定功率	21 kW
额定电压	444 V
额定电流	35 A
额定频率	133.3 Hz

6.4.3 牵引发电机风机

牵引发电机通风机为牵引发电机提供冷却空气，它位于进气间内，并通过过渡管道连接到牵引发电机风道。牵引发电机通风机通过惯性滤清器吸入空气，并通过连接到发电机风道的过渡管道。

通风机由单速、三相交流电机驱动，通过其中一个电机相线上安装的电流互感器(GENBL A)，DLPUS便可监控电流以确认电机是否正常运行并检测电路开路以及过流、欠流故障。当主辅发通风机断路器闭合，辅助发电机输出电流时，电机便会运行。

牵引发电机风机电动机是单极电动机，结构与除尘风机电机相似。只是在后端增加了风扇和风罩，用于电机通风冷却。定子铁芯采用 0.5 mm 厚冷轧硅钢片叠压而成，转子为铸铝转子结构，转子冲片采用 0.5 mm 厚的冷轧硅钢片。轴承同除尘风机电机的轴承。电机结构如图 6.8 所示。

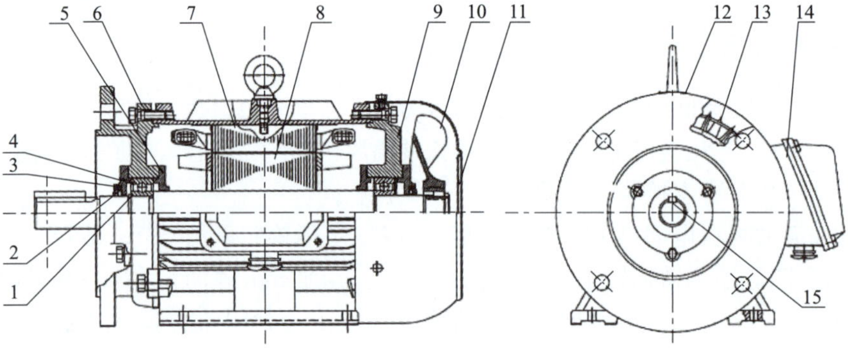

图 6.8　牵引发电机风机结构

1—挡圈；2—密封圈；3—轴承外盖；4—轴承；5—轴承内盖；6—凸缘端盖；7—定子；8—转子；9—后端盖；10—风扇；11—风罩；12—转向牌；13—铜铭牌；14—接线盒；15—键

牵引发电机风机电机基本参数

额定功率	17 kW
额定电压	444 V
额定电流	28 A
额定频率	133.3 Hz

6.4.4 动力室风机

机车装有 2 台动力室风机，安装于冷却室与动力室隔墙，靠近冷却室一侧对称布置。其作用为将冷却室内的冷空气送到动力室。在辅助交流发电机有输出、且环境温度满足条件下，DLPUS 将通过接触器控制这个风机投入工作。

动力室风机电动机是单极电动机，定子铁芯采用 0.5 mm 厚冷轧硅钢片叠压而成；转子为铸铝转子结构，转子冲片采用 0.5 mm 厚的冷轧硅钢片。后端带风扇和风罩。传动端轴承和非传动端轴承均为进口 SKF 全封闭球轴承，润滑脂为耐高温润滑脂，轴承寿命内无需加油。每辆机车安装有两台风机组，这两台风机电机从轴伸端看接线盒一个在左侧（NFJ112YD1-4L）、一个在右侧（NFJ112YD2-4R），其他完全相同。NFJ112YD1-4L 电机结构如图 6.9 所示。

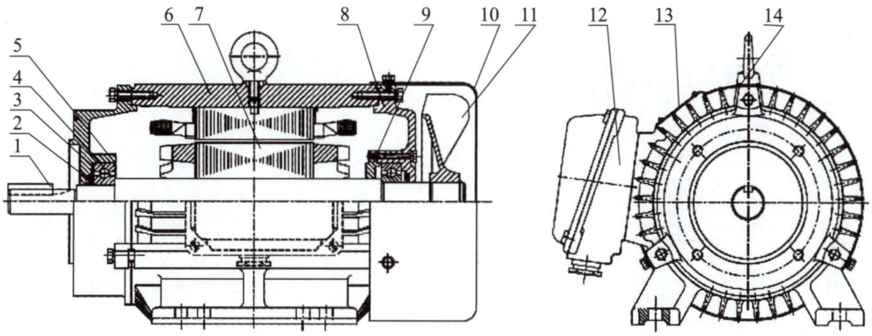

图 6.9　动力室风机电动机结构

1—键；2—密封圈；3—波形弹性圈；4—轴承；5—凸缘端盖；6—定子；7—转子；8—后端盖；9—轴承内盖；10—风罩；11—风扇；12—转向牌；13—铜铭牌；14—接线盒

动力室风机电机基本参数

额定功率	3 kW
额定电压	444 V
额定电流	5.1 A
额定频率	133.3 Hz

6.4.5　除尘风机

除尘风机位于进气室的顶部，由一个双速、三相交流电机和两个通风机叶轮构成（图 6.10）。除尘风机有两种功能，一是为电器室设备提供冷却、保持正压；二是从惯性过滤器高压室中抽出杂质，然后通过通风机口排出。

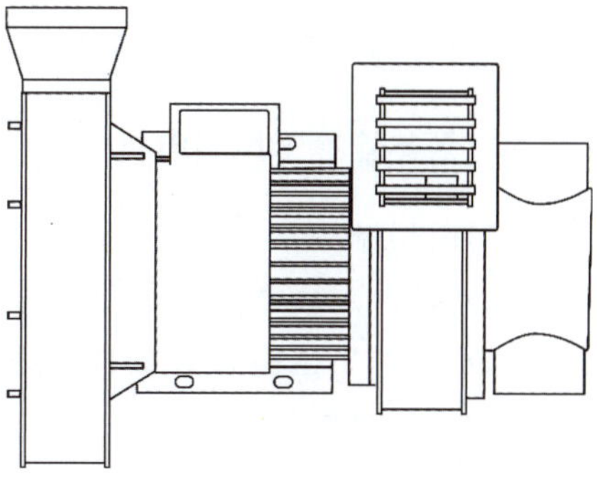

图 6.10　除尘风机

在辅助交流发电机有输出的条件下，除尘风机便投入工作。其驱动电机是变极（2 极/4 极）电机，在 3～8 手柄位时，DLPUS 通过接触器控制电机运行在 4 极低速状态，其他挡位则是在 2 极高速状态运行。

通过其中一个电机相线上安装的电流互感器（LDBBL A），DLPUS 便可监控电流以确认电机是否正常运行并检测电路是否开路、过流和欠流，电机接触器位于电器室内。在 FIRE 显示画面上可进行除尘风机自检。执行自检时，可观察到慢速和高速接触器状态(打开/关闭)和电流值。

除尘风机电动机结构由定子、转子、凸缘端盖、端盖、轴承、轴承盖、接线盒等组成。电机为双轴伸。机座、两端端盖均为灰铸铁 HT200 铸造而成;机座侧面有出线孔和接线盒;安装底脚、凸缘配合面与通风机连为一体。

电机两端端盖内均安装有轴用密封圈,可有效防止灰尘及液体进入电机内部。电机结构如图 6.11 所示。

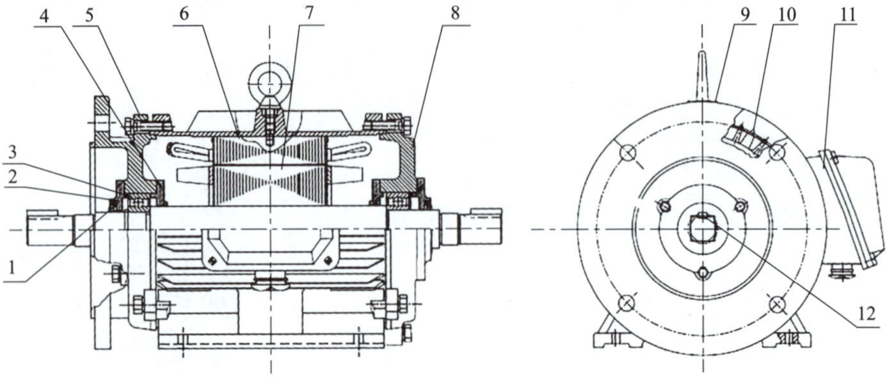

图 6.11　除尘风机电机结构

1—密封圈;2—轴承外盖;3—轴承;4—轴承内盖;5—凸缘端盖;6—定子;
7—转子;8—后端盖;9—转向牌;10—铭牌;11—接线盒;12—键

电机基本参数

电机型号	NDTP254UD-4/2
额定功率	11/14 kW
额定电压	444/244 V
额定频率	133.3/73.3 Hz
额定转速	3 980/4 330 r/min
极　　数	4/2
绝缘等级	H

6.4.6　散热器冷却风扇电机

(1)电机结构

散热器冷却风扇为轴流式风扇,该风扇电机为外转子结构。主要由定子部分、转子部分和轴承组成。电机结构如图 6.12 所示。

(2)电机基本参数

电机型号	JY470-8L
额定功率	60 kW
额定电压	445 V
额定频率	133.3 Hz

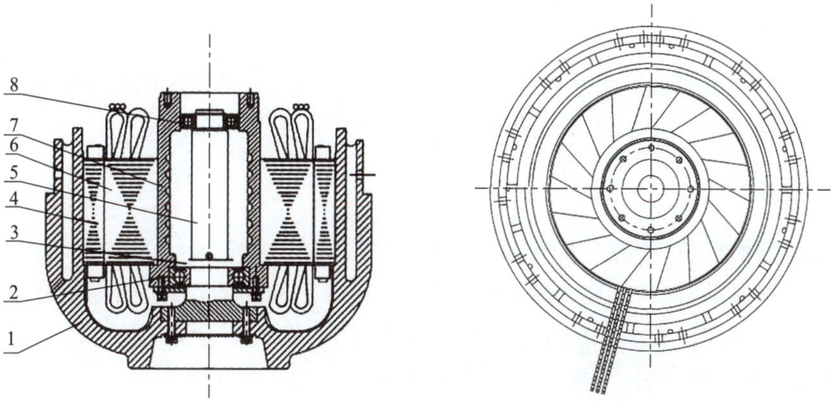

图 6.12　冷却风扇外转子电机 JY470-8L 结构

1—转子转筒；2—轴承；3—螺母；4—转子铁芯；5—轴；6—定子铁芯；7—定子内筒；8—轴承

6.5　电气逆变器及用电设备

电器逆变器安装在辅助电器柜内，它将直流电转换为交流电供给司机室内一些用电设备和辅助空压机，如图 6.13 所示。在机车未启动时，电器逆变器的输入来自蓄电池；当机车启动辅发发电后，电器逆变器的输入来自辅助发电机经辅助电源变换器（APC）的输出。

逆变器参数

输入电压　　DC 74 V

输出电压　　AC 220×(1±5%) V

输出频率　　50×(1±1%) Hz

持续输出功率　　4 kW

逆变器给以下设备供电：司机室的微波炉、冰箱和 220 V 插座。司机室电气设备由接触器 APL1 控制。对辅助空压机的供电是通过接触器（ACOMP3）接入的，只有在柴油机启动之前辅助空压机才能工作，给启动风缸供风，启动风缸的风压是为柴油机启动提供动力的。

图 6.13　电器逆变器

6.6　典型故障分析及处理

牵引通风机故障。

6.6.1　故障说明

机车微机显示屏提示“牵引通风机故障”相关信息。

6.6.2 故障分析

机车运行时，牵引风机发生绕组短路、接地、轴承抱死等问题时，风机电流瞬间增大，此时牵引通风机断路器断开，就会出现司机室微机屏报出“牵引通风机故障”。

6.6.3 处理方法

(1)出现故障信息后，检查相应牵引通风机断路器是否跳开、有无异味冒烟现象。

(2)无异常现象是，仅为断路器跳开，先断开微机控制断路器，闭合相应断路器后再闭合微机控制断路器，并立即检查故障的通风机转动是否正常、有无异音，发现异常立即断开相应断路器。断路器跳开并复位后，再度跳开时不可再次闭合。

(3)检查无任何异常，显示屏提示牵引通风机故障—复位时，按压显示屏其他选择—提示信息，光标移至牵引通风机故障处，按压显示屏复位键进行复位操作。

(4)显示屏提示“牵引通风机故障—1 h 锁定复位”时需将换向手柄置于中间位，断开微机控制断路器及故障牵引通风机断路器进行复位。

7 微机控制及网络通信系统

7.1 概　　述

机车微机系统由各个功能模块组成，不仅实现了机车控制的高度自动化，还提供了极为有效的系统及部件故障检测手段。同时，自身具有“自检”功能，十分有利于机车状态检测及故障排除。

微机主要由控制系统及电源系统组成，电源系统将机车控制用电转换成供微机使用的不同电压等级的电源。

7.2 微机控制系统的组成和主要功能

微机控制系统由各个模块板组成，主机整合装在一个机箱内。显示终端设置在机车司机室操纵台上。微机系统包括的模块有：CPM 模块(中央处理模块)、DLPU-INC 模块(牵引处理模块)、DIO 模块(数字量输入输出模块)、ADA 模块(模数转换模块)、ASC 模块(模拟信号调节模块)以及显示屏(多功能集成铁路电子设备)。

微机控制系统通过 DIO、ADA、ASC 等外设模块，检测机车各个模拟量和数字量输入。上位机 CPM 模块根据机车不同的工况控制外设模块输出数字量和模拟量，实现控制机车各个子系统功能。同时给下位机 DLPU-INC 发出给定指令，控制机车牵引主传动系统。显示屏为整个微机网络系统提供显示终端，并提供人机交互平台。

7.2.1 中央处理模块(CPM)

中央处理器模块是整个机车微机控制系统的核心。CPM 模块主要负责将表征机车主发励磁占空比的频率信号输给励磁斩波器，从而控制整流器中间电压。同时根据机车工况，产生需要送给下位机牵引处理模块的转矩给定，实现机车不同工况下，各子系统的自动控制。此外通过 RS-232 总线或主寄存器模块，处理器可以进行再编程。运行总数、错误存档、校准信息及单位数据信息都被保存在有备份的 RAM 存储器中(使用锂电池做为 RAM 的电池备份)。CPM 模块通过母板对 ADA 模块、DIO 模块、DLPU-INC 模块等进行控制或数据交互。模块面板有错误指示灯，可以直观的了解模块当前的状态。

CPM 模块配备 32 位处理器，工作频率大于 25 MHz，具有浮点运算功能或配备浮点运算协处理器。配备 VME 总线接口、RS-422 串行接口、CAN 总线接口。处理器与 VME 及 CAN 总线之间通过双口 RAM 交换信息。CPM 模块系统如图 7.1 所示。

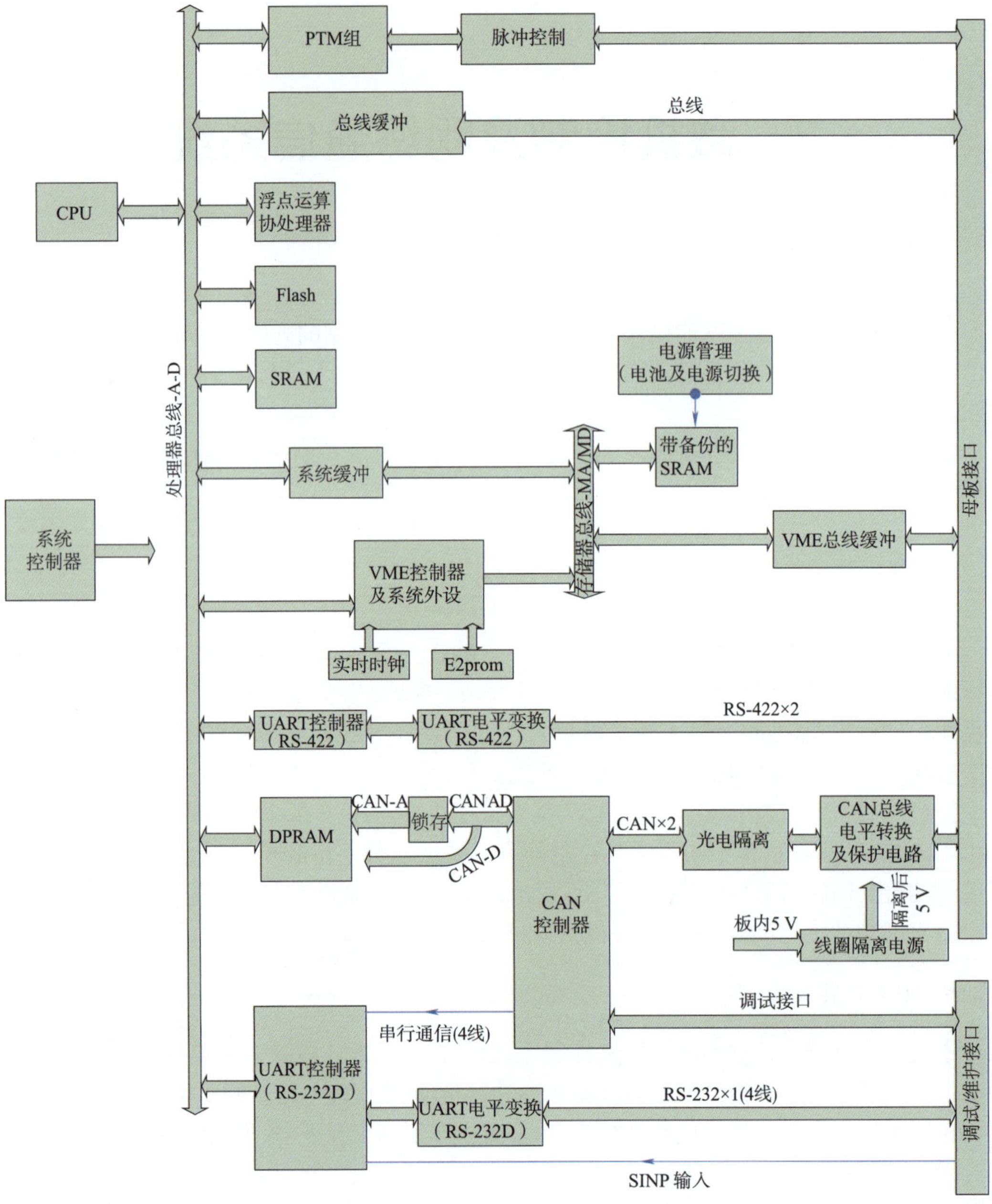

图 7.1　CPM 模块系统

7.2.2　牵引处理模块（DLPU-INC）

牵引处理模块与中央处理模块通过 VME 总线通信。DLPU-INC 外部为接口面板，连接所需要控制的牵引逆变器对应的接口模块。其与上位机 CPM 模块及被控对象牵引逆变器的功能如图 7.2 所示。

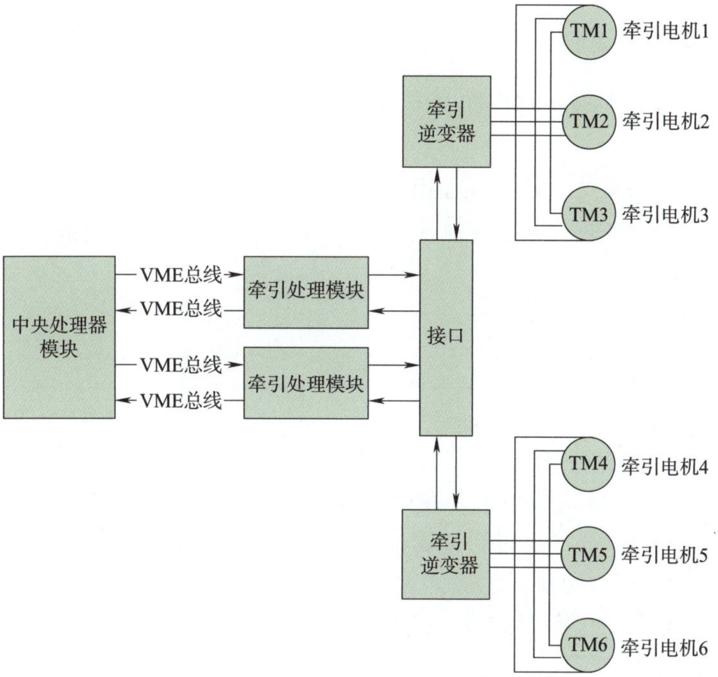

图 7.2 牵引处理模块的功能

牵引处理模块配备高性能 TI6000 系列 DSP，工作频率达 120 MHz，外部配有 512 kbit SRAM，DSP 总线缓冲器和控制器；VME 总线与 DSP 之间具有 32 kbit 的双口 RAM 进行信息交互；配备 8 路 A/D 转换通道和双口存储器；故障记录器由 1 Mbit SRAM 和控制器组成，SRAM 由大电容构成的备份电源提供数据保持功能。

7.2.3 数字量输入输出模块(DIO)

机车配备数字量输入输出模块(DIO)共四个，每个 DIO 模块共有 24 个输入通道和 26 个输出通道，DIO 采用光电隔离传输的方式将机车 DC 74 V 系统与计算机 DC 5 V 系统联系起来。

对于数字量输入，采用了多路复用技术。可以在一个内部时钟周期 100 ms 内，对每个通道以每隔 10 ms 的速度采样 5 组数据。对于一个物理通道来说，可以最多监测 6 个输入信号。也就是说原来需要 48 个 DIO 通道的信号量，现在只需要 8 个通道就能完成。

此外，DIO 具备自检功能，在一个内部时间周期 100 ms 内，单独设置两个 10 ms 周期检测通道本身是否可以正常的开启和关闭。如果这两个时段程序中有一个失效，将记录为故障，并且忽略从这些通道获取的所有输入信号。

7.2.4 模数转换模块(ADA)

ADA 模块接收来自各种传感器的模拟信号反馈。将模拟信号转换成数字信号并进行调制，以便于 CPM 模块使用。ADA 模块也能将某些数字 CPM 输出信号转换成模拟信号，以便于外部设备使用。

7.2.5 模拟信号调制模块(ASC)

ASC 模拟信号调节器模块将反馈的模拟信号调制到 ADA 模块可以处理的范围内。ASC 处理的模拟信号有:

(1)MGCTA1、2 前架及后架主发输出交流侧电流信号。

(2)TL24T 电阻制动手柄位置信号,作为机车提供电阻制动力大小的依据。

(3)蓄电池电压。

7.3 微机网络通信

7.3.1 机车级网络通信

机车采用 CAN 总线结构作为机车主网络,车载微机通过 CAN 总线与冷却风扇逆变器、空压机逆变器、电喷系统、显示屏进行数据交互。两个操纵台上的显示屏通过以太网路由器连接,采用以太网通信方式。由于显示屏优秀的扩展能力,根据具体需要,可以配置串口通信和 LONWORKS 通信与各个子系统或设备交互。

7.3.2 微机内部上下位机之间通信

车载微机中上位机中央处理模块 CPM 与下位机牵引处理模块 DLPU-INC 之间采用 VME 总线通信,如图 7.3 所示。CPM 与 DLPU-INC 之间交互的信号与牵引系统密切相关。其传输信号主要包括:CPM 与 DLPU-INC 内的 DSP 之间的信号,如:转矩给定、蠕滑转速变化基准、各牵引电机转速、手柄位、心跳信号、转矩反馈、基波频率、调制率、调制模式、相电流、dq 变换参数等。

CPM 与 DLPU-INC 内保护序列之间的信号,如:牵引电机转速传感器失效、看门狗故障重置、CPU 故障、牵引电机转向、各种 FPGA 故障、过压保护动作、电源欠压动作等。

为了防止上下位机之间通信中断而导致牵引系统紊乱。在 CPM 和 DLPU-INC 之间设置四位心跳信号检测。以识别各个部分处理器均正常工作。如果心跳信号丢失达 2 s 以上,DLPU-INC 将关断全部 IGBT 并强制中间直流环节放电。CPM 将传给 DLPU-INC 的各种牵引参数基准降低为 0,关断主发励磁。

7.4 显示屏系统

显示屏系统用一个集成的显示屏幕代替大多数常用的司机操纵台开关、仪表、指示灯和机车计算机显示面板,让整个司机操纵台台面更加简洁。此外采用系统可以让机车司机的操作更为简单便利。每个司机操纵台上固定有一个计算机,显示车组人员发出的所有重要信息。

系统集成多种控制和显示功能于一身,机车司机可以通过显示屏查看重要的机车运行数据,直接通过计算机对各机车子系统(包括机车主计算机)进行通信及响应。它整合了牵引力、牵引力功率、手柄位、燃油量、换向器、机车里程、工况、时间和日期、警惕、报警指示灯等,主显示界面如图 7.4 所示。

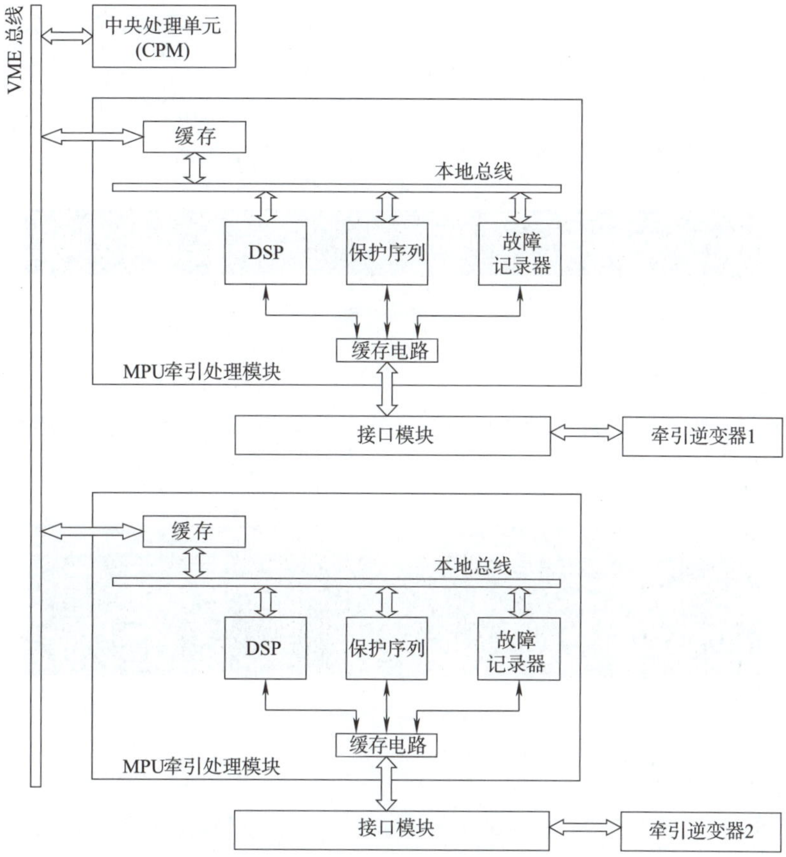

图 7.3　CPM 与 DLPU-INC 之间 VME 通信

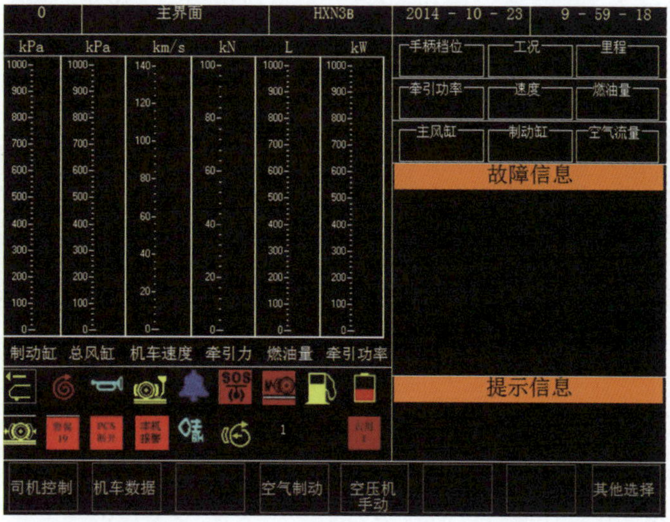

图 7.4　主显示界面

7.4.1 主显示界面及操作

主显示屏界面显示机车运行数据，司机可以根据需要在该显示屏上设置或操作机车，包含以下指示灯：机车方向、空转、滑行、鸣笛、撒砂、警铃、紧急制动等。

按下司机主屏幕上的“其他选择”按钮后，将出现主显示界面的第二页，如图 7.5 所示。同样地，如果再按一次其他选择，将重新出现主显示界面的第一页。

图 7.5　主显示界面—第二页

7.4.1.1　司机控制

按下主显示界面第一页屏幕上的司机控制功能键后，将出现司机控制菜单，如图 7.6 所示。

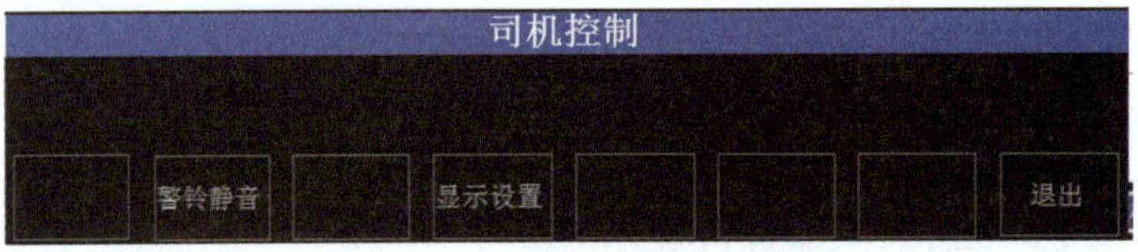

图 7.6　司机控制菜单

7.4.1.2　警铃静音功能键

如果机车警报响起，并且触发警报的故障属于可静音类型，按下警铃静音功能键后，警铃静音。

7.4.1.3　显示设置功能键

按下操作控制屏幕上的显示设置功能键后，将出现显示设置菜单，如图 7.7 所示。亮和暗两个按键控制着显示屏的亮度。显示屏当前的亮度等级显示在亮和暗按键上方的方框内，100%为最亮。每按一次亮或暗键，亮度调整 5%。

图 7.7　显示屏设置菜单

7.4.2　机车数据

按显示屏上机车数据功能键，将出现机车数据功能键条目，两个菜单之间用其他选择键切换，如图 7.8 和图 7.9 所示。

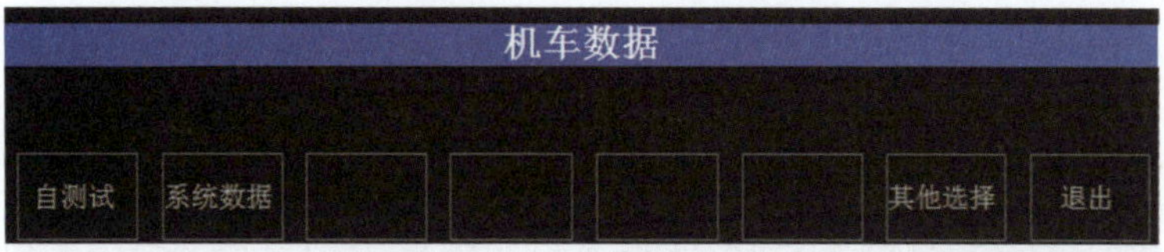

图 7.8　机车数据列表菜单

图 7.9　机车数据列表菜单

7.4.3　自测功能键

按下自测功能键，将出现自测功能菜单条目，如图 7.10 所示。司机通过向上和向下的箭头可以选择需要的测试，然后通过选择键进行测试。

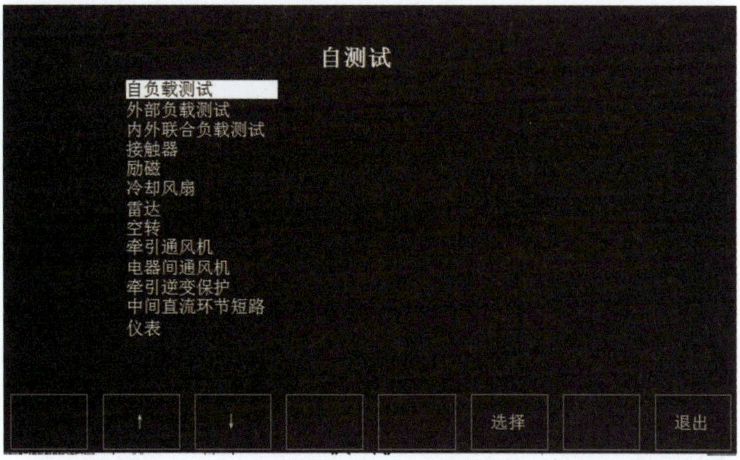

图 7.10　自测功能菜单

7.4.4　系统数据功能

按下系统数据功能键，将出现如图 7.11 所示的系统数据主菜单和如图 7.12 所示的系统数据功能键条目。

系统数据主菜单由 9 行 3 列共 27 个条目组成，用户可以通过功能键选择查看预设的数据主菜单左侧两列的系统数据内容，或通过数据主菜单右侧创建自定义数据内容，自定义的数据内容包括所有微机发送给显示屏的数据，用户可以根据需求自主增加或者减少自定义的数据

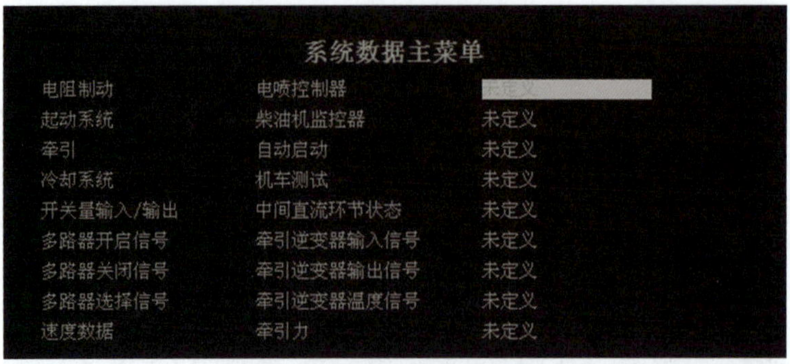

图 7.11　系统数据主菜单

图 7.12　系统数据功能键

内容，每页最多可以显示 20 个数据变量。屏幕上的数据可以下载到电脑上以便分析查看。

7.4.5　牵引切除功能键

司机可以通过图 7.13 中牵引切除功能键切除选定的转向架。

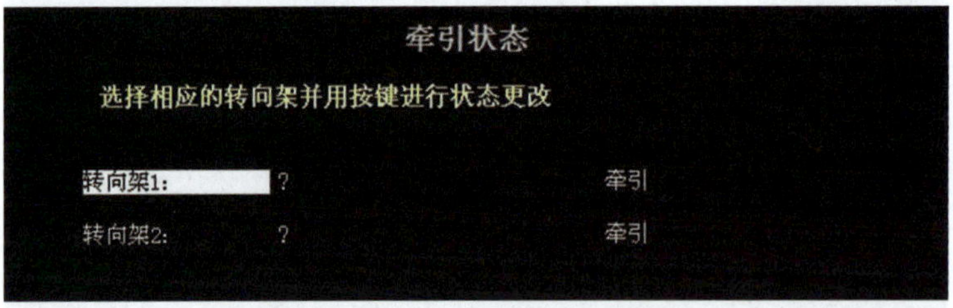

图 7.13　牵引切除功能键

7.4.6　机车维护功能键

机车维护菜单如图 7.14 所示，在菜单中有三个选项。

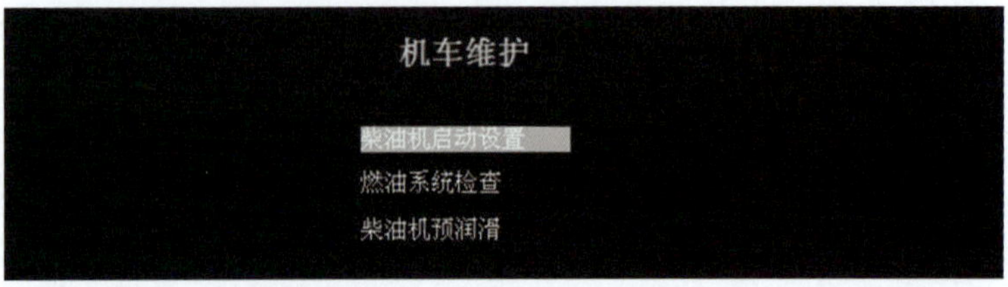

图 7.14　机车维护菜单

(1)柴油机起机选项:司机可通过此选项按照屏幕上的提示起动或禁用 AESS。

(2)燃油系统检查选项:司机可通过此选项,在更换滤清器之后或任何时候操作电动燃油泵,以便查看是否有燃油泄漏。

(3)柴油机预润滑选项:司机可通过此选项操作电动预润滑泵。

7.4.7　空压机手动

按下空压机手动功能键,由蓄电池供电的辅助空压机开始工作,为空气起动风缸供风,当压力达到 900 kPa 时停机。

7.4.8　空气制动功能键

按下主显示界面上的空气制动键,出现如图 7.15 所示的空气制动设置屏幕,司机可通过此功能键设置空气制动的配置。

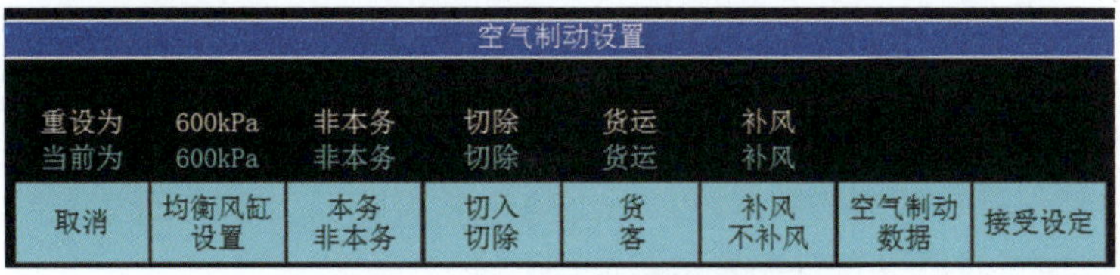

图 7.15　空气制动设置菜单

7.4.9　移车功能键

按图 7.16 中的移车功能键可以在柴油机停机时利用蓄电池电源进行移车。

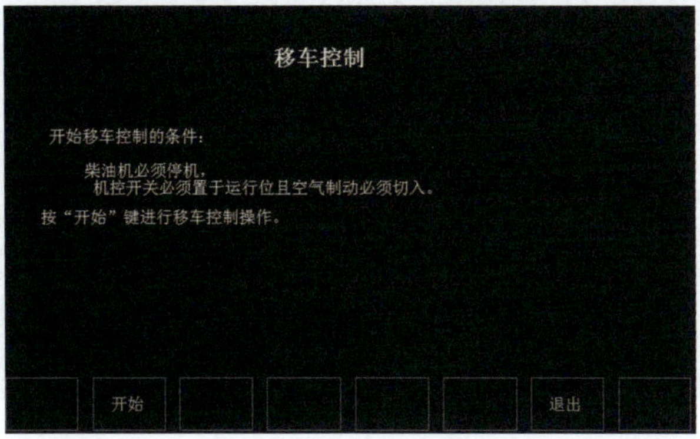

图 7.16　移车功能菜单

7.4.10　维护模式

按主显示界面第二页中的维护状态按键时出现维护模式入口菜单,如图 7.17 所示。

当维护状态模式入口菜单的授权码输入正确时,通过输入按键时出现维护模式菜单,如

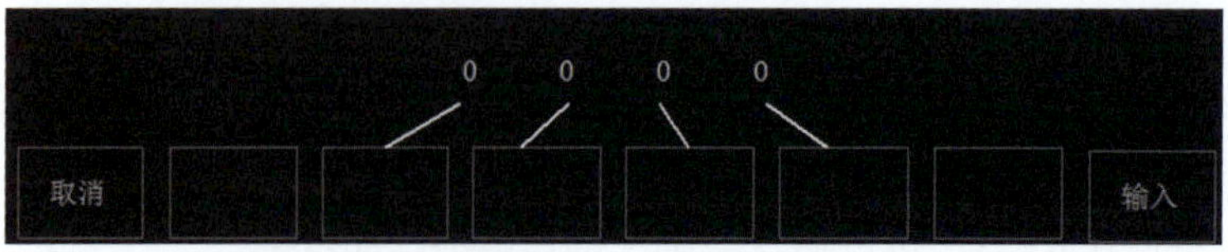

图 7.17　维护模式入口菜单

图 7.18 所示。维护模式功能键允许工作人员做各种维修测试和程序。其中有用于检验惩罚制动系统、机车超速系统和报警系统运行等一系列测试。

图 7.18　维护模式菜单

7.4.11　事件及故障记录功能键

主显示界面中的事件及故障记录功能键允许用户查看在过去的操作和测试过程中事件存储器中记录的故障信息。存档的数据可以以不同的形式显示，以便为查看故障历史提供方便。此外，司机也可以通过重新设置日期来清除故障记录。

7.4.12　机车信息菜单

图 7.19 中机车信息菜单用于显示机车各子设备的当前编号和当前版本，便于维修人员对机车子设备进行软件版本升级。

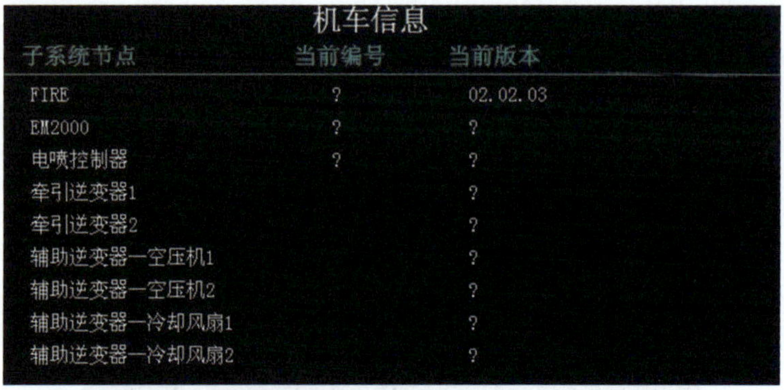

图 7.19　机车信息菜单

7.4.13　机车状态菜单

图 7.20 中机车状态菜单可以对机车电气系统进行实时监控。正常运转的系统将被用绿色的“OK”进行标识，需要维护的系统用黄色或红色的故障信息进行标识。使用红色还是黄色取决于故障的严重性。

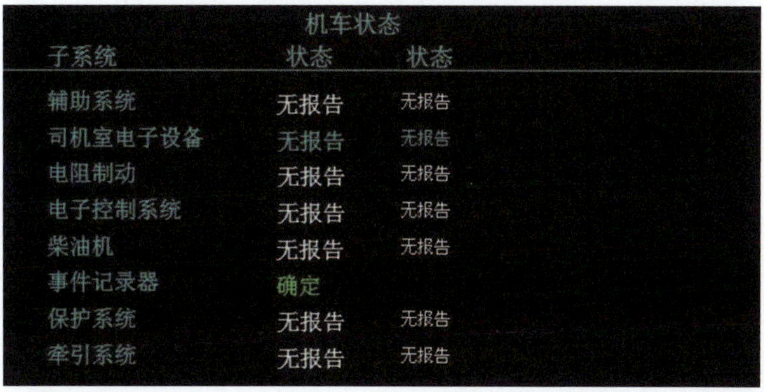

图 7.20　机车状态菜单

7.5　机车控制电器

7.5.1　司机控制器

司机控制器是机车乘务员用来操纵机车运行的主令电器。乘务员利用它来实现对机车运行状态的控制。HXN3B 型内燃机车在两侧操纵台上各装有一台司机控制器,司机控制器外形如图 7.21 所示。

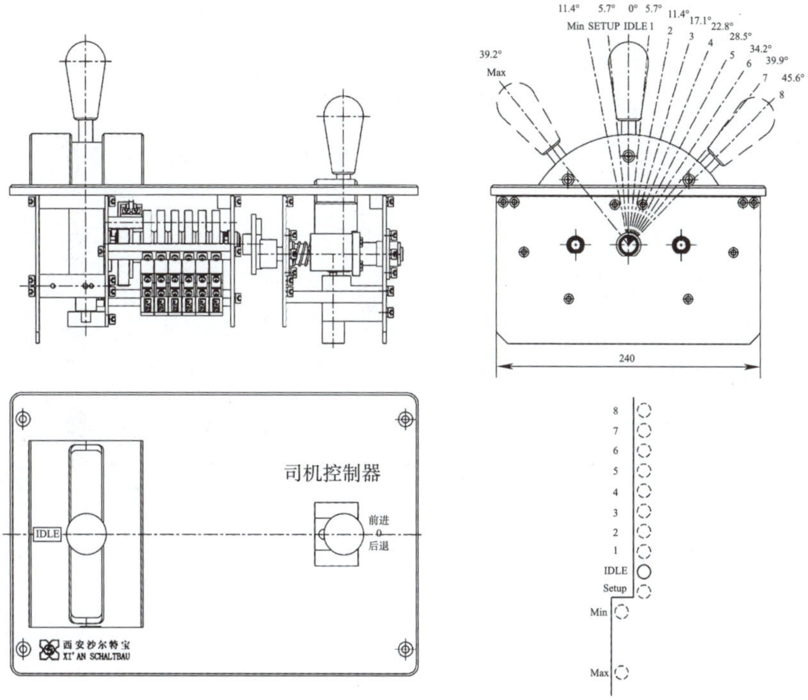

图 7.21　司机控制器外形示意

7.5.1.1 司机控制器功能

(1)司机控制器的钥匙手柄只能从“0”位插入或拔出。

(2)司机控制器的控制手柄为避免误操作,有锁闭设置,换向手柄和控制手柄之间机械联锁。

(3)当方向选择手柄处于“拔出”状态时,司机控制器处于被锁定状态,控制手柄不能动作。

(4)当方向选择手柄处于“插入”状态时,司机控制器控制手柄能够离开“惰转”位转动到“1”—“2”—“3”—“4”—“5”—“6”—“7”—“8”任意位置,一旦控制手柄离开“惰转”位,则方向选择手柄被锁定,不能转动或者拔出。

(5)当方向选择手柄处于“前进”或者“后退”位时,控制手柄能够转动到任意档位,一旦控制手柄转动到非“惰转”位时,方向选择手柄被锁定,不能转动或者拔出。

(6)主手柄在“惰转”位时,方向选择手柄可在“前进”、“0”、“后退”之间转动,并且当方向选择手柄处于“0”位时可以向外拔出。

7.5.2 扳键开关组

机车每个操纵台上安装有一组扳键开关组,是一个集成了前照灯、辐照灯、标志灯、司机灯、车上车下照明控制及空压机、撒砂等辅助设备控制的扳键开关组件。扳键开关组外形和结构如图 7.22 所示。

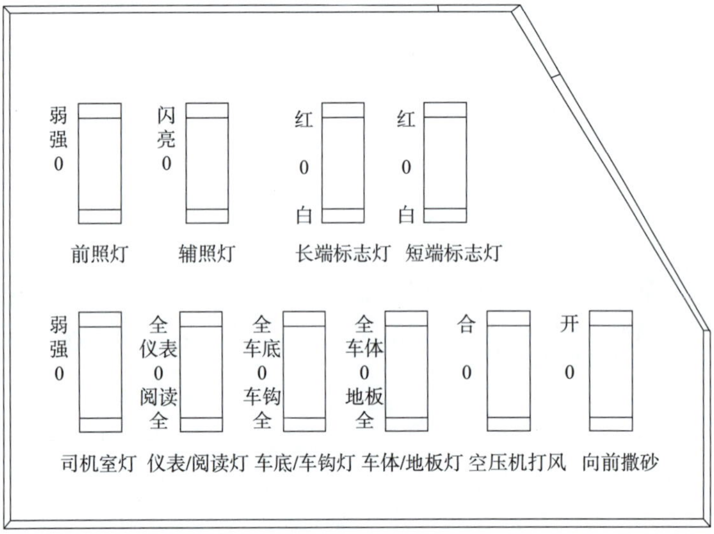

图 7.22 扳键开关组外形和结构

7.6 典型故障分析及处理

机车无法加载。

7.6.1 故障说明

机车无法加载,FIRE 显示屏显示停放制动(实际停放制动装置在缓解位置)。

7.6.2 故障分析

导致出现此故障的原因可能是空气压力开关故障。

7.6.3 处理方法

(1)确认第一风缸压力在 520 kPa 以上。

(2)停放制动空气压力开关连锁弹簧故障,此时应采取停车,进行必要的防溜措施,将机控开关置于隔离位,确认 DCL1/2 电压在 20 V 以下。打开压力开关端盖,将两接线端子短接,即可排除故障。

8 制动系统

8.1 概　　述

制动系统采用微机控制空气制动系统，其直接关系到机车的运行安全，是机车的重要组成部分之一。制动系统由风源系统、制动控制系统和辅助用风系统等组成。

风源系统包括空气压缩机组、空气干燥器、总风缸、安全阀、止回阀等主要部件。

制动控制系统向机车和车辆发送制动与缓解指令，实施机车和车辆的制动与缓解，具备电空连锁功能，预留实现多机重联的接口。

辅助用风系统是按操作人员有关指令，利用风源系统的压力空气实现辅助用风系统有关设备的功能。

HXN_{3B} 型内燃机车采用 CCBⅡ微机控制制动系统。该制动系统是基于网络的微机电空制动系统。该制动系统具有以下技术特点：

(1)控制准确性高，反应迅速；

(2)安全性较高；

(3)部件集成化程度高，部件更换方便，维护简单；

(4)具有自我诊断、故障显示及简单的处理方法提示功能。

8.2 风源系统

风源系统是机车空气管路与制动系统的基础，向机车和车辆制动系统及辅助用风系统装置提供洁净、干燥、稳定的的压缩空气。

风源系统由空气压缩机组、空气干燥器、安全阀、止回阀、微油过滤器等组成，风源系统原理如图 8.1 所示。

机车采用两台螺杆式空气压缩机组作为系统风源，为机车及列车生产压缩空气。机车共有 3 个总风缸用来储存压缩空气，其中容积为 625 L 的第一总风缸为机车所有的辅助用风装置供风；容积为 625 L 的第二总风缸用来为机车制动机提供压缩空气；第三总风缸(720 L，又称为启动风缸)用来为柴油机的空气启动电动机提供风源。在第一、二总风缸之前设有 JKG1C 型压缩空气干燥器，用来对压缩空气进行净化处理，去除压缩空气中的水分和杂质。在第一总风缸第二总风缸、第三总风缸设置手动排水阀，司乘人员可根据相关运用要求和实际工况打开手动排水阀去除风缸中的冷凝水。机车压缩空气的压力控制采用压力传感器实时监测总风压力，由 EM2000 车载微机来控制空气压缩机的启停。

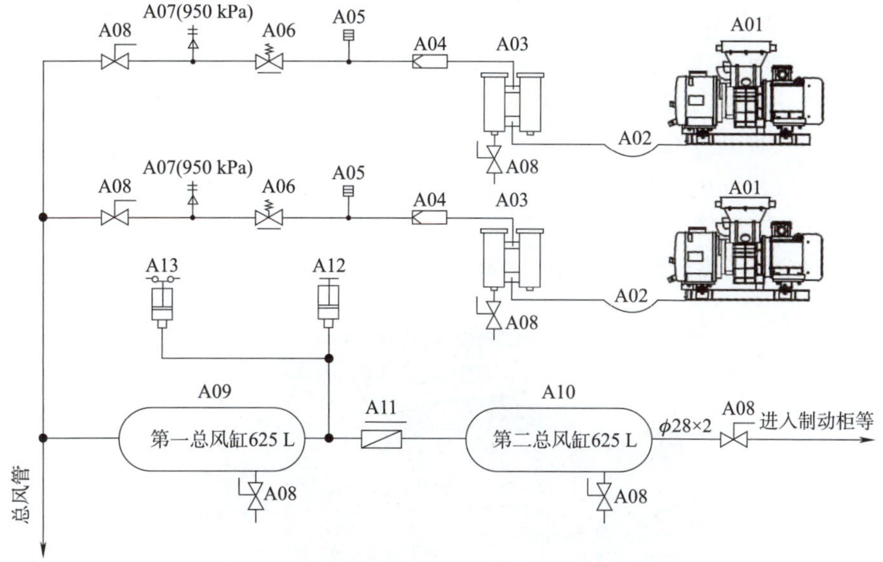

图 8.1 风源系统原理

A01—空气压缩机；A02—软管；A03—干燥器；A04—微油过滤器；A05—湿度指示器；A06—压力维持阀；A07—安全阀；A08—截断塞门；A09—第一总风缸；A10—第二总风缸；A11—止回阀；A12—压力传感器；A13—压力开关

8.2.1 空气压缩机

机车安装有两台螺杆式空气压缩机，由同步交流发电机输出进行驱动。压缩机的动作主要由 EM2000 根据压力传感器的反馈进行控制。控制微机依次控制 2 个(每台压缩机 1 个)辅助电源逆变器。逆变器通过内部电路转换同步交流发电机的输出，达到规定的交流电压和频率供给空气压缩机的驱动电机。总风缸的压力被控制在 750 kPa 和 900 kPa 之间。空气压缩机将空气压缩到三个总风缸之中，并且由设定值为 950 kPa 的总风缸安全阀进行保护。

螺杆空气压缩机为双轴旋转排放式机械，按加压输送原理工作。空气压缩机螺杆组包括两个相互啮合的有螺旋形沟槽的转子，转子具有不对称的啮合型面，并在一个铸铁壳体内旋转。进气入口是从径向，而出气出口是从轴向通过空气压缩机螺杆壳体内特殊形状的通道。

当转子旋转时，叶片之间的空气体积连续地变化。当入口打开时，空气被吸入。当出入口都被转子盖住时，空气被压缩，同时向出口运动。当转子继续旋转，其后打开出口时，压缩空气就以最终的压力被排出。

注入空气压缩机内的油将转子的叶片在它们的啮合点上和它们与壳体的接触点上密封分隔开。空气通过位于空气压缩机机头吸气端的空气过滤器和进气阀吸入。经过压缩后，空气通过安装在空气压缩机机头的出气口压入油气筒。

当空气压缩机的油气筒内压力达到约 650 kPa 时，压力维持阀动作，而使通向车辆压缩空气系统的通道敞开。

当系统压力达到断开压力后，空气压缩机停止运转，压力维持阀闭合。当油气筒压力通过电磁阀(卸压阀)卸放时，系统压力得以保持。

每次当空气压缩机关停，在气压控制作用下压力从空气压缩机油气筒内自动卸除。在空气压缩机停机后，压力维持阀与进气阀闭合。由于空气压缩机机头产生了空气回流，因而进气口处压力升高。此时，电磁阀打开，压缩空气可以通过打开的阀门横截面流向空气过滤器，迅速将空气压缩机油气筒内的压力降到约 300 kPa。剩余的压力通过电磁阀全部排出至 0。

机车采用了三种型号的空气压缩机，分别为 SL22-56 型、TSA-2.8A 型、BT-2.4/10A 型。这三种型号的空气压缩机安装接口基本一致，可互换使用。

8.2.1.1　SL22-56 型空气压缩机组

SL22-56 型空气压缩机组如图 8.2 所示，结构示意如图 8.3 所示。

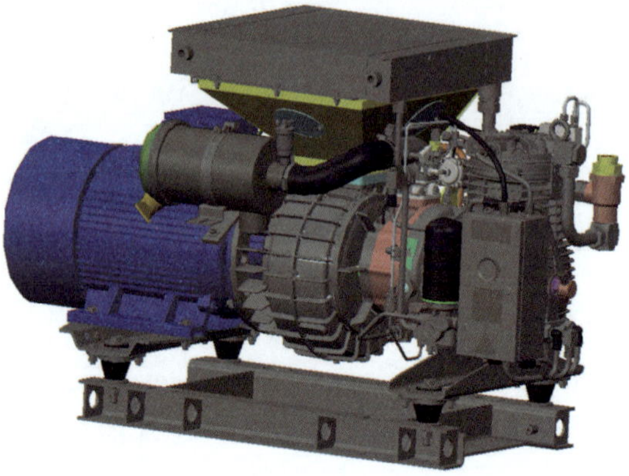

图 8.2　SL22-56 型空气压缩机组

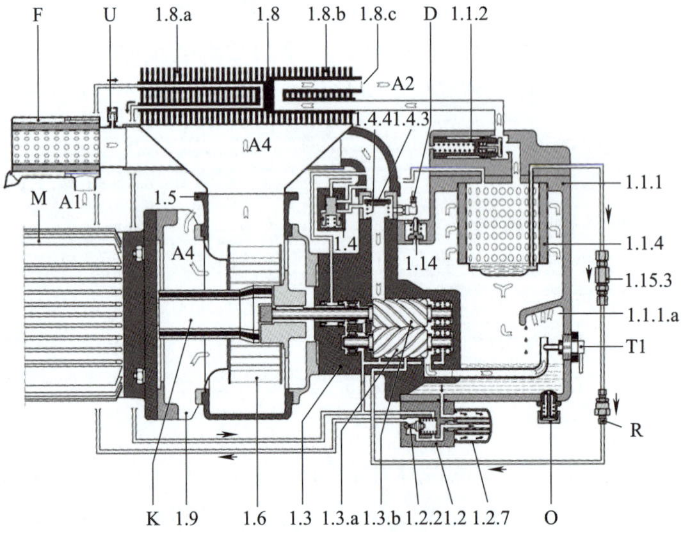

图 8.3　SL22-56 型空气压缩机组结构示意

1.1.1—压缩机外壳；1.8.b—空气冷却器；1.1.1.a—折流板；1.8.c—压缩空气接口；1.1.2—最低压力阀；1.9—连接套；1.1.4—压缩空气除油过滤元件；1.14—安全阀；1.2—控油单元；1.15.3—吸油管道过滤器；1.2.2—调节器；D—压力开关；1.2.7—滤油芯筒；O—放油阀；1.3—压缩机单元；K—离合器；1.3.a—主转子；F—空气滤清器；1.3.b—副转子；M—电机；1.4—减压阀；T1—温度继电器；1.4.3—阀盘；U—真空指示器；1.4.4—压缩弹簧；R—止回阀；1.5—蜗壳；A1—进风口；1.6—离心式风扇；A2—压缩空气出口；1.8—冷却器；A4—冷却空气；1.8.a—油冷却器

主要技术参数

额定功率	22 kW
额定转速	2 660 r/min
额定电压(基波有效值)	AC 165 V
控制电压	DC 74 V
公称容积流量	2.4 m^3/min
额定排气压力	1 000 kPa
安全阀整定值	(1 250±50) kPa
防护等级	IP54
机组质量(不含油)	380 kg/个
机组噪声(声功率级)	≤102 dB

8.2.1.2　TSA-2.8A 型空气压缩机组

TSA-2.8A 型空气压缩机组如图 8.4 所示,结构示意如图 8.5 所示。

主要技术参数

电机功率	22 kW
额定转速	2 660 r/min
额定电压(基波有效值)	AC 165 V
控制电压	DC 74 V
公称容积流量	2.4 m^3/min
额定排气压力	1 000 kPa
安全阀整定值	(1 250±50) kPa
防护等级	IP54
机组质量(不含油)	380 kg/个
机组噪声(声功率级)	≤102 dB

图 8.4　TSA-2.8A 型空气压缩机组

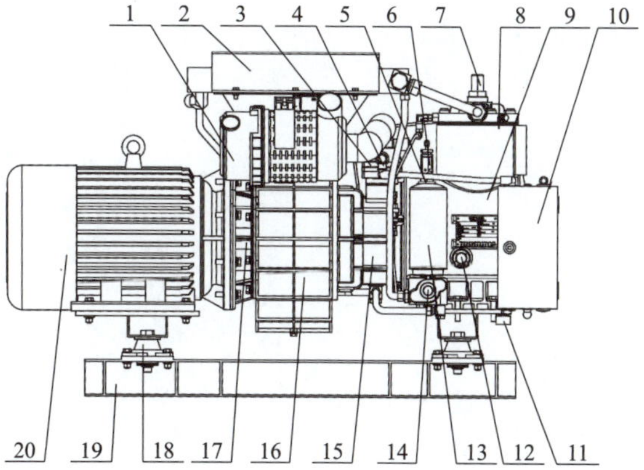

图 8.5　TSA-2.8A 型空气压缩机组结构示意

1—空气滤清器;2—冷却器;3—进气阀;4—压力开关;5—加油口盖;6—安全阀;7—压力维持阀;8—油细分离器;9—油气筒;10—电控箱;11—放油阀;12—视油镜;13—油过滤器;14—温控阀;15—机头;16—蜗壳;17—中托架;18—减振器;19—底架;20—电动机

TSA-2.8A 型螺杆空气压缩机组由四大主要部件构成:即驱动装置、空气压缩机体、风冷却装置和底座,它们用螺栓连接在一起组成一个紧凑单元。

8.2.1.3 BT-2.4/10 A 型空气压缩机组

BT-2.4/10 A 型空气压缩机组如图 8.6 所示,结构示意如图 8.7 所示。

图 8.6 BT-2.4/10 A 型空气压缩机组

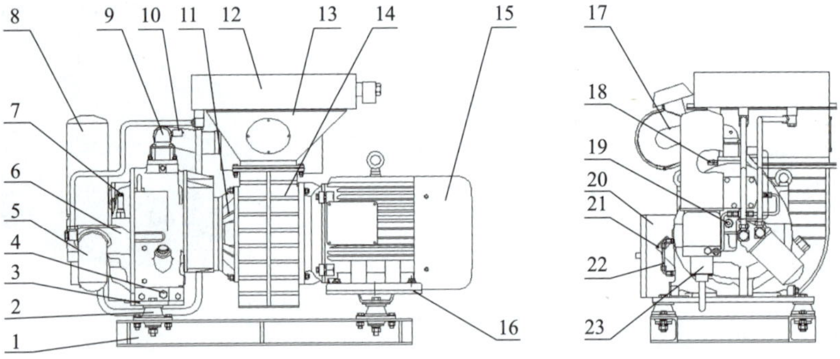

图 8.7 BT-2.4/10 A 型空气压缩机组结构示意

1—连接底架;2—减振垫;3—机头底座;4—泄油阀;5—油过滤器;6—主机;7—安全阀;8—油细分离器;9—进气阀;10—空滤器清洁指示器;11—连接法兰;12—冷却器;13—导风罩;14—风机壳;15—电机;16—电机底座;17—空滤器;18—压力开关;19—温度开关;20—电气接线盒;21—加油螺塞;22—油位观油镜;23—最小压力阀

主要技术参数	
电机功率	22 kW
额定转速	2 660 r/min
额定电压(基波有效值)	AC 165 V
控制电压	DC 74 V
公称容积流量	2.4 m^3/min
额定排气压力	1 000 kPa
安全阀整定值	(1 250±50) kPa
防护等级	IP54
机组质量(不含油)	380 kg/个
机组噪声(声功率级)	≤102 dB

8.2.2 空气干燥器

机车采用两台 JKG1C 型双塔吸附式空气干燥器如图 8.8 所示。干燥器具有低温加热功能，位于空气压缩机组和总风缸之间。采用此装置正常工作状态下可有效避免机车、车辆制动系统管路出现凝结水、结冰等现象。

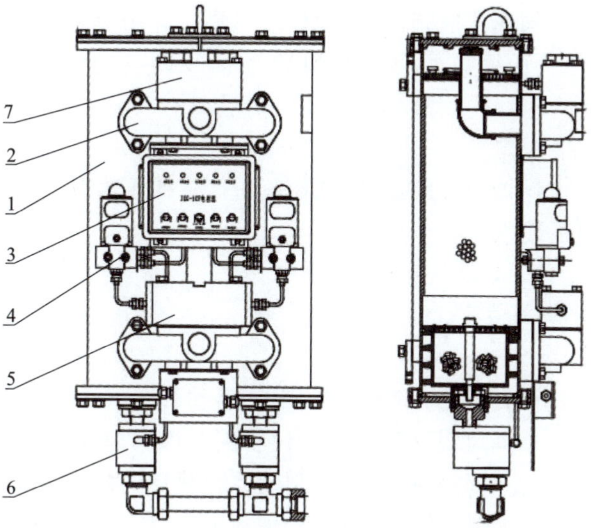

图 8.8 JKG1C 型空气干燥器结构示意

1—干燥器主体；2—连接体；3—电控器；4—电空阀；5—进气阀；6—排气阀；7—出气止回阀

无热吸附式双塔干燥器的再生和吸附工作在两个塔中同时进行，当压缩空气在一个塔内通过干燥剂进行干燥时，另一塔内的干燥剂被干燥的空气吹扫进行再生处理。

到达干燥器的饱和压缩空气里的油和冷凝物在首先通过油分离器时被提取出来。饱和的压缩空气接着通过干燥塔的干燥剂，压缩空气里水分子被吸收，干燥器出口压缩空气的相对湿度达到 35%以下。

部分干燥后的压缩空气通过再生节流孔进入再生塔，吸收饱和干燥剂表面的水分，并将其排放到大气。

两个工作塔交替作为干燥塔和再生塔进行工作。

8.2.2.1 空气干燥器主要技术参数

处理空气量	2.7 m^3/min
最大工作压力	1 100 kPa
吸附剂	分子筛
再生方式	无热、常压
干燥塔转换周期	(90±3) s

8.2.2.2 结构说明

干燥器主要包括两个干燥塔(每个塔内集成一个油分离器和一定量的干燥剂)，带有计时功能的脉冲电磁阀，带可更换再生节流孔的双逆止阀和排放阀。

8.2.3 止 回 阀

安全阀设置于干燥器与第一总风缸之间，开启压力为(950±20) kPa，采用弹簧直接载荷式安全阀，安全阀全部开启后的流量约为 3 500 L/min。

8.2.4 单 向 阀

单向止回阀又称单向阀或止回阀，是只允许空气朝一个方向流通的阀。空气从进气端进入，使滑阀克服弹簧力从而压缩弹簧，再从出口端出来，反向空气流被滑阀阻止。

8.2.5 微油过滤器

微油过滤器设置在干燥器出口后，对空气压缩机产生的压缩空气进行除油，经过处理后的压缩空气质量符合标准的要求。

8.3 制动系统管路布置

制动系统管路包括司机室管路、车体配管、空气启动管路、风源系统管路、停放制动管路、轮缘润滑管路、重联管路、辅助风源管路和油位仪管路。机车为隔离式司机室，司机室主要管路布置在车体底架上，用尼龙管与司机室内的制动控制器及压力表连接；车体配管和重联管路布置在机车边梁下，采用同侧多层的布置方式合理利用安装空间；空气启动管路主要布置在柴油机两侧，与启动风缸和启动电磁阀等设备连接；风源系统管路集中布置在机车长端制动室内连接空压机组、干燥器和第一总风缸；停放制动管路和轮缘润滑管路均布置在机车冷却间隔墙上，通过底架后经过车体边梁与转向架相连；辅助风源管路为辅助压缩机与启动风缸的连接管路，布置在冷却间至启动风缸；油位仪管路连接油位仪控制盒与燃油箱。

8.4 电空制动系统

制动控制系统采用微机控制的 CCBⅡ型电空制动机，司乘人员可通过操作制动控制器向电空控制单元发送制动或缓解指令，从而实现列车的制动或缓解，除紧急制动作用所有逻辑都是由微机控制的。

CCBⅡ制动机包括 4 个主要部件，显示屏与机车微机合屏：制动控制器(EBV)；电空控制单元(EPCU)；集成处理器(IPM)；继电器接口模块(RIM/CJB)。

8.4.1 制动控制器(EBV)

制动控制器是 CCBⅡ制动机的人机接口。操作者通过制动控制器(图 8.9)直接给电空控制单元(EPCU)发送指令，并通知微处理器(IPM)进行逻辑控制。除了紧急制动作用，所有逻辑都是由微机控制的。

司机室的两端操纵台各装有一个制动控制器。当操纵端选定后，微处理器(IPM)将激活操纵端的制动控制器，操作者可以用来进行制动控制；此时非操纵端的制动控制器未被激活，

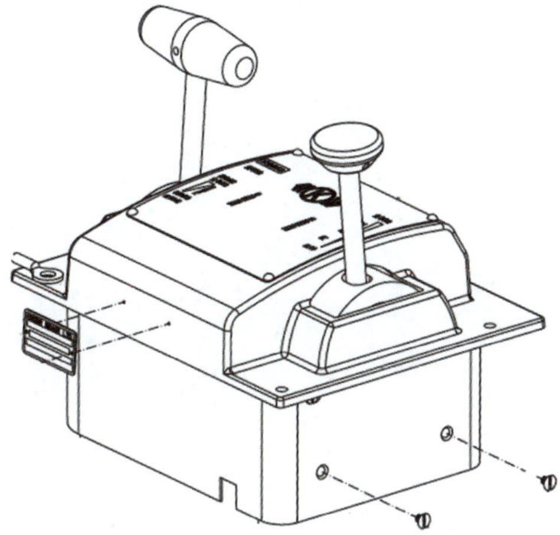

图 8.9　制动控制器示意

也不能够送出制动指令。未被激活制动控制器的自动制动手柄，需用销将其锁定在重联位上，以免误动作触发紧急制动，单独制动手柄应放置在运转位。

制动控制器水平安装于司机室操纵台上，有两个操纵手柄，自动制动手柄(大闸)位于左侧，单独制动手柄(小闸)位于右侧，中间为手柄位置的指示标牌。在 EBV 内部有一个机械阀，当自动制动手柄置于紧急制动位时机械阀动作，保证机车车辆在任何状态下均能产生紧急制动作用。

自动制动手柄和单独制动手柄均采用推拉式操作方式，并具有自保压特性。自动制动手柄含有运转位、初制动位、全制动位、抑制位、重联位和紧急制动位等操作位置。在初制动位和全制动位之间的是常用制动区。单独制动手柄包含运转位和全制动位等操作位置。在运转位和全制动位之间的是制动区域。通过侧压单独制动手柄可以实现机车的单独缓解功能。

单独制动手柄位置：

手柄包括运转位，通过制动区到达全制动位。手柄向前推为制动作用，向后拉为缓解作用。20CP 响应手柄的不同位置，使制动缸产生作用压力。当侧压手柄时，13CP 工作，可以实现缓解机车的自动制动作用。

8.4.2　制动显示屏(微机显示屏)

制动显示屏位于操纵台，与机车微机显示屏合屏，是 CCBⅡ制动机的信息显示单元，通过它可进行本机/补机、均衡风缸定压、列车管投入/切除、阶段缓解/一次缓解、补风/不补风、CCBⅡ系统自检、风表值标定、故障查询等功能的选择和设置。

机车每个司机室的操纵台上装有一个显示屏，在机车正常工作时，可显示均衡风缸、制动管、总风缸和制动缸的压力值，也实时显示制动管充风流量和空气制动模式的当前状况。

8.4.3　电空控制单元(EPCU)

电空控制单元位于空气制动柜内，是制动系统的执行部件，由八个模块组成，如图 8.10 所示。

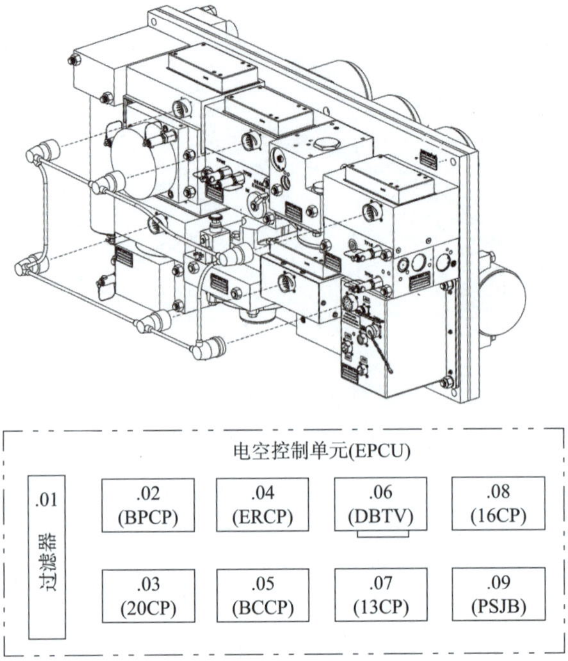

图 8.10　电空控制单元

EPCU 包括电气一体化模块和纯气动模块，用来控制机车空气管路系统的压力。这些阀都是按功能分组且模块化地安装在现场可替换单元。其中五个是智能的“LRU 模块”，可以通过软件进行自检并通过 LON 网络和 EBV、IPM 进行通信，分别是：

(1)均衡风缸模块(ERCP)通过均衡风缸的压力变化向列车管提供控制压力。

(2)16 控制部分(16CP)向制动缸提供控制压力，备份(ER)控制模块。

(3)列车管控制部分(BPCP)包括列车管中继阀，列车管投入/切除转换，列车管压力补风/不补风转换以及紧急制动系统。

(4)20 控制部分(20CP)向制动缸的平均管(BCEP)提供压力。

(5)13 控制部分(13CP)包括单缓控制内部压力。

EPCU 还包括：

(1)制动缸控制部分(BCCP)，装有制动缸作用阀。

(2)供电接线盒(PSJB)包括向 EPCU 供电。

(3)DB 三通阀(DBTV)提供制动缸后备控制压力。

另外，EPCU 有一个无动力回送装置(DER)，能让总风缸从无动力机车的列车管中充气。EPCU 包括一些过滤器，这些过滤器过滤从总风到制动缸管的空气。

8.4.4　集成处理器(IPM)

集成处理器(图 8.11)安装在机车制动柜内，进行各制动功能的软件运算，执行所有到制动系统的通信功能。通过 LON 网络和电空控制单元(EPCU)、制动控制器(EBV)通信，通过 RS-422 电缆线和制动显示屏(LCDM)通信，通过 MVB 网络和机车控制微机(TCMS)通信，并可提供二进制输出，驱动机车继电器。

8.4.5　继电器接口模块(RIM/CJB)

继电器接口模块(图 8.12)位于机车制动柜内，是集成处理器(IPM)与机车间进行通信的继电器接口。

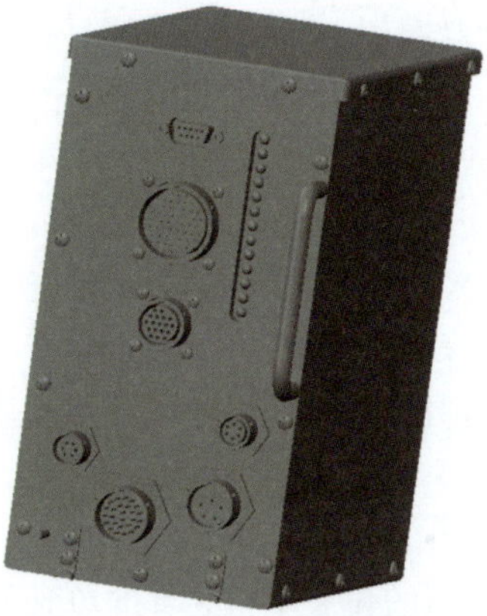

图 8.11　集成处理器

图 8.12　继电器接口模块

信号输入部分包括：由安全装置(ATP)产生的惩罚制动、紧急制动和再生制动投入信号、MREP 压力开关工作状态信号、机车速度信号。

信号输出部分包括：紧急制动信号，动力切除(PCS)信号，撒砂开关动作信号，再生制动切除信号，制动系统故障信号。

8.4.6　气路综合作用

CCBⅡ制动机的综合作用，按自动制动作用、单独制动作用、空气备份状态以及无动力回送状态等介绍。

8.4.6.1　自动制动作用

自动制动作用，即 CCBⅡ制动机的单独制动手柄位于运转位，操纵本机的自动制动手柄在运转位或制动区，观察本机及重联机车的各主要部件的相互作用关系。

(1)本机-运转位

该位置是列车在运行过程中，自动制动手柄常放位置，是向全列车初充风、再充风缓解列车制动以及列车正常运用所采用的位置。

ERCP 模块接收到自动制动手柄指令，给均衡风缸充风到设定值；BPCP 模块响应均衡风缸压力变化，制动管被充风到均衡风缸设定压力；16CP/DBTV 模块响应列车管压力变化，将作用管(16 号管/16TV 管)压力排放；BCCP 模块响应作用管压力变化，机车制动缸排风缓解；同时车辆副风缸充风，车辆制动机缓解。

(2)本机-制动位

该位置是操纵列车常用制动，使列车正常缓慢停车或调整运行速度所使用的位置。包括初制动位和全制动位，两者之间是制动区。自动制动手柄在制动区的停留位置决定了均衡风缸的减压量，达到目标减压量后，均衡风缸自保压。机车在货车模式时，自动制动手柄在制动区可实现阶段减压作用，但只可实现一次缓解功能；机车在客车模式下，自动制动手柄在制动区可实现阶段减压和阶段缓解作用。

ERCP 模块接收到自动制动手柄指令，给均衡风缸减压到目标值；BPCP 模块响应均衡风缸压力变化，制动管被减压到均衡风缸目标压力；16CP/DBTV 模块响应列车管减压变化，给作用管（16 号管/16TV 管）充风；BCCP 模块响应作用管压力增加，机车制动缸充风制动；同时车辆副风缸给车辆制动缸充风，车辆制动机制动。

（3）紧急位

该位置是列车运行过程中紧急停车所使用的位置。

一旦自动制动手柄放置在此位置，列车管迅速减压到 0，均衡风缸以常用制动速率减压到零，16CP 模块响应列车管减压变化，迅速给作用管（16 号管）充风到最大允许压力，BCCP 模块响应作用管压力增加，给机车制动缸充风产生紧急制动作用；同时车辆副风缸给车辆制动缸充风，车辆制动机制动。

（4）自动制动的单缓

列车实施制动后认为有必要单独降低机车制动力时使用的位置，需要通过单独制动手柄侧压来帮助实现此功能。

单独制动手柄侧压，13CP 模块响应该指令，给 13 号管充风，控制 DBTV 模块中的 16TV 作用管减压；同时 16CP 模块和 20CP 模块也响应该指令，允许 16 号作用管和 20 号平均管进行减压；BCCP 模块响应由自动制动手柄动作产生的作用管压力的减少，允许机车制动缸排风缓解；车辆制动机仍制动。

（5）补机-运转位

补机（重联机车）自动制动手柄应用销子固定在重联位，单独制动手柄应放置在运转位。此位置为本机机车在运转位时，补机（重联机车）受机车间制动管软管、总风软管、平均软管压力控制，而发生作用的位置，其缓解应和本机同步。

本机制动管充风，平均管压力排空，制动作用缓解。补机（重联机车）接收制动管压力增高的变化，通过 DBTV 模块将 16TV 作用管风压排空，同时给补机副风缸充风；补机接收平均管压力排空的变化，通过 BCCP 将制动缸压力排空，补机缓解。

（6）补机-制动位

此位置为本机机车在制动位时，补机（重联机车）受机车间制动管软管、总风软管、平均软管压力控制，而发生作用的位置，其制动应和本机同步。

本机制动管减压，平均管、作用管增压，机车制动缸充风产生制动作用。补机接收制动管压力减少的变化，通过 DBTV 模块停止制动管给辅助风缸充风，并将辅助风缸的风压传送到 16TV 作用管；补机接收平均管压力增高的变化，通过 BCCP 给制动缸充风，补机制动。

8.4.6.2 单独制动作用

单独制动作用，操纵本机的单独制动手柄在运转位或制动区，观察本机及重联机车的各主要部件的相互作用关系。该作用用于单独操纵机车的制动、缓解。

（1）本机-运转位

该位置为单独缓解机车但较运转位快。

20CP 模块缓解电磁阀得电，将 20 号管的压力排空；作用电磁阀失电阻止总风给 20 号管充风；

（2）本机-制动位

该位置为单独制动机车但较运转位快。

20CP 模块缓解电磁阀失电，作用电磁阀得电，总风给 20 号管充风，MVLT 得电允许总风通过，控制 PVLT 开通，20 号管压力进入 BCCP 模块，制动缸充风，机车制动。

（3）补机-制动、缓解位

重联机车自动制动手柄应用销子固定在重联位，单独制动手柄应放置在运转位。此位置为本机机车单独制动手柄在制动位时，重联机车受机车间制动管软管、总风软管、平均软管压力控制，而发生作用的位置，其制动应和本机同步。

8.4.6.3 停放制动

机车装有空气缓解的停放制动装置，利用的是每个转向架端轴和中间轴上的制动单元（每台机车一共 4 个制动单元）。由于停放制动装置需要空气去缓解停放制动，所以每个制动单元上安装有手动缓解环。在机车没有压力空气的情况下缓解机车时，拉动每个制动单元上的缓解环以缓解停放制动。

正常情况下，当停放制动风缸中没有压力空气时，则施加停放制动。可以通过操纵台上停放施加/缓解按钮来实现停放制动控制。停放制动施加时会通过微机封锁牵引。

在机车的两侧装有停放制动指示器，指示停放制动状态。

停放制动单元没有阻止停放制动和常用制动相叠加的功能。因此，系统中有一个止回阀允许制动缸的压力空气流入到停放制动缓解回路，使得当常用制动作用时缓解掉停放制动。当常用制动压力下降，停放制动将自动重新作用。

8.4.6.4 空气备份

当机车制动系统 EPCU 中 ERCP 或 16CP 模块故障时，制动系统自动转换到空气模式，使其仍可继续工作。

（1）制动管充风，制动缓解

当制动管充风缓解时，DBTV 模块使作用管 16TV 压力排空，同时制动管给副风缸充风；16CP 模块中电磁阀断电，总风不能通过 16CP，从而使作用风缸及作用管 16 号同 16TV 连同，并随 16TV 排空；BCCP 模块响应作用管压力变化，排空制动缸压力，机车缓解。

（2）制动管减压，制动作用

当制动管排风制动时，DBTV 模块使副风缸给作用管 16TV 充风，同时制动管停止副风缸给充风；16CP 模块中电磁阀断电，总风不能通过 16CP，从而使作用风缸及作用管 16 号同 16TV 连同，并随 16TV 增压；BCCP 模块响应作用管压力变化，使制动缸充风，机车制动。

8.4.6.5 无动力回送

机车无动力回送中，由于其空气压缩机无电停止使用，此时必须开放机车无动力装置。无动力装置由 DE 无动力塞门，DER 压力调整阀，C2 充风节流孔，CV 单向止回阀等部分组成，集成于 ERCP 模块中，连接机车的制动管与总风管之间。当开通无动力塞门后，制动管内压力空气经 DE 无动力塞门，DER 压力调整阀，C2 充风节流孔，CV 单向止回阀将调整后的空气压力充入总风缸。此时总风缸在机车制动机系统中相当于车辆的副风缸。

无动力回送的空气作用原理同空气备份相同，但总风缸压力较低。

8.5 辅助用风系统

机车除制动系统之外，还有很多配合其他系统或装置工作的气动装置，我们通常称之为辅助用风装置。HXN3B 型内燃机车辅助用风装置包括柴油机空气启动系统、电子燃油表、停放制动装置、鸣笛撒砂控制装置等。

8.5.1 柴油机空气启动系统

机车的动力装置采用了 12V265 型柴油机，该柴油机启动时的驱动动力不像传统机车那样是来自于蓄电池，而是由空气启动电动机来驱动。因此，该机车柴油机启动时必须保证有足量的压缩空气。为保证柴油机启动系统的可靠性，机车采用了两套完全相同的设备。

该系统主要由 LFX2.0 型辅助空气压缩机、第三总风缸、启动压力传感器、启动控制电磁阀、齿轮啮合控制电磁阀、压力开关、中继阀、滤尘器、安全阀、空气启动电动机、截断塞门以及与之相连的管路组成。系统原理如图 8.13 所示。

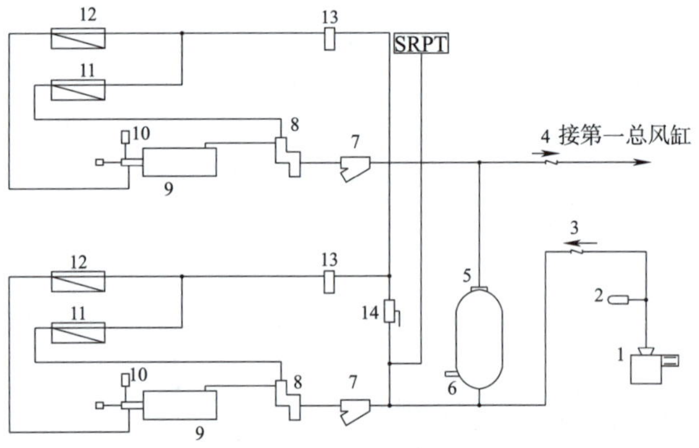

图 8.13　空气启动系统原理

1—LFX2.0 辅助空气压缩机；2—J-1 安全阀；3—止回阀；4—止回阀；5—第三总风缸(735 L)；6—手动排水阀；7—滤尘器；8—中继阀；9—空气启动电动机；10—压力开关；11—启动控制电磁阀；12—齿轮啮合电磁阀；13—滤尘器；14—截断塞门

清洁、干燥的压缩空气存储在容积为 720 L 的第三总风缸中用于柴油机启动。第三总风缸的压缩空气来自由两个螺杆空压机供风的第一风缸，并且经过了空气干燥器干燥净化。如果机车长时间没有运行，并且压缩空气已经耗尽后，现场又没有其他机车或地面供风设备可以为机车提供压缩空气时，第三总风缸可以由蓄电池驱动的辅助空气压缩机来提供柴油机启动时所需的压缩空气。辅助空气压缩机，由机车的控制系统单独控制，也可以由操作者手动通过 FIRE 显示屏的软键控制启动。

当乘务员按照规定的柴油机启动程序操作，按动柴油机启动按钮后，车载微机 EM2000 进入柴油机启动程序，EM2000 首先会通过第三总风缸的压力传感器来检测第三总风缸的压力，如果第三总风缸的压力高于 600 kPa，允许柴油机启动。

当启动序列初始化完成，EM2000 打开 2 个 DIO 输出通道使电磁阀 MVASER 和 MVASEL（空气启动电磁阀右/左）得电。当 MVASER 和 MVASEL 得电，来自第三风缸的空气通过 DL 过滤器，流向启动设备。使得小齿轮啮合。啮合后，流向启动电动机的风被分出一部分给压力开关，给 EM2000 提供启动器已接合的反馈。

EM2000 确认启动马达已啮合后，DIO 输出通道将给另外两个电磁阀得电，MVASAR 和 MVASAL（空气启动作用电磁阀右/左）。这些电磁阀，接下来打开 2 个 SRV150 型中继阀，使大流量的总风经过一个过滤器，流向启动电动机，盘动曲轴启动柴油机。当盘车时，多余的空气在启动电动机的下方排出。

8.5.1.1　辅助空气压缩机

LFX2.0 型辅助空气压缩机是一种无油活塞式空气压缩机。其主要性能参数如下：

型号	LFX2.0
额定排量	120 L/min
额定电压	230 V/50 Hz

8.5.1.2　空气启动电动机

机车采用英格索兰 999 型空气启动电动机，它是专门为长曲轴大负荷应用设计的。在一般操作条件下，不需要维护。然而，如果启动器重复啮合失败，则需要更换小齿轮。

8.5.2　撒砂系统供风

砂子靠重力从砂箱流到撒砂阀。撒砂电磁阀得电后，输送压缩空气到一对撒砂阀。通过撒砂阀的压力空气吹动砂子。撒砂阀中空气和砂子的混合物通过撒砂软管撒到轨道上。撒砂系统可由 EM2000 计算机自动控制或由乘务员手动控制。在紧急制动时，15～80 km/h 自动撒砂。

8.5.3　风笛供风

机车装有 4 个风笛，机车的每端都分别有一个高音喇叭和一个低音喇叭，每个电磁阀对应一个风笛电磁阀。风源系统为风笛电磁阀供风，电磁阀由安装在每个司机室操作台和副司机室面板上的两位（高和低）开关控制，或者也可以由每个操纵台的脚踏开关控制。

8.5.4　雷达吹扫系统

雷达空气吹扫系统由总风管路供风，通过电磁阀控制和吹扫雷达表面保证其清洁，确保雷达检测的准确性。

8.6　基础制动装置

每个车轮均对应布置一个基础制动装置，整车共 12 个，其中 4 个基础制动装置带有停放制动功能，布置在机车的 1、2、5、6 轴。

8.6.1 主要技术参数

基础制动装置采用单侧踏面制动方式。在平直道干燥轨面上，制动初速 100 km/h 时的紧急制动距离≤800 m。

基础制动装置由单元制动器和闸瓦组成。

基础制动装置主要参数

数量×制动缸直径	12×178 mm
是否带有闸瓦间隙自动调整装置	是
基础制动装置传递效率(在紧急制动时)	>0.85
每个转向架布置停放制动个数	2
闸瓦材料	高摩合成
平均摩擦系数	0.3
制动倍率	4.3

8.6.2 基本结构

单元制动器可以分为常用单元制动器和带有停放制动的单元制动器，带停放制动的单元制动器是由常用单元制动器上加上停放制动缸组成的。机车常用单元制动器的基本结构示意如图 8.14 所示。

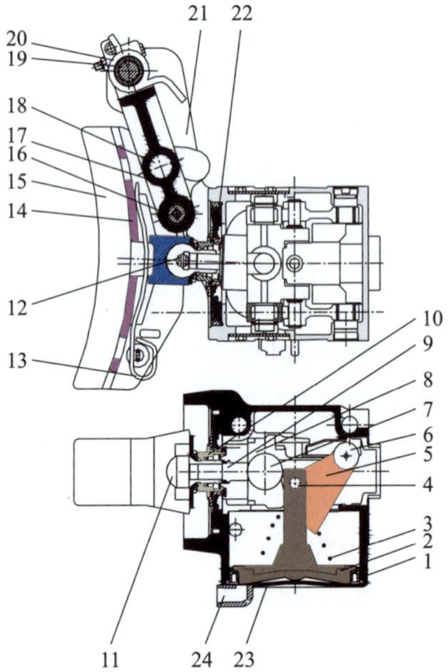

图 8.14　无弹簧停车装置机车单元制动器基本结构示意

1—活塞密封环；2—活塞；3—活塞复位弹簧；4—小凸轮轴；5—凸轮盘；6—大凸轮轴；7—凸轮滚子；8—推环；9—调整机构；10—复位机构；11—球形杆头；12—球形杆头轴；13—闸瓦钎；14—闸瓦托；15—闸瓦；16—吊臂轴；17—吊臂；18—摩擦元件；19—吊臂销；20—扭转弹簧；21—机体；22—波纹管；23—盖；24—端口

实现停放制动功能的停放缸可安装在盖上,结构示意如图 8.15 所示。

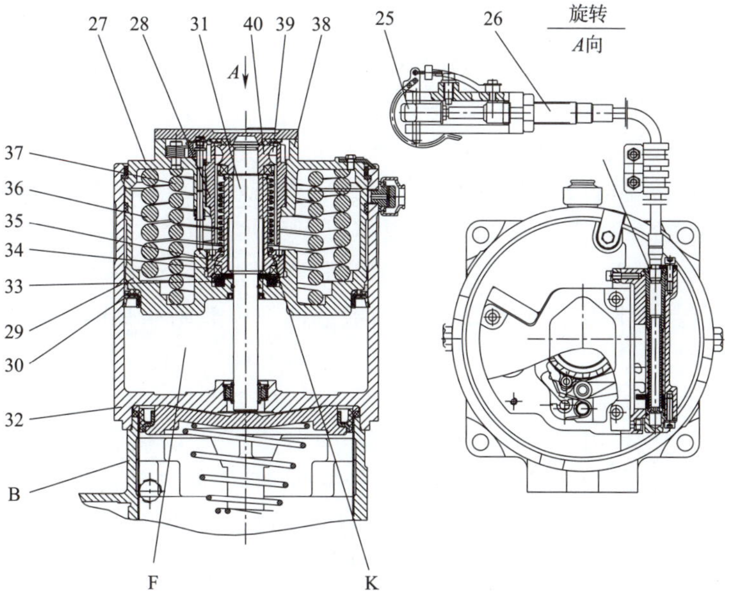

图 8.15 弹簧停车装置结构示意

25—拉杆;26—挺杆;27—弹簧制动箱盖;28—棘轮;29—活塞;30—密封环;31—杆;32—弹簧制动缸体;33—盘形弹簧;34—锥环;35—螺母;36—执行弹簧;37—执行弹簧;38—盖;39—半圆键;40—导向块;B—机车单元制动器制动缸;F—压力室;K—锥形耦合器

8.6.3 基本功能简介

8.6.3.1 常用制动施加

压缩空气经由端口(24)流入制动缸,给活塞(2)充气来施行制动。活塞的运动传递给两个固定在机体(21)上可旋转的对称布置的凸轮盘(5)。凸轮盘的运行轨迹使滚子(7)向前滑动并带动整个调整机构(9)和制动螺杆、闸瓦托一起移向工作位。当闸瓦(15)与车轮相接触制动力就产生了。

调整机构由球形杆头(11)和推环(8)铰接控制。这种布置使力在两个凸轮滚子(7)上均匀分配,并防止制动螺杆和调整机构(9)形成的弯矩。

车轮锥形的踏面和车轴的交叉运动导致产生的横向力不能传到制动螺杆和调整机构上。

8.6.3.2 常用制动缓解

机车单元制动器的制动缸为制动缓解再次将气排尽。所有零部件在得到吊臂复位弹簧[扭转弹簧(20)]和调整机构(9)复位弹簧支援的活塞复位弹簧(3)的作用下回到初始位置。一组弹簧加力夹紧耦合器和摩擦元件(18)使闸瓦托(14)在吊臂(17)上与车轮保持平行的位置。这种布置避免了制动缓解时,由闸瓦在车轮上单边摩擦造成的闸瓦偏磨。

8.6.3.3 停放制动施加

施加停放制动时空气经由压力室 F 被排空。执行弹簧(36、37)的扩张力经由活塞(29)、锥环(34)、螺母(35)和弹簧停车螺杆(31)作用在制动缸 B 的活塞(2)上。

弹簧停车螺杆有不自锁螺纹。在锥面离合器 K 和梃杆(26)中的摩擦接触产生的扭矩锁住了棘轮(28)。

缓解压力再次进行停车制动缓解时,压力室 F 被充气。活塞(29)和弹簧停车螺杆(31)回到缓解位,制动缸 B 中的活塞(2)也是一样。

8.6.3.4 停放制动缓解

当车辆运行时停放制动装置由压缩空气缓解。缓解压力进入压力室 F,从而将活塞(29)推到缓解位并压缩执行弹簧(36、37)。每种具体机车单元制动器的最小缓解压力已经在安装图中注明。弹簧停车螺杆(31)和导向块(40)被定位在穿过活塞(29)、锥环(34)和螺母(35)方向的上端。锥面离合器 K 由盘形弹簧(33)预加载荷。停放制动功能满足机车在 30‰坡道停放。

8.6.3.5 停放制动手动缓解

如果没有压缩空气可用于停放制动的缓解,可以通过紧急缓解手柄将梃杆(26)拔出。

拔出梃杆解除了棘轮(28)的锁定,因此就允许弹簧停车螺杆(31)进行它的扭转运动。执行弹簧(36、37)的力推动活塞(29)和螺母(35)回到弹簧缸底的原位。同时由于弹簧停车螺杆(31)的不自锁螺纹导致了旋转,棘轮(28)就在带半圆键(39)的导向块(40)的带动下进行了同样的动作。

大多数的弹簧能量转化成了旋转的能量,这样在活塞接触弹簧缸底部时就不再需要缓冲了。活塞到达弹簧缸底后,由于棘轮强大的动力零件继续旋转。弹簧停车螺杆和导向块(40)一起向缓解位运动,直到碰到盖(38)上的球轴承。弹簧停车螺杆继续旋转并努力抵消盘形弹簧(33)的力来转动螺母(35)。在这一过程锥面离合器 K 脱开。离合器的零件滑动并通过摩擦卸下残余的力。

制动缸 B 的活塞(2)在手动缓解期间自动回到缓解位。

8.6.3.6 停放制动手动缓解复位

只要仍处于手动缓解状态,弹簧停车装置就不能用于制动。

要使手动缓解被解除,弹簧停车装置必须用缓解压力充气使活塞给执行弹簧再次加载。

活塞的运动导致弹簧停车螺杆(31)、导向块(40)、和棘轮(28)转动直到梃杆(26)啮合棘轮锁住。弹簧停车螺杆锁住的同时,锥面离合器 K 的摩擦接触被解除,螺母(35)沿着弹簧停车螺杆旋转走过剩余的活塞行程。

8.7 典型故障分析及处理

空气压缩机机油乳化。

8.7.1 故障说明

空气压缩机在使用一段时间后,某些情况下会出现机油变成乳黄色、乳白色的现象,此时空气压缩机机油的各种物理性能下降,不利于空气压缩机的继续使用。空气压缩机机油出现乳化现象时,要及时处理。

8.7.2 故障分析

空气压缩机机油发生乳化是因为空气压缩机运转的时候，有冷凝水进入到机油中，机油和水以一定比例混合就会产生乳化现象。当空气压缩机运转率不足的时候，空气压缩机机油发生乳化的概率较高。发生如乳化现象后，通过观察机油的乳化程度，可以初步判断机油是轻微乳化还是严重乳化，以便后续采取相应的处理方法。

8.7.3 处理方法

机油有轻微乳化时，可进行如下操作来去除乳化现象。

压缩机静置 1～2 h，微开压缩机排油口(位于机头底部)，将位于下层的液态水排出，直至有油排出关闭排油口。

打开总风缸下方的排水塞门，使乳化的压缩机组连续运转 60 min 以上，停机后观察润滑油的状态，如果恢复正常可继续使用。

如果乳化现象减轻但没有完全恢复，再连续运转 30 min，观察机油状态，可重复进行上述操作，直至乳化消失。

使用延时工作模式，运行机车压缩机组减缓机油乳化。

机油严重乳化时，切勿自行处理，应及时联系主机厂及压缩机供货商进行分析处理。

9 车　　体

9.1 概　　述

车体既是机车所有设备的载体，又是机车动力传递载体，除走行部件外的其他机械、电器设备以及附属装备都安装在车体上，同时在机车运行过程中，车体不但要传递牵引力和制动力给车钩以及承受垂直载荷，还要承受水平方向的冲击载荷和侧向力的作用。

HXN_{3B} 型内燃机车车体采用外走廊罩式结构，底架承载方式。车体运用模块化设计，便于机器设备的安装和维修，同时也方便车体的制造。车体由司机室、电气室、通风室、动力室、冷却室、制动室、排障器、底架、牵引缓冲装置等组成，两端各设两个扶手杆和侧梯，供司乘人员上下机车，如图 9.1 所示。

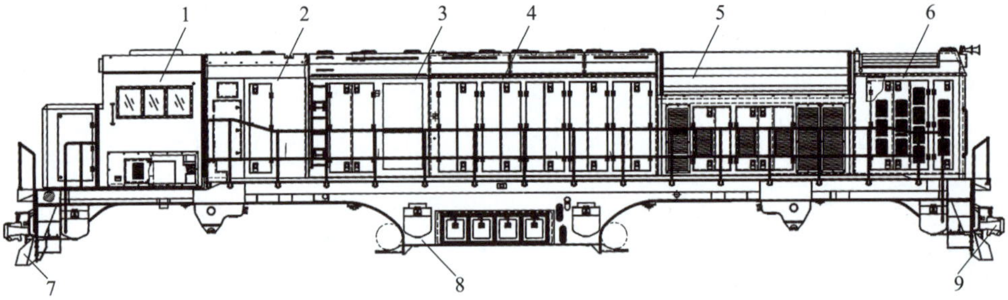

图 9.1　HXN_{3B} 型内燃机车车体

1—司机室；2—电气室；3—通风室；4—动力室；5—冷却室；
6—制动室；7—排障器；8—底架；9—牵引缓冲装置

9.2 主要结构参数及特点

9.2.1 车体主要结构及参数

机车车体设计主要采用我国相关标准以及 UIC、AAR 等标准。车体主要结构特点如下。

(1)车体主要由底架承载，燃油箱与车体采用焊接方式连接，车体纵向能够承受 3 000 kN 的压缩力以及 2 500 kN 的拉伸力。

(2)车体采用外走廊罩式结构，司机室及各个机械间可拆卸。

(3)车体两端设有防爬装置，司机室端设有防撞柱结构，保证司乘人员安全。

(4)底架侧梁上设四个强度足够的吊车销孔，可实现整车起吊、救援等用途。

(5)车体与转向架间通过吊杆实现整体起吊。车体和转向架同时整体或一端吊起时，车体各部分不会产生永久性变形和其他损坏。

机车车体主要结构参数

车钩纵向中心线距离	22 250 mm
车体宽度	3 200 mm
车体底架长度	20 980 mm
车体顶盖距轨面高	4 660 mm
底架上平面距轨面高	1 700 mm
车钩中心线距轨面高	880 mm±10 mm
排障器距轨面高度(在车轮踏面磨耗允许范围内可调)	
调车工况	140^{+10}_{0} mm
小运转工况	110^{+10}_{0} mm

9.2.2 车体部件结构特点

(1)司机室

机车司机室设备布置符合相关标准,具备简洁美观、瞭望方便、空间宽敞、环境舒适、便于检修等特点。司机室内非金属材料符合无毒、低卤、阻燃的要求。为减轻振动和噪声,司机室采用隔离式整体独立结构。司机室与底架之间通过设置减振元件,隔离来自柴油机等车上设备所产生的振动和噪声。

司机室钢结构由顶盖、侧墙、后墙、前墙及辅助室组成,如图 9.2 所示。司机室各个墙及顶盖内侧安装隔音、隔热材料。司机室设有防撞结构,在空调机组工作时,司机室内部噪声等效声级不超过 78 dB,加热系统能保证司机室内部在任何情况下温度不低于 15 ℃。

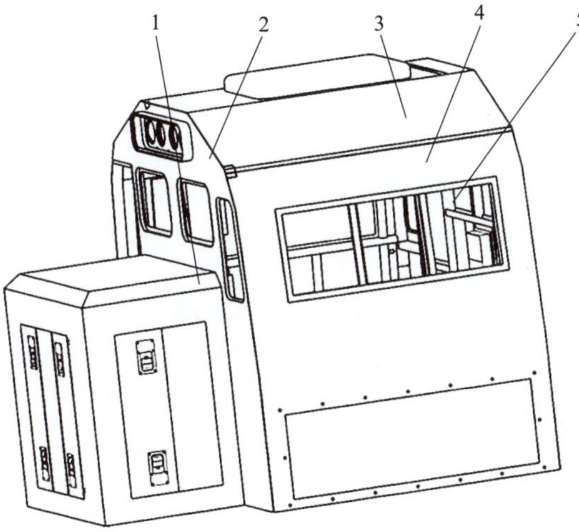

图 9.2　司机室

1—辅助室;2—前墙;3—顶盖;4—侧墙;5—后墙

司机室前端分为前墙及辅助室两部分,前墙与辅助室相邻并设计楼梯及门便于通行。前墙主要由梁、立柱、蒙皮以及玻璃安装框、设备安装座等结构组成。辅助室用于放置电气设备及制动设备，在辅助室侧边设计了检修门便于设备检修，检修门上设置雨檐用于防水。

司机室左右侧墙由立柱、侧窗框、蒙皮、加强梁及支撑梁焊接组成。各加强梁都有开孔，既减轻重量又为布置电线管路提供了方便。左侧墙下部设计了空调主机检修门便于空调主机检修。

司机室后墙与电气室相连、主要由梁、立柱、蒙皮、玻璃安装框、刮雨器安装座、灭火器箱安装座、车长阀安装座等结构组成。各加强梁都有开孔，蒙皮内侧安装有扎线杆。司机室后墙安装有吸引隔热材料。

司机室顶盖主要由钢结构框架和蒙皮组成，并布置空调风道、设备安装座等。司机室顶部设计倾角结构并设置排水口。

司机室布置有窗户、操纵台、灭火器、司机室座椅、添乘座椅、取暖器、空调、烟灰缸、微波炉、暖风机、冰箱、6A 系统等设备。

(2)底架

底架是机车主要的承载部分，几乎所有的力都通过底架传递，因此机车对底架的强度和刚度要求极高，主要材质采用 Q345E 钢。底架由前、后端部、燃油箱、中梁、边梁、底架附件等部分组成，HXN3B 型内燃机车底架如图 9.3 所示。

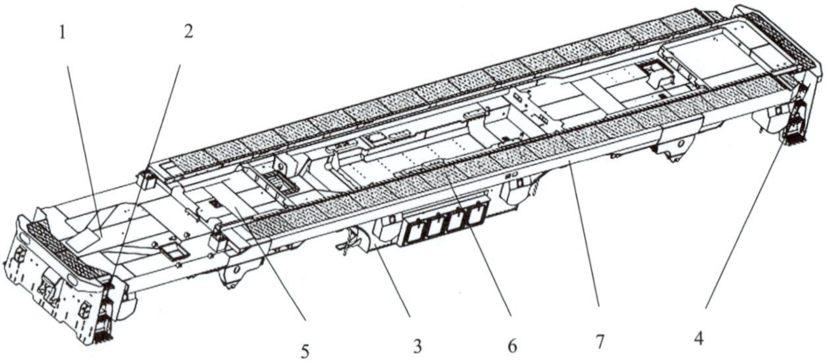

图 9.3　HXN3B 型调车内燃机车底架

1—前端部；2—蹬车梯；3—燃油箱；4—后端部；5—盖板；6—走台板；7—边梁

底架前、后端部结构基本相同，主要起着传递机车纵向牵引力、制动力及纵向冲击载荷的作用。端部主要结构由牵引梁装配、斜撑、端板及一些盖板组成。

边梁位于底架两侧，是底架主要承载及传力部件，由压型梁与外立板组焊而成，边梁与端梁、旁承梁、变压器梁、底架盖板组焊，共同形成更加牢固的结构体。垂向减振器座焊接在边梁上，横向减振器座焊接中央纵梁下部，左右边梁上各设有 4 个吊销套，靠中间的吊销套用于机车的整体起吊，靠两端吊销套的用于单端救援。边梁底部在枕梁中心线的两侧焊有 4 个架车支承座和供检修用的 4 个支承点。

中梁共 4 根，分别连接燃油箱与前、后端部。中梁采用横截面形式为箱型的箱型梁结构。

燃油箱除了实现其本身作为燃油箱的功能之外，还起着传递牵引力与制动力、承载柴油发电机组的质量及其冲击振动载荷的作用。燃油箱由底架柴油机座梁、中间油箱隔板及中梁鱼腹板共同组成。在燃油箱上部设有柴油发电机组安装座,燃油箱中部设有蓄电池箱用于安装蓄电池。

燃油箱箱体内部装有吸油管、回油管、排气机构、液位仪吹气管等。油箱中部两侧分别装有两个加油口、数字显示油位仪、紧急停油按钮等。油箱底部两侧有排油口。箱体内部设有排气机构,使得箱体内部气压与外部达到平衡。

底架左右侧安装蹬车梯,便于司乘人员上车。底架上平面两侧装有地板,其周围设置扶手杆,用于保障司乘人员行走时的安全。

(3)电气室

电气室用于安装整车电气控制系统的接触器、主机、电源等电气设备。电气室两端与司机室和通风室通过隔墙相连,两侧墙分别为电气室左侧墙和右侧墙。电气室上部装有顶盖,顶盖上安装了多个天线座用于机车通信。电气室内安装有风道用于电气室通风。

左侧墙装有一个单开门便于检修人员对电气设备进行维修,同时设计了设备柜用于安装机车的主机、接触器等设备。右侧墙上焊接了钢结构设备柜,该设备柜用于安装过滤海绵防止灰尘及杂物进入电气室。HXN3B 型内燃机车电气室如图 9.4 所示。

(4)通风室

通风室用于安装柴油机的进气系统。通风室两端与电气室和动力室通过隔墙相连,两侧墙分别为通风室左侧墙和右侧墙,侧墙由各横梁及蒙皮组成的框架结构和几扇大小门构成。通风室上部装有 1 个顶盖。顶盖为可拆卸式,方便于整个进气系统设备的吊装。通风室与动力室之间的隔墙设计了 2 个圆孔用于安装柴油机进气系统及风道,风道与隔墙之间通过法兰盘连接的方式固定,法兰盘中间设计了橡胶板用于密封。HXN3B 型内燃机车通风室如图 9.5 所示。

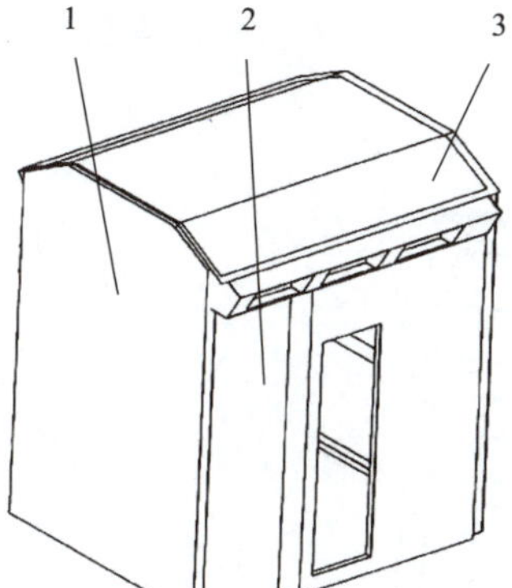

图 9.4　HXN3B 型内燃机车电气室

1—隔墙;2—侧墙;3—顶盖

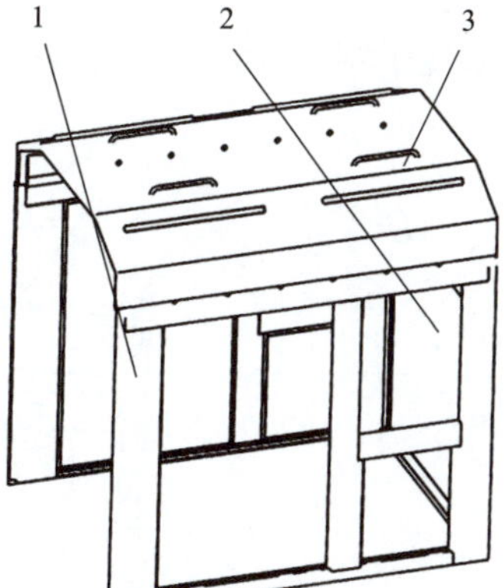

图 9.5　HXN3B 型内燃机车通风室

1—侧墙;2—隔墙;3—顶盖

(5)动力室

动力室用于安装牵引发电机、柴油机及其辅助系统。动力室两端通过隔墙与通风室和冷却室相连,其余两侧墙分别为动力室左侧墙和右侧墙,左右两侧墙对称,侧墙结构由各横梁及蒙皮组成的框架结构和几扇大小门构成。动力室上部装有 3 个顶盖,顶盖均为可拆卸式,方便于柴油机等设备的吊装，顶盖上装有排烟口和扶手杆。整个动力室为可拆卸式，通过安装座与底架相连。HXN3B 型内燃机车动力室如图 9.6 所示。

(6)冷却室

冷却室用于安装机车的冷却系统，主要由冷却风扇安装架、左右侧墙钢结构、顶盖、隔墙和门构成。冷却室两端通过隔墙与动力室和制动室相连。冷却风扇安装架用于安装冷却风扇，冷却室装有百叶窗滤网用于冷却室通风。在冷却室中设计了多个安装座用于安装中其他辅助设备。HXN3B 型内燃机车冷却室如图 9.7 所示。

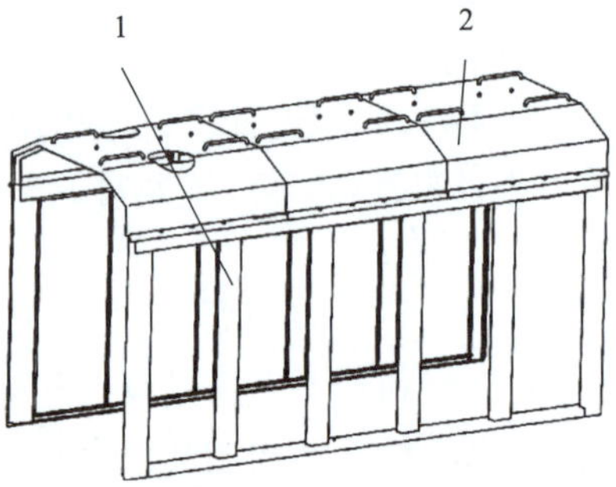

图 9.6　HXN3B 型内燃机车动力室

1—侧墙；2—顶盖

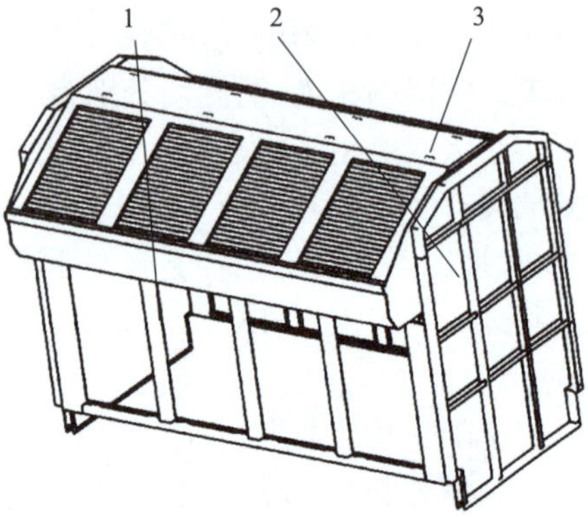

图 9.7　HXN3B 型内燃机车冷却室

1—侧墙；2—隔墙；3—冷却风缸

(7)制动室

制动室用于安装制动电阻，主要由制动电阻安装架、侧墙钢结构、顶盖、门及设备安装座等部件组成。制动电阻安装架为可拆卸式，通过螺栓连接的方式固定在制动室上半部分。整个制动室可拆卸，便于制动电阻检修及维护。HXN3B 型内燃机车制动室如图 9.8 所示。

图 9.8　HXN3B 型内燃机车制动室

1—顶盖；2—侧墙；3—电阻制动安装架；4—端墙

(8)排障器

机车前后端设置排障器,排障器下端面距轨面高度在车轮踏面磨耗允许范围内可调整为 140^{+10}_{0} mm(调车工况)或 110^{+10}_{0} mm(小运转工况)。排障器中央底部能承受相当于 140 kN 静压力的冲击力。排障器的联接部位都有开孔,便于根据轮缘磨耗程度调整排障器距轨面的高度。排障器除了能够排除轨道障碍物外,还具有一定的除雪功能。

9.3 牵引缓冲装置

牵引缓冲装置主要包含 102 型车钩、102 型缓冲器等,如图 9.9 所示。

车钩组装后钩身可以在人力作用下摆动,为了使车钩对准纵向中心的功能保持有效,车钩的侧向自由位移量每侧不应超过 102 mm(车钩向两侧最大摆动位置连线的总长不应超过 204 mm)。

车钩水平中心线距轨面高度为 880 mm±10 mm,车钩高度可通过在车钩托框上加垫进行调整高度。

按标准规定,车钩的三态作用应良好:

①全开——用手持续稳定地旋转提杆手把,钩舌应达到全开位置。

②闭锁——用手持续稳定地推动钩舌鼻部,钩舌应转动到全闭状态,同时钩锁应顺利地落到闭锁位置。闭锁位置时,车钩应处于防跳保护状态。

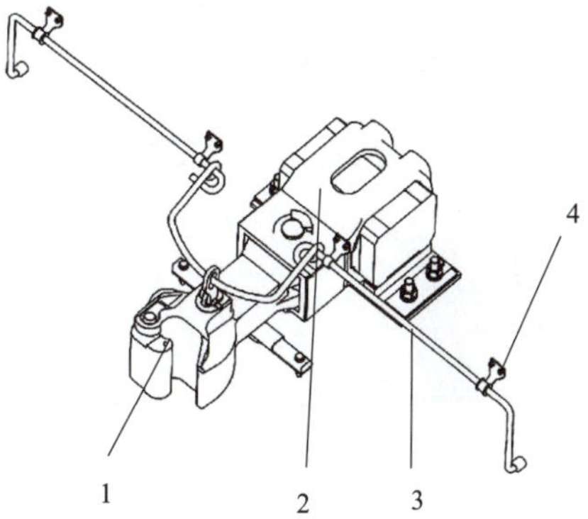

图 9.9 牵引缓冲装置

1—车钩;2—缓冲器;3—提杆;4—提杆安装座

③开锁——用手缓慢转动检查提杆的手把,使闭锁位的钩锁抬高到钩舌尾部以上。在此过程中钩舌不应转动,钩舌仍处在闭锁位置。当回转提杆使钩锁落下时,钩锁应坐落在钩舌推铁的座锁前顶面上,此时用手扳动钩舌内腕,钩舌应能自由地转动至全开位置。

车钩采用 E 级钢铸造,各主要部件的最小破坏载荷如下:

钩舌	3 430 kN
钩体	4 005 kN

102 型缓冲器主要由连接体、前从板、后从板、中间橡胶片、端橡胶片、复原块、钩尾销衬套、钩尾销、定位铁等组成。

基本参数

最大阻抗力	≤4 445 kN
工作行程	≤39.5 mm
缓冲容量	≥46.5 kJ
初压力	300~500 kN
连接体最小破坏载荷	4 005 kN

9.4 典型故障分析及处理

车钩动作不灵活。

9.4.1 故障说明

车钩在使用一段时间后,某些情况下会出现车钩动作不太灵活的现象。

9.4.2 故障分析

车钩动作不太灵活是因为钩舌腔内污物较多导致车钩动作不灵活。

9.4.3 处理方法

可拆下钩舌内部小零件,对零件的污物进行清理并重新装配。

10 转向架

10.1 概 述

HXN3B 型内燃机车转向架属于典型的三轴机车转向架，具有足够的强度和刚度，以及良好的动力学性能，保证机车在牵引力、制动力等各种外力作用下安全可靠运行。

机车转向架采用两级悬挂：一系为圆钢弹簧加橡胶减振垫及油压减振器，二系为四点橡胶堆旁承；轴距为 1 900～1 900 mm；轴箱定位采用单轴箱拉杆及轴箱弹簧定位；电机采用滚动抱轴式半悬挂。转向架主要由构架、轮对电动机悬挂装配、轮缘润滑扫石器装配、二系悬挂（支承）装配、基础制动装置、牵引装置、一系悬挂（轴箱）装配、转向架配管等组成，总体结构如图 10.1 所示。

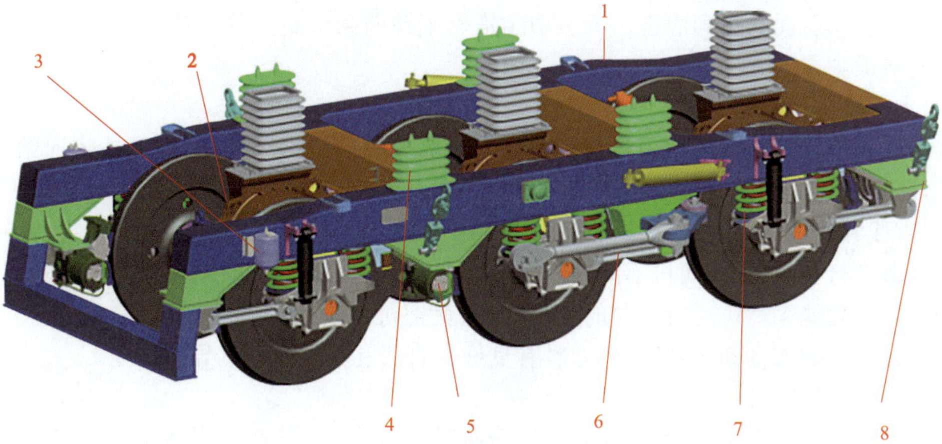

图 10.1 转向架

1—构架；2—电机悬挂装配；3—轮缘润滑扫石器装配；4—二系悬挂装配；5—基础制动装置；6—牵引装置；7—一系悬挂装配；8—整体起吊

10.2 技术参数

转向架主要技术参数

总重	23.95 t
轴式	C_0-C_0
轴距	2×1 900 mm

轮径	1 250 mm(新造轮)　1 150 mm(磨耗到限)
轨距	1 435 mm
最大设计速度	100 km/h
通过最小曲线半径	100 m(v<5 km/h)
轮对左右轴箱中心线间距	2 100 mm
牵引电机功率	495 kW
电动机悬挂形式	滚动抱轴式半悬挂
牵引形式	四连杆机构
一系悬挂形式	每组两圈钢圆弹簧加橡胶减振垫加油压减振器
二系支承形式	四点橡胶堆支承
制动方式	单侧踏面制动单元制动

10.3　工作原理

转向架又称为机车的走行部，是机车不可缺少的重要组成部分，它的主要功能是：

(1)牵引功能

在给定的黏着质量下，机车转向架应能良好地把轮轨接触处产生的轮周牵引力传递给车架、车钩，牵引其后面的车列前进。牵引功能是机车转向架最重要的功能，也是机车转向架与车辆转向架最主要的差异所在。

(2)支承和传递功能

转向架不单在垂直方向承受机车车架及以上部分的质量，并将它们均匀地传递给各轮对的车轮，还要在纵向和横向承受各轮轨间产生的牵引力、制动力和横向力。

(3)直线和曲线导向功能

在轨道上行驶的机车，司机不能控制其运行方向上的变化，而是靠机车走行部本身所具有的自动导向的功能来适应运行方向的变化，所以就把机车走行部称为转向架。机车转向架要通过结构设计参数选择和合理匹配，才具有良好的直线和曲线运行的导向功能。

(4)隔振和缓冲功能

铁路线路总会存在一定的不平顺，必然会使行驶中的机车产生冲击和振动，机车转向架必须具有缓和冲击、衰减和隔离振动的功能，以保证机车具有较好的运行平稳性和稳定性。

(5)制动功能

机车转向架一般都设有机车的基础制动装置，它是机车空气制动系统的执行机构，以便实现机车在规定的制动距离内停车的功能。

10.4　构造说明

10.4.1　驱动装置

HXN3B 型内燃机车转向架有三组驱动装置，其在转向架上的布置为内顺置布置。

驱动装置的主要技术参数见表 10.1。

表 10.1 驱动装置主要技术参数

项目	规格或性能	
滚动圆直径(新/报废)	1 250 mm/1 150 mm	
轮缘内侧距	1 353 mm	
牵引齿轮传动比	91/16	
牵引齿轮润滑剂	Mobil SHC 634	
抱轴轴承型号	FAG	Timken
齿端	F-603798.01.TR1	KIT200194-99401
非齿端	F-804745.01.TR1	KIT200203-99401
牵引电机	YJ116A1	

驱动装置主要包括车轮、车轴、牵引齿轮、抱轴箱、抱轴承、牵引电机、齿轮箱等,如图 10.2 所示。

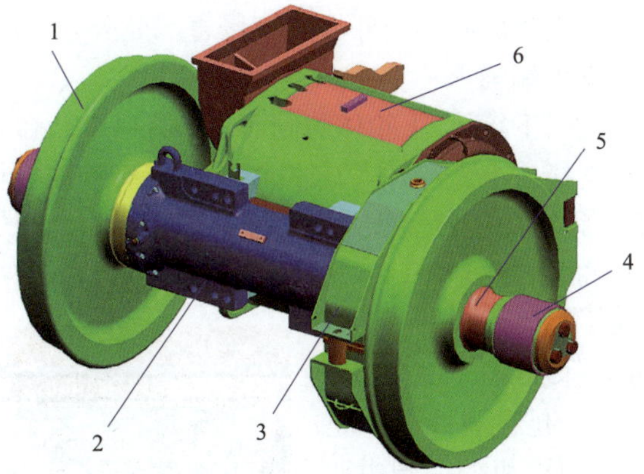

图 10.2 驱动装置

1—车轮;2—滚动抱轴箱;3—齿轮箱;4—轴箱轴承;5—车轴;6—牵引电机

10.4.1.1 车　轮

每组驱动装置有两个结构相同的车轮,过盈压装在车轴两侧轮座处,车轮采用直径为 1 250 mm 的分体轮,由轮箍和轮心组成,轮箍材质为 LG61,轮心材质为 ZG310-570 或 B+级钢。

10.4.1.2 车　轴

车轴作为转向架最重要的结构件之一,其上压装有众多的受力元件——轴箱轴承、车轮、从动齿轮、抱轴承等。在机车运行中,车轴承受着非常大的交变载荷,车轴强度校核,满足 25 t 时的要求。

10.4.1.3 牵引齿轮副

牵引电机与车轴之间的扭矩依靠牵引齿轮副来传递。

齿轮副由主动齿轮与从动齿轮组成。主、从动齿轮为斜齿齿轮,从动齿轮旋向为左旋,齿数 $Z=91$,主动齿轮旋向为右旋,齿数 $Z=16$,主、从动齿轮的中心距为 514.6 mm。主动齿轮与电机轴的连接是通过主动齿轮轴的锥体与电机的锥孔由轴向压入而连接。

10.4.1.4 抱 轴 箱

抱轴箱为铸钢件,材质为 ZG230-450。

抱轴箱两端为圆环形,为抱轴承及其密封件提供安装接口。两端因组装工艺的需要,在结构设计上有所不同。另外,靠近齿轮侧的一端伸出一安装座,它是齿轮箱的安装支承面之一。

10.4.1.5 抱 轴 承

抱轴箱的每端各装有一套锥形滚子轴承,使车轴能相对于抱轴箱自由回转。两套轴承在结构尺寸上有大小之分,大轴承装在靠近齿轮侧,小轴承装在另一侧。

补脂周期及补脂量:每 2 年或 50 万 km(先到为准),非驱动端抱轴承补脂量为 227 g,驱动端抱轴承补脂量为 312 g。

10.4.1.6 牵引电机

机车采用的牵引电机为 YJ116A1 型。它是一种强迫通风、三相交流感应电动机,是专为机车牵引用途设计的。

10.4.1.7 齿 轮 箱

齿轮箱的作用是保护牵引齿轮副不受外界环境侵害。此外,它还保存适量润滑油以润滑其内的齿轮副和牵引电机输出端轴承。

齿轮箱为焊接结构,分上、下箱体,下箱体的侧面焊接有一个凸台,下箱体通过凸台与抱轴箱之间用高强度的螺栓相连接。上、下箱体的轴孔配合面装有特殊材料所制成的密封圈,配合以相应的密封胶,能够保证很好的密封性能。上箱体的侧面有一个通气器,其主要作用就是机车在运行过程中,由于齿轮润滑油温度升高,箱体内空气压力增大,维持箱体内外的气压平衡。

10.4.1.8 电机悬挂装置

牵引电机的悬挂方式采用轴悬式,与轮对、滚动抱轴箱、齿轮箱等一起组装成一个整体,然后座落到构架上。牵引电机的一端由两个抱轴承刚性支承在车轴的抱轴径上;另一端弹性地悬挂在转向架的构架上。吊杆是电机悬挂中一个重要的部件,吊杆的两端设有橡胶球关节,保证了牵引电机与构架的弹性连接,可以有效地吸收从轮对电机传递过来的高频振动。同时,为了安全起见,构架上设置了安全托板,防止在吊杆失效时牵引电机脱落到轨道上,如图 10.3 所示。

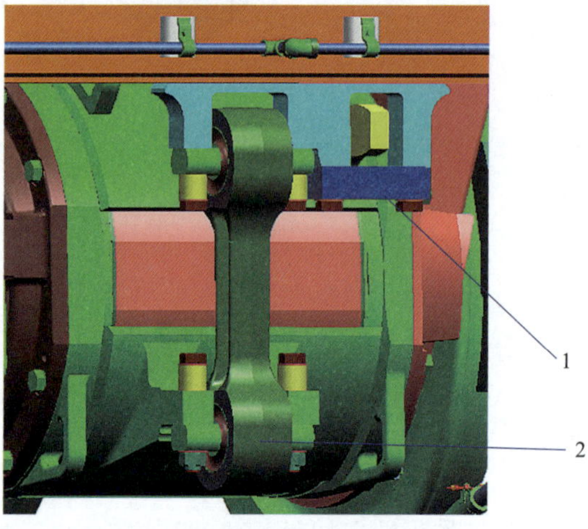

图 10.3 电机吊杆的安装位置

1—安全托;2—电机吊杆

10.4.2 轴箱及其定位结构

HXN3B 型内燃机车的轴箱材料为铸钢,结构为一个剖分式的轴箱体,由上下两部分组成,前盖和横向止挡集成到上箱体,这种结构的一个优点就是提高了轴箱的整体强度,同时减少了轴箱的加工量和螺栓等零件的安装数量。轴箱体结构如图 10.4、图 10.5 所示。

图 10.4 轴箱装配

1—上箱体；2—底盖

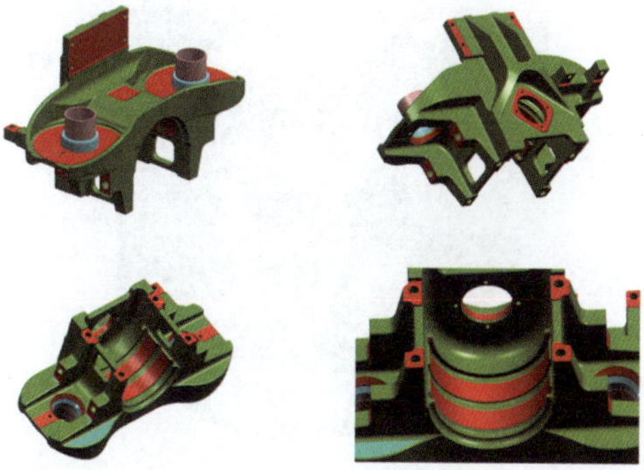

图 10.5 轴箱上箱体

轴箱上箱体提供轴承安装界面，传递垂向和纵向载荷；下箱体起到起吊轮对以及加强轴箱装配强度的作用。

两体式轴箱装配大大减化了零件更换工作，便于转向架车轮的维修。

(1)轮对装配很容易从整车上拆卸。

(2)落轮时仅需拆轴箱底盖、电机大线，将电机与电机吊杆分开。

(3)减振器和牵引拉杆仍可保留在构架装配上。

(4)弹簧仍可保留在构架装配上。

(5)在落轮台上升的过程中，轮对的组装不需要工装设备(或人力)来保持轴箱、拉杆和弹簧的位置和安全性。

两体式轴箱也有益于提高可靠性。

(1)由于减振器和牵引拉杆仍可保留在构架装配上，因此不需要拆下这件零件的紧固件。这些紧固件都是按制造厂技术规范扭矩拧紧的，只在更换零件或大修的时候才需拆下。因此，降低螺栓松动的危险性。

(2)在更换对的过程中，将不接触或打开轴承，不存在轴承和润滑脂污染的危险。

轴箱与构架通过单侧轴箱拉杆弹性连接，把机车簧上部分的质量传递给轮对，同时将来自轮对的牵引力、制动力、横向力等传递到构架上。轴箱拉杆两端为橡胶球关节，杆身断面为工字形的。由于橡胶关节径向刚度大，回转刚度小，因而使轴箱纵向具有较大的定位刚度，并可使轴箱相对于构架能自由沉浮及绕本身轴线回转。轴箱拉杆与轴箱的连接点在车轴中心线的水平面上，这样在传递牵引力时不会使轴箱产生偏转力矩，保证左右两组轴箱弹簧受力均匀。

轮对牵引电机装配的横动量是通过安装在轴箱体上的一个垫板和用螺栓紧固在构架上的非金属垫板(横向止挡)相互配合来保证在规定的范围内，这种设计保证了横动量易于检查，同时又非常易于调整和更换，如图 10.6 所示。

横向止挡是一种硫化橡胶的金属板，它能够提供合适的刚度，以实现良好的横向运行性能，较高的稳定性，并且为横向力从轴箱传递到构架提供接触点。这种定位和安装方式能够确保在不落轮的前提下，为保持合适的横向间隙而进行检查、加垫调整或更换时的易操作性。垂向止挡是由轴箱体的上平面和轴箱横向止挡座下表面配合形成的。

如图 10.7 所示，为保持弹簧所处的位置不变，在每组弹簧内部和轴箱间装有一个自锁装

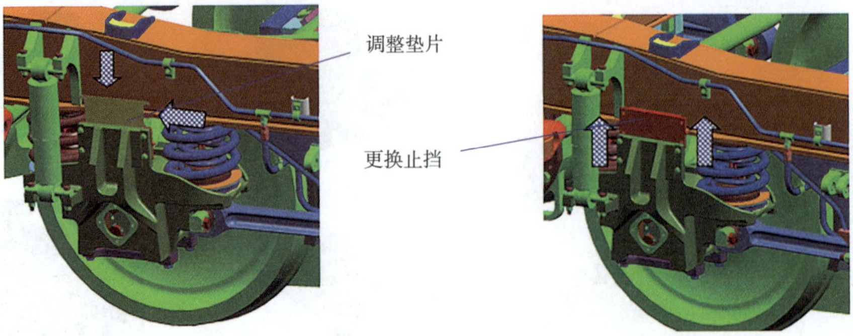

图 10.6　横向止挡

配。这个自锁装配包含了一个焊在构架上的上自锁支座，以及一个安装在轴箱体锥形孔内的下自锁支座。一条自锁链条通过圆柱销和开口销与上下支座连在一起，下支座通过一个压板固定在轴箱体内。轴箱里有链条保护装置，它可以防止自锁链条接触到弹簧。自锁链条的作用有两个，一个是防止转向架起吊过程轮对和构架脱离，另一个作用是在进行轮对解体维修时，保证轴箱弹簧、轴箱体上部等零件与构架仍连为一体，降低拆卸和组装工作量。

轴箱轴承装配(图 10.8)采用双列圆锥滚子全密封式的整体轴承，轴承油脂已提前注入，在组装过程中不需加脂。轴承的寿命计算是基于 25 t 轴重、动载系数 1.4、半磨耗平均轮径 1 010 mm，轴承 L10 寿命大大超过车轮的预期使用寿命。这种全密封的轴承最大的优点是轴箱不需要任何密封设计，在车轮的寿命周期内不需要进行任何的添加润滑和保养。

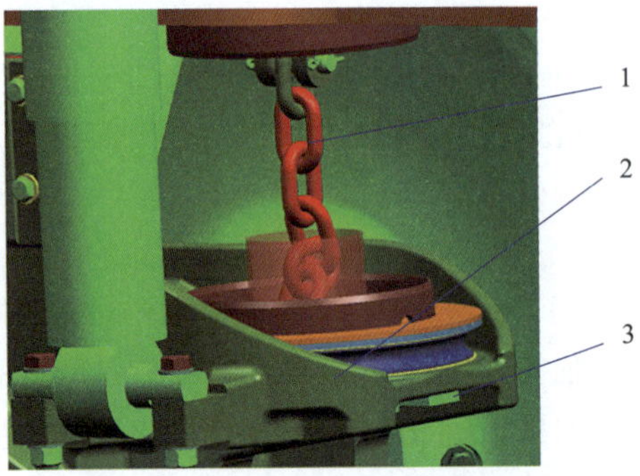

图 10.7　一系互锁装配

1——系自锁链条；2—轴箱上箱；3—下支座和压板

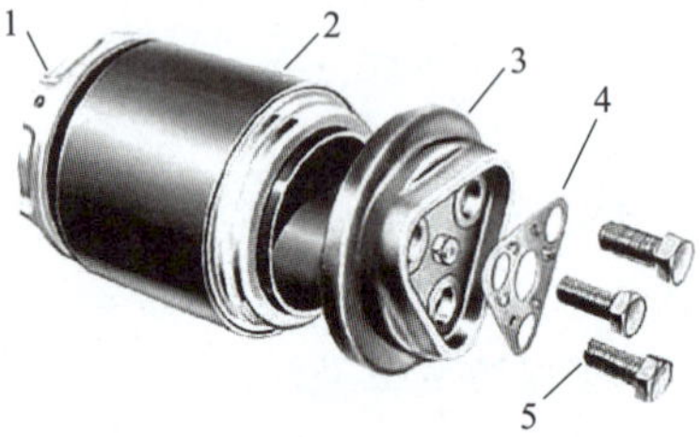

图 10.8　轴箱轴承装配

1—后盖；2—轴承装配；3—端盖；4—锁片；5—高强度螺栓

10.4.3　一系悬挂

机车的一系悬挂主要由双圈弹簧、减振器等结构组成如图 10.9 所示。横向和垂向方向分别由横向止挡和垂向止挡来限制，纵向方向由轴箱拉杆来限制。一、三轴上的横向止挡通过 1 mm 厚的调整垫片来维持其与焊接在构架上的横向挡板之间的间隙在 2～3 mm 的范围之内；中间轴的横向止挡则保证其与横向挡板之间的间隙在 15 mm 左右。横向挡板是通过 4 个安装螺栓把紧在构架的一个焊接支座上，焊接支座的底部是一个加工平面，与轴向体的上平面组成垂向止挡，垂向止挡间隙为 55 mm，起到了一个在垂向方向上限制构架移动的作用。垂向止挡在完全接触时，弹簧离全压缩挠度仍有 20 mm 的裕量。一系弹簧静挠度较大，配合橡胶减振垫和垂向减振器，衰减和吸收轮对的振动和冲击。

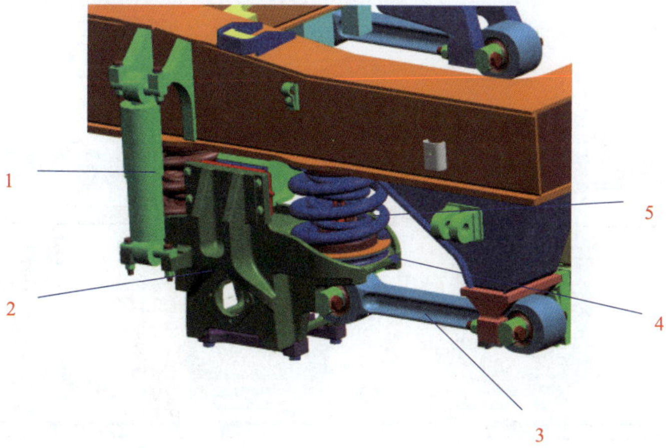

图 10.9　一系悬挂装配

1—垂向减振器；2—轴箱体；3—轴箱拉杆；4—橡胶减振垫；5—双圈弹簧

10.4.4 构　　架

构架是转向架的骨架，既是各部件的安装基础，又承受并传递各种载荷。该构架采用传统的"月"字形焊接结构，由两根箱型侧梁、一根箱型端梁和两根箱型横梁构成，各梁均为板焊接结构。

侧梁为中间高两端低的变截面箱型焊接梁，其上盖板上有二系弹簧安装座。下盖板上有一系簧座、牵引/制动安装座、牵引座和一系垂向止挡座等。上、下盖板之间设置有垂向减振器座、构架横向止挡、抗蛇形减振器座等。横梁上设有电机吊座、横向减振器座等。

横梁与端梁不仅具有增强构架的整体性，而且还可提高构架的整体抗剪切变形能力和抗扭转能力等。根据转向架的总体布置，横梁水平面内为平直梁，其上有电机吊座和横向减振器座。横梁与侧梁连接有过渡。端梁为平直箱形梁，有电机吊座。构架总体结构如图 10.10 所示。

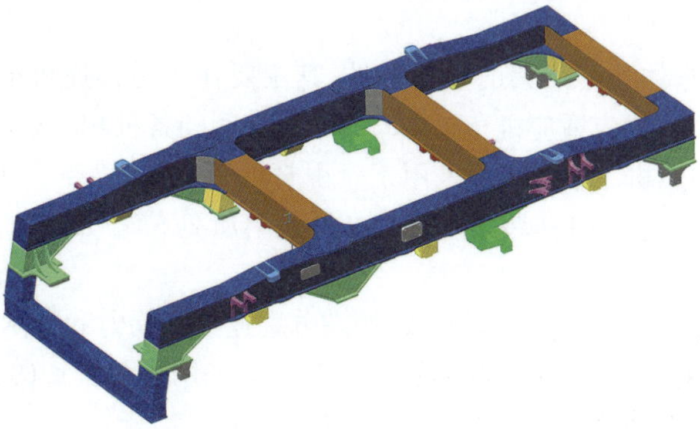

图 10.10　构架装配

10.4.5 二系悬挂

二系悬挂(图 10.11)主要由橡胶旁承、横向减振器、抗蛇行减振器等部件组成,这三大部件分别与车体连接在一起,起到进一步衰减和吸收车下所传递来的高频振动的作用,保证了机车的运行平稳性和驾乘的舒适性。

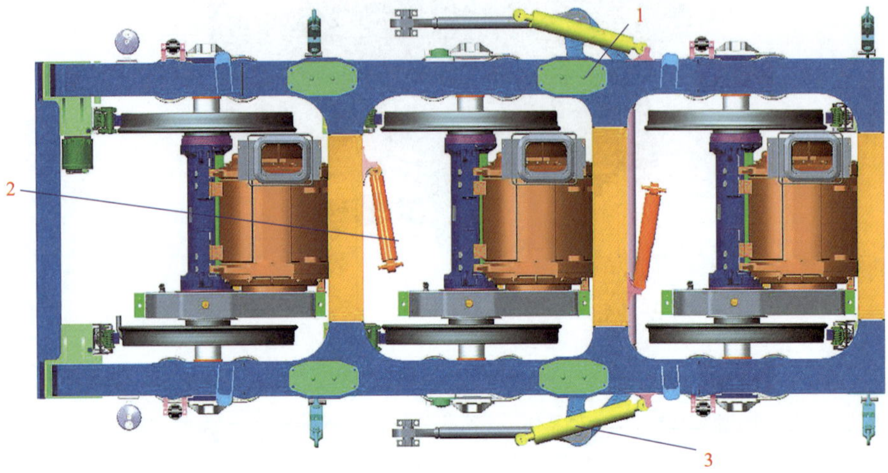

图 10.11 二系悬挂

1—橡胶旁承;2—横向减振器;3—抗蛇行减振器

两个二系抗蛇行减振器纵向对称安装在构架和车体底架之间,用来衰减转向架的蛇行运动以实现机车在高速运行时的稳定性。两个二系横向减振器分别朝着左右两个方向安装在构架的两个横梁立板上,另一端与车体底架上的安装座连接在一起,确保机车具有良好的横向运行品质。

构架上设有二系弹性横向止挡来限制转向架和车体底架之间的横向移动,在构架上同样设有 4 个摇头止挡,来限制转向架旋转,防止诸如二系弹簧、二系减振器、牵引电机通风道、电机大线、空气软管等转向架和底架间的连接部件超限。

10.4.6 牵引装置

牵引装置是连接车体与转向架的重要部件,其主要作用是传递机车的牵引力或制动力。并且机车运行时,牵引装置应适应机车车体与转向架之间的各种相对运动,使这些运动不应存在约束。HXN3B 型内燃机车牵引装置采用了牵引杆的方式,由 2 个牵引杆,2 个拐臂和 1 个连接杆等组成,通常称为牵引杆装配,其在转向架中所处位置如图 10.12 所示,其结构如图 10.13 所示。

牵引杆由杆体(钢管)、叉头等组焊而成,两端分别连接到拐臂和车体的牵引座。为保证车体和转向架之间的相对运动,牵引杆两端的连接部位均采用了免维护的关节球轴承和销轴的结构,保证了转向架和车体之间各个方向的力的传递。

拐臂为铸钢材料,其拐臂中心位置通过 1 个销轴与构架相连接,可以在平面内自由转动。

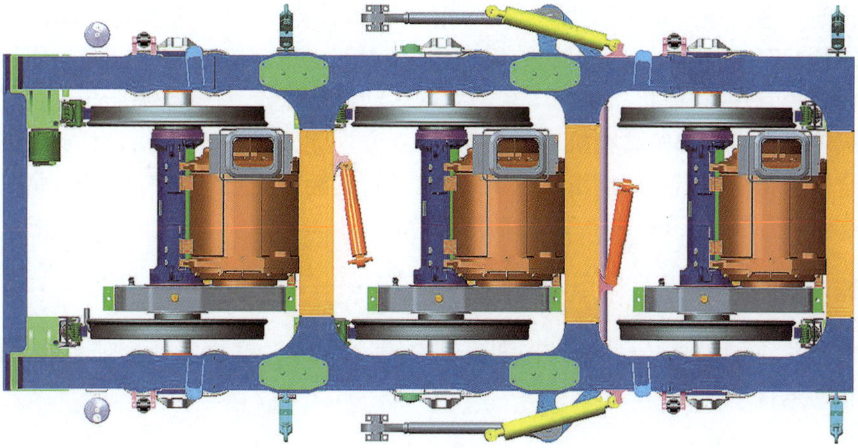

图 10.12 牵引杆装配位置示意图

图 10.13 牵引杆装配

拐臂两端分别与连接杆和牵引杆相连，传递牵引力。牵引杆和连接杆为相同的结构，均是由钢管与叉头焊接而成。

10.4.7 附件装配

转向架的附件装配主要包括：撒砂管 、扫石器、轮缘润滑装置等，如图 10.14 所示。

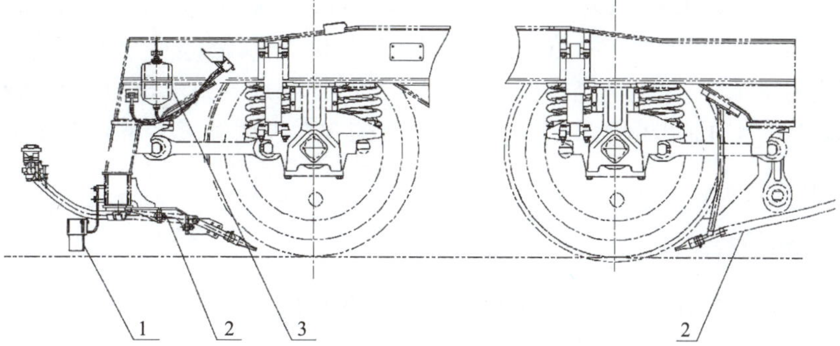

图 10.14 附件装配

1—扫石器；2—撒砂管；3—轮缘润滑装置

机车转向架采用湿式非接触式的 HB-3 型轮缘润滑装置。HB-3 型轮缘润滑装置具备前后、左右(对角)两种喷脂模式,可以提前识别弯道,能够实现定时喷脂和定距喷脂两种控制模式,实现了轮轨润滑的智能化。采用 4 套独立的气动控制单元,有利于喷脂模式的转换。

喷脂式轮缘润滑装置安装在机车转向架一、六位,可以减轻轮轨磨损,对降低脱轨倾向、提高行车安全性有积极作用。该润滑装置采用脂润滑,其额定工作气压 700 kPa,最大工作气压 1 000 kPa,额定工作电压 DC 110 V(波动范围:77~131.5 V)。

10.4.8 速度传感器

速度传感器(图 10.15)安装于转向架三轴左侧,通过 4 个螺栓安装于轴箱体的前端面,随时监控机车的运行速度。

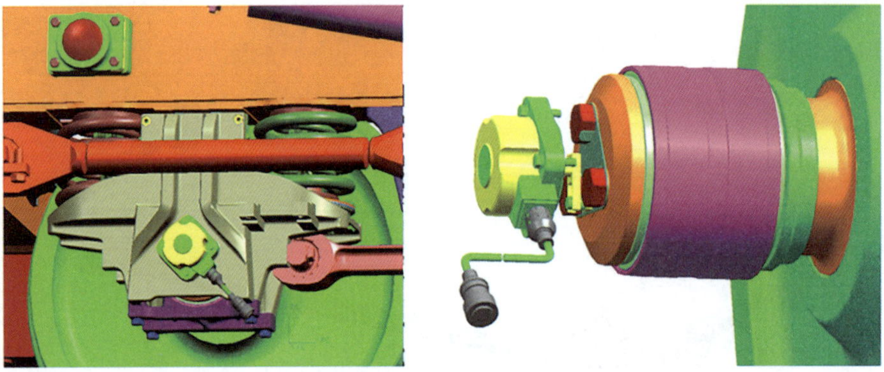

图 10.15 速度传感器

10.4.9 轴温布线

走行部车载监测装置是结合机车车载安全防护系统(6A 系统)的要求,集成于 6A 系统的机车走行部故障监测子系统,实现对机车走行部轴箱轴承、电机轴承、抱轴轴承、轮对踏面和传动齿轮的在线安全监测,保障走行部安全。

针对铁路机车走行部的轴箱轴承、牵引电机轴承和抱轴轴承进行基于冲击故障监测和温度监测的综合诊断(预)报警;针对传动齿轮进行基于冲击故障监测的诊断(预)报警;针对轮对踏面(擦伤、剥离)进行基于冲击故障监测的诊断(预) 报警。

走行部检测系统,由 36 个复合式传感器及 6 个前置处理器组成,分别检测轴箱轴承齿侧和非齿侧、电机齿侧和非齿侧轴承、滚动抱轴承齿侧和非齿侧轴承。布线方式及测点位置如图 10.16 所示。

10.4.10 整体起吊装置

整体起吊装置(图 10.17)主要用于机车的起吊和救援。每个转向架由吊杆与车体连接。构架吊座和吊杆之间用销连接。整体起吊装置平常存放于车体上,在机车整体起吊和救援的时候使用。

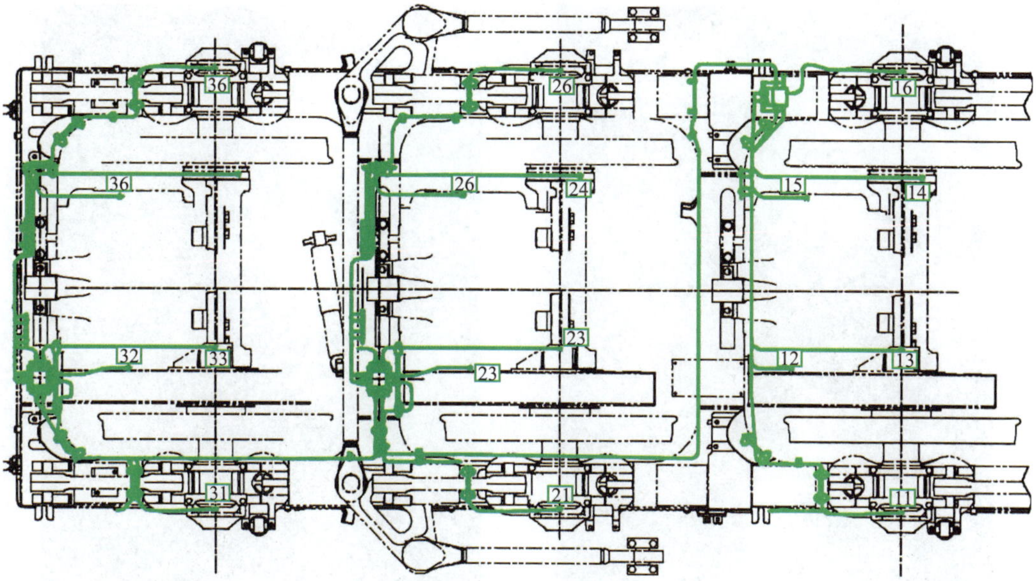

图 10.16 轴温布线

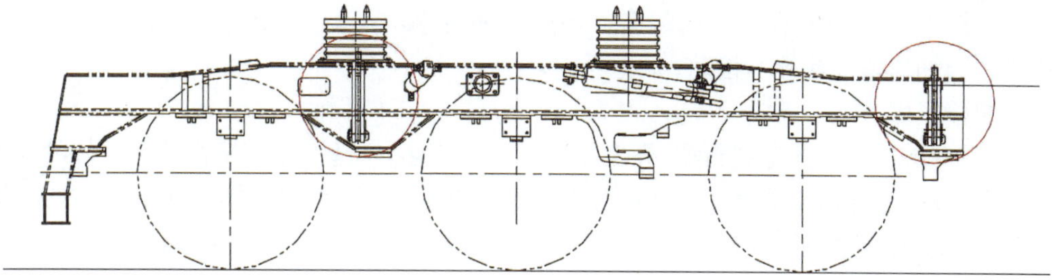

图 10.17 整体起吊装置

10.5 典型故障分析及处理

轴箱横向挡板螺栓松动或断裂。

10.5.1 故障说明

HXN3B 型内燃机车交付运用后，出现轴箱横向挡板螺栓松动或断裂的情况，在更换螺栓并严格校核力矩后，此故障仍然会出现。故障照片如图 10.18、图 10.19 所示。

10.5.2 故障分析

(1)运用环境

HXN3B 型内燃机车为调车机车，运用线路特点是小曲线、岔道多，线路平顺性较差。机车在运用中，相比干线机车，轮对横向运动频繁，轴箱横向挡板会与轴箱侧挡碰撞接触频率高，同

图 10.18　螺栓松动

图 10.19　螺栓断裂

时由于线路的不平顺性，在碰撞同时会伴随产生相对垂向运动，即对横向挡板频繁施加剪切力，这样就会加速紧固螺栓的松动。

（2）螺栓紧固方式

由于横向挡板采用非金属材质，硬度相比钢材小很多，不适合采用防松效果更好的防松垫圈，也受空间高度所限，不能使用平垫圈加普通弹簧垫圈，所以结构为螺栓加平垫圈的紧固方式。依靠预紧力保证防松，在调车的运用工况下不能提供足够的防松效果，可能会造成螺栓松动甚至断裂故障。

（3）横向挡板性能

在故障出现后对 HXN3B 型内燃机车国产件进行了试验，在－40 ℃的环境中静止 24 h 后进行尺寸测量，结果显示，在厚度方向上，尺寸缩小了 0.1 mm。在低温环境中，厚度尺寸的缩小会造成螺栓预紧力失效，进而导致螺栓的松动。

10.5.3　故障处理

针对此问题，解决措施有三种：

（1）增加螺栓防松措施。安装新更换螺栓时，涂抹螺纹紧固胶，同时设计了专用止动垫片替代原有平垫圈，在螺栓紧固后可翻起挡边，增加以上两种防松脱措施，可防止螺栓再次出现松动或断裂。

（2）严格控制螺栓紧固力矩。根据非金属件硬度低特点，横向挡板紧固螺栓的紧固力矩相比标准值较小，严格控制为 54 N·m。

（3）更换横向挡板。根据 HXN3 型内燃机车多年的运用经验，将国产件更换为性能更为稳定的进口件，保证该部位两种部件的线膨胀率接近，不会对温度有不同的敏感性。

11 车载安全监测设备

11.1 概　　述

机车的车载安全监测设备包括列车运行控制系统车载设备、6A 系统。承担着机车车载安全防护、机车信号信息处理等功能。

11.2 列车运行控制系统车载设备

列车运行控制系统由运行监控系统、信号车载系统、车号识别系统及综合通信系统组成，实现列车信号信息的处理、解调、译码、传输，建立铁路车号、车次信息自动化采集报告体系，实时提供列车、机车、货车的标识、属性和位置信息，安全控制列车速度，采集记录与列车安全运行有关的各种机车运行状态信息，并与地面进行无线通信。

11.2.1 列车运行监控装置

列车运行监控装置（以下简称 LKJ）是以保障列车运行安全为主要目的的列车速度控制装置。该装置在实现安全速度控制的同时，采集记录与列车安全运行有关的各种机车运行状态信息，促进了机车运行管理的自动化。该系统适应自动闭塞方式和半自动闭塞方式；适应包括移频（含 18 信息移频）、交流计数、UM71（或 UM2000）、极频等信号制式。

由 LKJ2000 型监控主机、监控显示器、机车安全信息综合监测装置（以下简称 TAX2 箱）、数模转换盒、压力传感器、速度传感器、本/补切换装置、调车灯显接口盒、鸣笛记录装置、GPS 信息接收装置、总线扩展盒、语音箱、列车运行状态信息系统车载设备等共同组成列车运行安全监控系统。其组成如图 11.1 所示。

（1）LKJ2000 型监控主机是 LKJ 系统的核心部件，实现机车运行监控和记录功能，其内部由 A、B 二组完全相同的控制单元组成，每组有八个插件位置（包括一个预留位置），各插件位置以机箱中心线为基准对称排列，从中心线开始往左、右，各插件排列顺序依次为：监控记录、地面信息、通信、模拟量输入/出、扩展通信插件、数字量输入、数字量输入/出、电源。各插件之间采用 VME 标准总线母板连接。机箱采用背板对外出线方式，所有输入输出信号均通过机箱背部连接器引出，在后盖板内侧装有过压抑制板。监控主机外形示意图和监控主机插件布置图如图 11.2 所示。

（2）监控显示器作为人—机界面的显示器，采用 10.4 英寸 TFT 高亮度彩色液晶显示屏，以屏幕滚动方式显示实际运行速度轨迹曲线及模式限制速度（或线路允许速度）曲线，以图形、符号和文字形式显示地面信号机的位置、种类以及运行线路的曲线、坡道、桥梁、隧道及道口

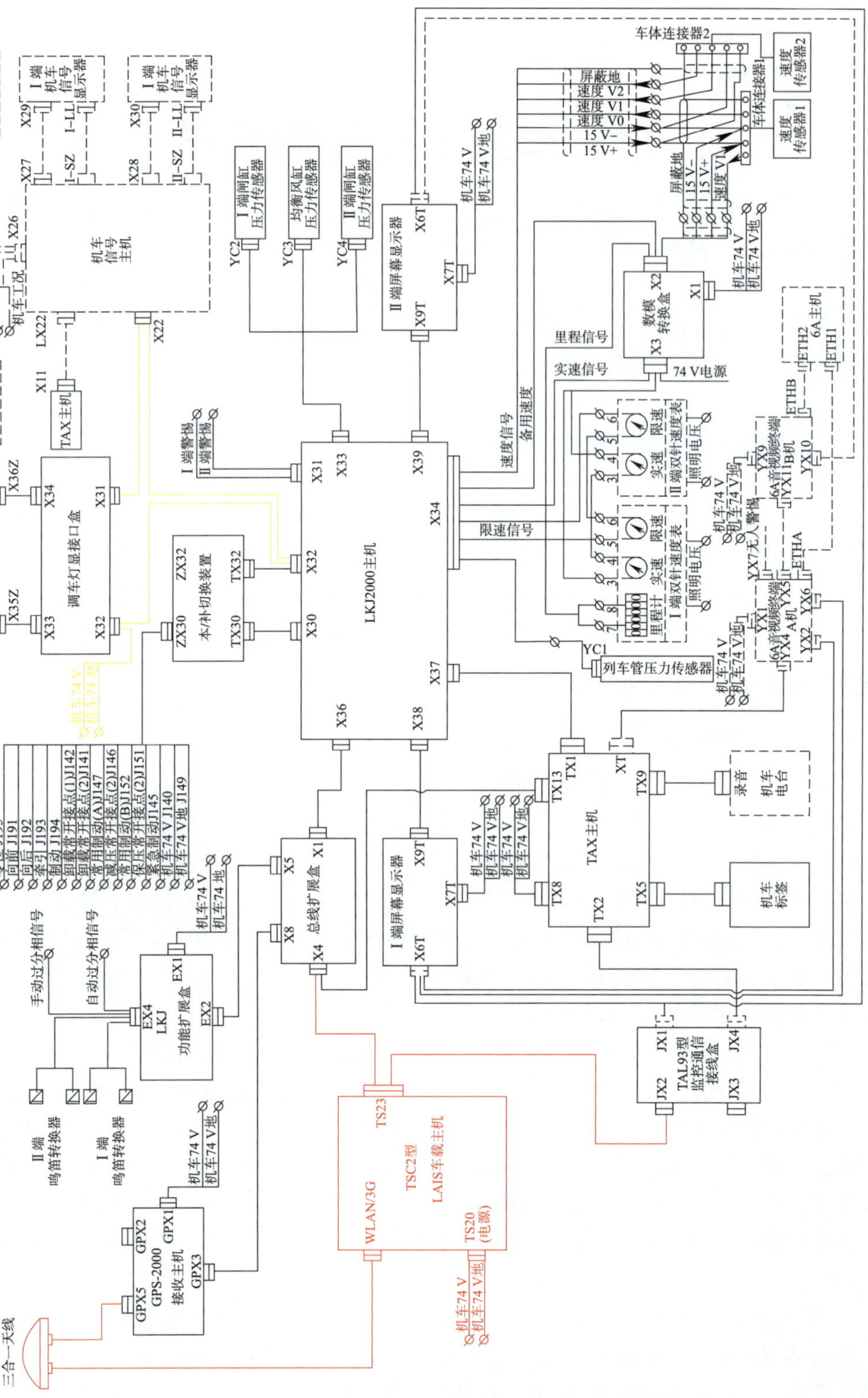

说明
1. 图中⊘表示机车接线端子，▭表示车载设备连接插座，相应代号为车载设备插座代号；
2. 虚线部分设备为非LKJ监控设备，由相关设备厂家提供。

图 11.1 列车运行监控装置组成

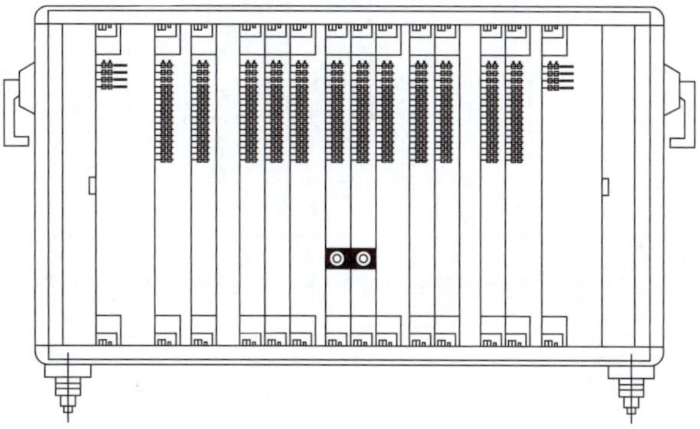

图 11.2 监控主机外形示意

等信息，同时可显示指导性机车优化操纵运行速度曲线和手柄级位曲线，以便提示或引导乘务员操作，具备语音提示功能。监控显示屏外形示意如图 11.3 所示。

图 11.3 监控显示屏外形示意

（3）TAX2 型机车安全信息综合监测装置给各检测设备[如轨道动态检测设备、无线列调语音录音设备、TMIS 单元（机车标签写入单元）及 DMIS 单元（列车运行信息传输设备）等]提供了一个公用信息平台，由该工作平台中的通信记录单元一方面获取监控装置的时间、公里标、速度和车次等信息，向机箱内各功能模块单元发布广播信息，如位置（公里标）、速度、时间等坐标信息。另一方面综合各功能模块单元检测到的信息进行记录。装置以电源单元、通信记录单元作为基本单元配置，其他已开发的功能单元有：TMIS 单元、DMIS 单元、无线列调语音录音单元；另外，预留 4 个单元位置用于备用功能单元的扩展。TAX2 外形示意图和前面板布置示意如图 11.4 所示。

（4）TQ23G 型数模转换盒是与光电式速度传感器及双针速度表配套的转换装置。其主要

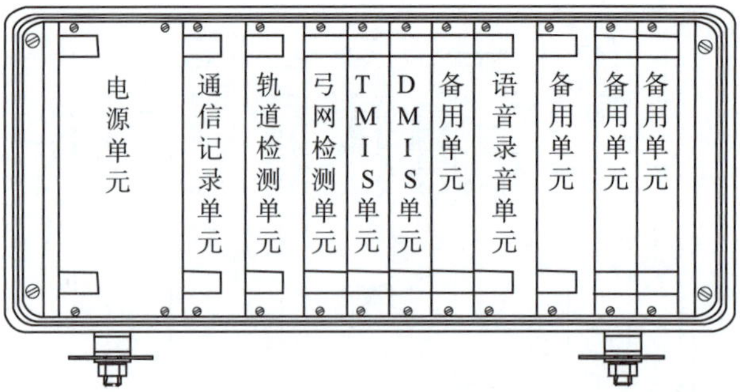

图 11.4　TAX2 主机前面板布置示意

功能是将速度传感器频率信号转换成 0～20 mA 的电流信号以驱动双针速度表的实际速度指针，并根据速度信号计算走行距离，输出里程计驱动信号，其测速范围为 0～160 km/h。

(5)TQG14E1 型压力传感器工作原理是利用硅压阻效应，当介质压力作用在芯体敏感区域时，在恒压供电情况下，有相应的电压信号输出，经电平变换成 0～5 V 的直流电压信号。它可与机车监控系统直接配用，从而实现机车行车自动测量和控制。压力传感器的测量范围为 0～1 000 kPa，输出电压 0～5 V。

(6)三通道拨叉 DF16 S4cac(无接线盒)型光电转速传感器是铁路机车检测车轮转速的传感器，向机车电气控制系统提供与车轮转数成比例的电脉冲信号。

(7)本/补切换装置主要实现硬件切换制动输出的功能。

(8)调车灯显接口盒提供了无线调车灯显设备与 LKJ 之间的接口，能够在调车时实现机车信号与无线调车灯显信息的转换，并使 LKJ 能够接收无线调车灯显信息而无需对 LKJ 进行改动，同时接口盒也为无线调车灯显设备提供稳定的工作电源。

(9)机车鸣笛记录接口装置由 LKJ 功能扩展盒、鸣笛压力开关组成。主要功能是检测机车喇叭鸣笛时的气压，将鸣笛时的气压信号转换成电信号，并发送给 LKJ2000 监控主机以便记录。

(10)GPS 信息接收装置由两部分组成：安装在车顶的三合一天线和安装在机车内部的 GPS 接收主机。三合一天线主要负责 GPS 信息的采集以及传输。GPS 接收主机主要负责对三合一天线采集信号的解析。

(11)总线扩展盒用于 LKJ 监控主机与 LAIS 车载主机、LKJ 功能扩展盒和 GPS 接收主机通信接口。

(12)列车运行状态信息系统车载设备是连接机车与地面的数据信息处理系统。该系统采集、分析和处理机车的运行状态信息，并完成机车与地面的数据交互，最终实现地面对在途机车的实时监测。列车运行状态信息系统车载设备由 LAIS 车载主机(TSC2)、三合一天线、等产品组成。LAIS 车载主机与 TAX2 装置之间的通过 TAL93 型通信接线盒连接。

11.2.2　JTC 一体化机车信号车载系统

机车信号车载系统是以保障机车运行安全为主要目的。机车信号车载系统接收钢轨线路(或环线)中传输的作为行车凭证的机车信号信息，并对此信息进行处理、解调、译码后输出显示给司机，同时输出到监控装置作为控车基本条件。

JT-C 系列机车信号车载系统设备，采用先进 DSP 技术、完善的安全性技术，符合铁路信号故障一安全原则。应用了诸如："二乘二取二"的容错安全结构、频域处理和时域处理相结合技术、机车信号数据记录技术等十多项先进的安全技术措施，满足机车信号主体化即机车信号作为行车凭证的严格要求。

JT-C 系列机车信号车载系统主要由 JT-C 机车信号主机、机车信号双路接收线圈和双面八显示机车信号机组成，如图 11.5 所示。

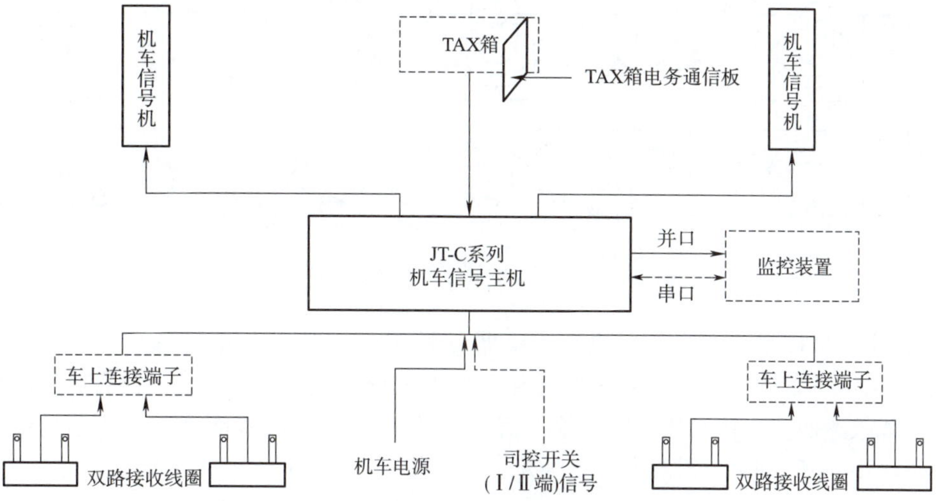

图 11.5　JT-C 系列机车信号车载系统设备构成

(1)机车信号主机对接收的信号进行处理，解调、译码得到信号信息，输出到机车信号机显示给司机，同时机车信号信息输出到监控装置作为控车基本条件。

机车信号记录器可对机车信号运行状态及地面信息进行记录。

其外形示意图和插件布置示意如图 11.6 所示。

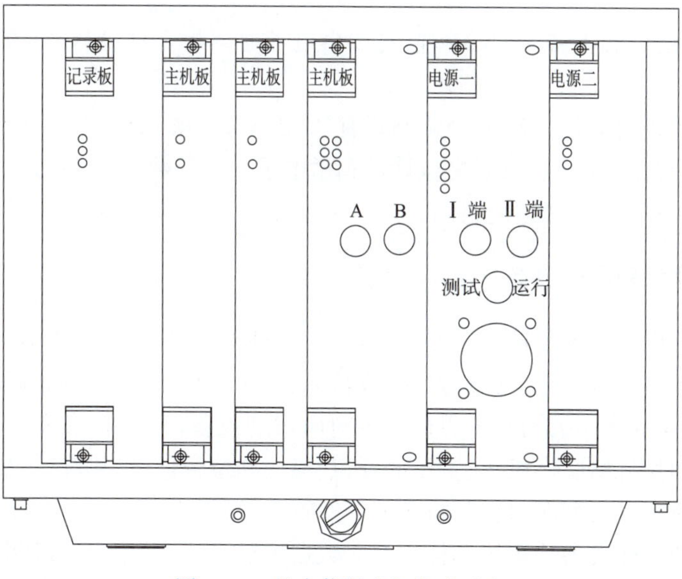

图 11.6　机车信号主机外形示意

(2)机车信号显示器采用双面八显示机车信号机与载频切换(上下行)开关及 UM71 模式选择开关一体化设计,额定电压 48 V,额定功率 6 W。机车信号机按主机译码后的点灯输出及制式输出显示;信号机下端设有载频切换(上下行)开关和载频组指示灯,指示灯可显示机车信号主机正在接收的载频组(上下行)状态;同时设有 UM71 模式选择开关和对应模式指示灯(UM71 低频信息定义统一后取消)。双面八显示机车信号机外形示意如图 11.7 所示。

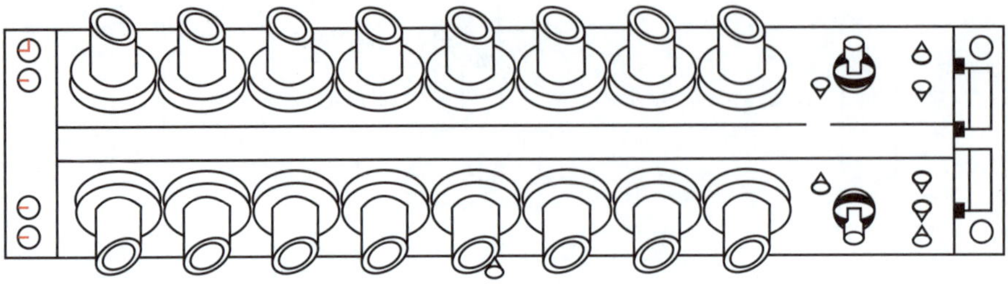

图 11.7　双面八显示机车信号机外形示意

(3)机车信号接收线圈安装在机车排障器后侧,通过与钢轨的电磁耦合接收钢轨上的信号,然后传送给机车信号主机。接收线圈内部为双路冗余线圈,保证当在一路接收线圈断线或因中间连线故障而使主机无法接收到地面信号时,另外一路接收线圈保证机车信号主机仍能正常译码输出。其外形示意如图 11.8 所示。

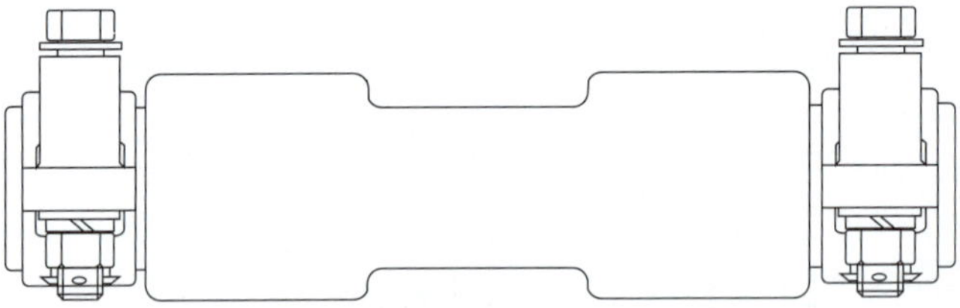

图 11.8　机车信号接收线圈外形示意

(4)机车信号记录器所需 TAX2 箱信息取自电务通信板,该电路板插在 TAX2 箱的备用插槽内。

该信号车载系统可应用的轨道电路制式有:①ZPW-2000 系列(包括 UM71 系列,下同);②移频(18 信息、8 信息、4 信息);③交流计数和微电子交流计数(25 Hz、50 Hz)。根据用户需求,可适用 UM2000 等其他轨道电路制式。

11.2.3　机车车号识别车载设备

机车车号自动识别系统是铁路运输信息系统中数据自动采集的基础。该系统在铁路所有货车上安装只读标签,在机车上安装可在线改写标签,在铁路所有编组站、区段站、大型货运站的出入口,以及铁路局集团公司间分界口安装地面识别设备,建立铁路车号、车次信息自动化采集报告体系,实时提供列车、机车、货车的标识、属性和位置信息,提高信息采集的可靠性、实时性、准确性,加速实现对列车、货车、机车的追踪管理等。

机车车号识别车载设备采用机车标签双向数据传输系统,采用二次调制方式,实现车到地

(标签数据)和地到车(地面公里标等上传数据)间的双向数据传输;机车标签双向数据传输系统可向下兼容原有系统,保持新旧系统(原有车号自动识别系统)的工程安装和系统日常维护和管理程序不变。

11.2.4 机车综合通信设备

机车综合无线通信设备(简称 CIR)是基于 GSM-R 数字移动通信技术、GPS 全球定位技术、450 MHz 及 800 MHz 模拟无线电台通信技术等开发的综合车载通信设备。它与地面的 GSM-R 设备和 450 MHz、800 MHz 等地面设备共同组成一个完整的铁路综合无线通信网。CIR 支持 GSM-R 调度通信系统功能、支持 GSM 话音通信功能,两网同时存在时首选 GSM-R。支持 GSM-R 通用数据传输功能,可根据承载业务的需要提供 GPRS 或电路方式数据传输链路。调度通信和数据传输采用不同的信道机,故可以同时实现调度通信和数据通信。CIR 配备了全球卫星定位系统(GPS),利用卫星对机车位置进行实时定位,可向机车上的其他用户提供 GPS 原始信息、公用 GPS 位置信息等。

机车综合通信设备主要由操作显示终端(简称 MMI)、合路器、主机、送(受)话器、扬声器、打印终端、天线、机车数据采集编码器等组成,如图 11.9 所示。

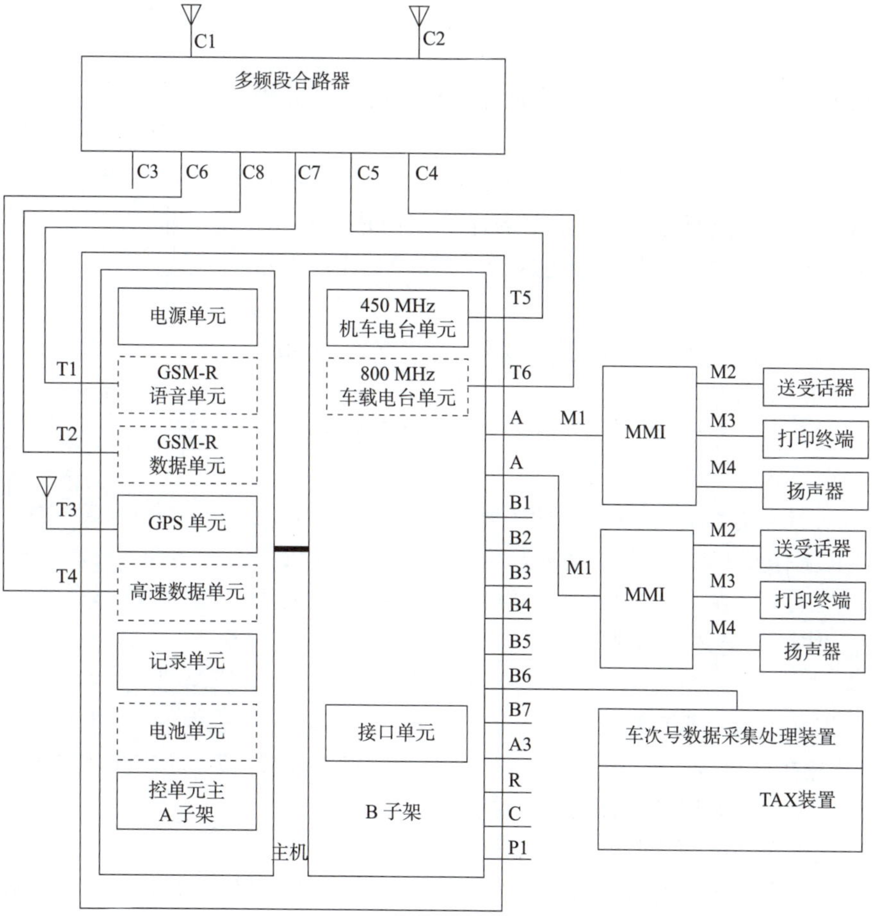

图 11.9 CIR 机车无线通信系统构成

主机是 CIR 的核心部件，包括机柜(含 A、B 子架)、主控单元、电源单元、电池单元、卫星定位单元、GSM-R 话音单元、GSM-R 数据单元、高速数据单元、记录单元、天馈单元、450 MHz 机车电台单元、800 MHz 列尾和列车安全预警车载电台(简称 800 MHz 车载电台)单元、接口单元等，各组成部分模块化，可根据功能要求进行模块配置。主机外形示意图和结构示意图如图 11.10 所示。

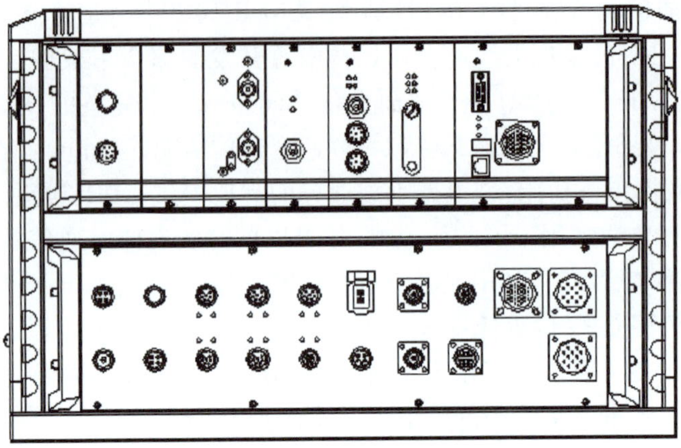

图 11.10　主机外形

MMI 由嵌入式工控机、LCD 显示屏、控制键盘、音频处理单元及送(受)话器组成。

嵌入式工控机是 MMI 的核心，它接收主机传送过来的信息，控制 LCD 显示屏进行显示或控制音频单元进行语音提示，接收键盘控制单元发送的控制指令传送给主机。MMI 外形示意如图 11.11 所示。

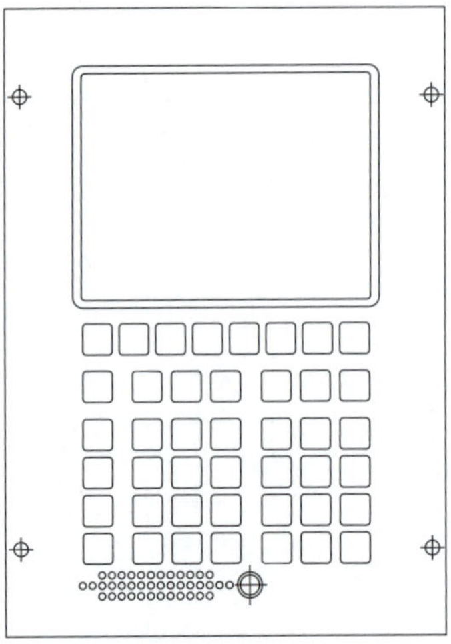

图 11.11　MMI 外形

打印终端采用嵌入式安装方式，通过 RS-422 方式与 MMI 进行通信，并由 MMI 供电。

扬声器包含在打印机里，内阻为 8 Ω，输出为平衡方式，功率 0.5～5 W 可调。

送(受)话器采用紧凑式结构，有两个呼叫按键，当 CIR 工作在 GSM-R 工作模式时，按键 1 定义为“调度”，按键 2 定义为“本站”；当 CIR 工作在 450 MHz 工作模式时，按键 1 定义为“隧道车站”，按键 2 定义为“平原车站”。

天线共有三个，分别为多频段天线、GSM-R 数据天线及 GPS 天线，主要用于接收和发送数据。

机车数据采集编码器安装在机车的 TAX2 箱 DMIS 单元插槽内，通过 TAX2 箱的 DMIS 单元 12 芯插座接口与 GSM-R 机车综合通信设备(GSM-R 模式)或 450 MHz 机车台(400 MHz 模式)连接，设备包含面板、控制板及接口插头。

根据功能模块的选配情况可实现以下相应功能。

(1)具有《列车无线调度通信系统制式及主要技术条件》(TB/T 3052)、《列车无线调度通用式机车电台主要技术条件(V2.0)》规定的机车电台的功能。

（2）具有450 MHz机车电台承载的列车尾部风压、无线车次号、调度命令等数据信息的传输功能。

（3）具有GSM-R调度通信功能。

（4）具有GSM-R通用数据传输功能，根据承载业务的需要提供GPRS或电路方式数据传输链路。

（5）具有《800 MHz列尾和列车安全预警系统主要技术条件（暂行）》中规定的车载电台的功能。

（6）应具备IEEE标准中规定的无线宽带数据传输功能。

（7）具有GSM-R工作模式与450 MHz工作模式自动切换和手动切换功能。

（8）具有向用户提供卫星定位原始信息、公用位置信息的功能（周期2 s）。

（9）操作显示终端应具有调度通信、通用数据传输所需的操作、状态显示以及语音提示功能。

（10）具有主、副MMI之间通话功能。

（11）主机具备信息存储和导出功能。

（12）具有人工系统复位功能。

（13）具有自检功能（故障定位到功能单元），包括450 MHz单元、800 MHz单元、GSM-R单元、GPRS单元、记录单元、卫星定位单元、MMI、TAX2接口，并可将自检结果发送给相关方。

（14）复位重启后设备自动进入原注册状态。

11.3　6A系统

机车车载安全防护系统（简称6A）是针对机车运行过程中危及安全的重要事项，重要部件和部位，通过在前期部分机车已经装用的成熟产品的基础上，完善功能。综合集成而构建的系统化，平台化的机车安全防护系统，用于提高机车防范安全事故的能力。

11.3.1　系统组成

6A系统由中央处理平台和空气制动安全监测子系统、防火监控子系统、高压绝缘检测子系统、列车供电监测子系统、走行部故障监测子系统一、机车自动视频监控及记录子系统6个子系统构成，如图11.12所示。中央处理平台对各子系统进行数据集中、数据管理，并通过数据库进行综合分析。各子系统遵照统一的6A系统通信协议，及其定义的帧格式和数据编码，与中央处理平台通信。

HXN_{3B}型内燃机车是调车内燃机车，不具有受电弓和列车供电系统，因此6A系统中不含有高压绝缘检测子系统和列车供电监测子系统。

中央处理平台统管理所有子系统，统一供电、统一存储和下载数据，中央处理平台采用冗余设计，提高工作可靠性。中央处理平台组成结构如图11.13所示。

各监测子系统设计成独立的插件板或插件箱，插入到中央处理平台进行工作，并在公用的平台下，使用公用的电源、网络、存储器、显示终端等设备，以及统一的机箱、机柜实现对机车环境的统一物理防护。

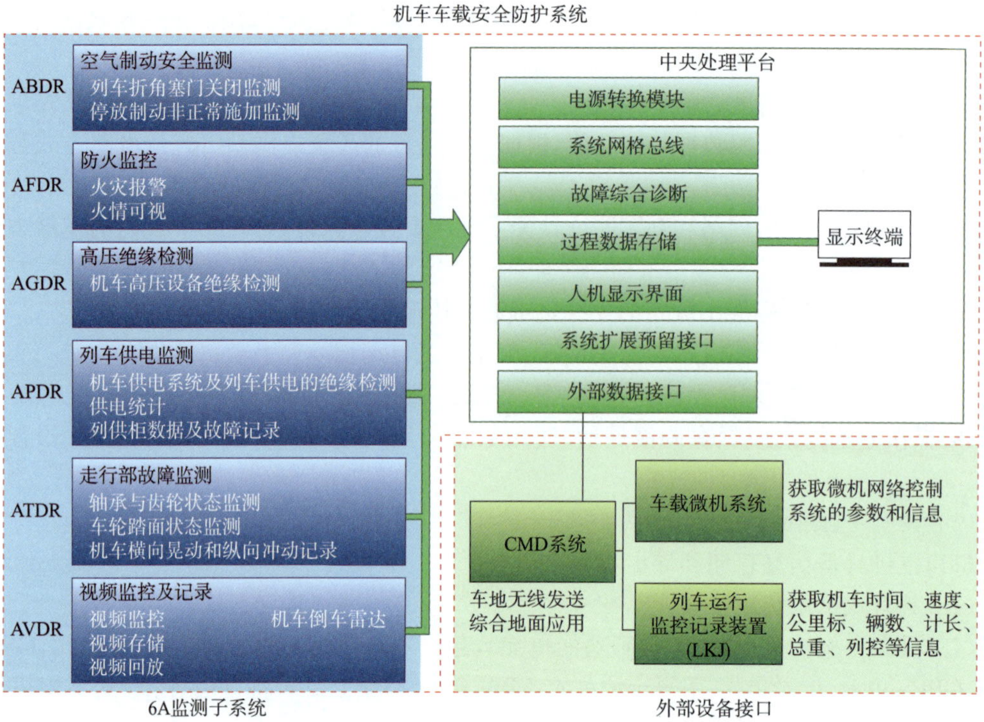

图 11.12　6A 系统构成

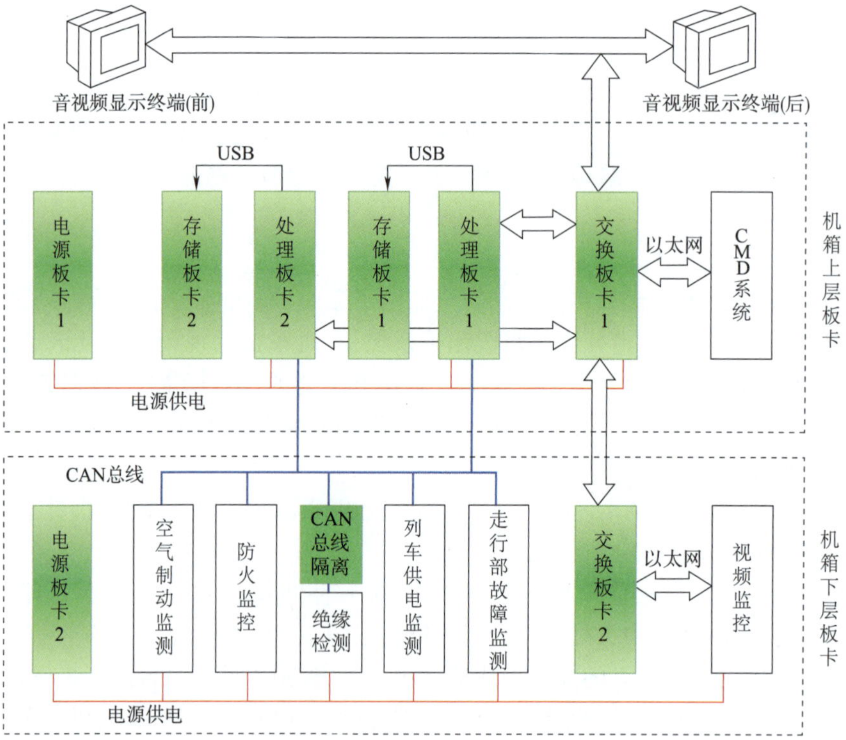

图 11.13　中央处理平台组成结构

11.3.2 系统功能

6A系统具有功能包括监测功能、综合诊断、数据存储、音频显示终端、车地通信(使用CMD)。

11.3.2.1 制动监测

(1)可以监测以下故障:列车折角塞门意外关闭、停放制动非正常施加。

(2)可以采集以下信息:机车速度、列车管充风流量、停放控制模块信息、列车管压力、停放风缸压力。

(3)可以对一下项目进行自检:压力传感器开路、短路故障;压力传感器信号异常与失效;制动检测板卡硬件故障。

(4)应具备的其他功能:发送检测数据与警报给中央处理平台。

(5)制动监测系统报警:制动监测系统设备故障报警,列车折角塞门意外关闭报警,运行中停放制动非正常施加报警。

11.3.2.2 防火监测

(1)可以具备以下功能:应能感应烟雾、热量、光等物理量,当超过限值时,发出火灾报警信息。

(2)监测部位:司机室,电器间,动力间。

(3)可以对以下项目进行自检:火灾探头开路、短路故障;防火监控板卡硬件故障。

(4)防火监控系统具备的其他功能:人工消除本次报警功能;发送监控数据和报警信息给中央处理平台。

(5)防火监测系统报警:防火监控设备自身故障报警;火灾报警。

11.3.2.3 走行部故障检测

(1)具备以下功能:监测轴箱轴承、牵引电机轴承、抱轴轴承、齿轮箱轴承的振动冲击,温度是否超标。

(2)可以对以下项目进行自检:传感器开路故障;走行部监测板卡硬件故障。

(3)报警内容:轴温温升超范围。

(4)走行部监测系统具备的其他功能:发送监测数据和报警信息给中央处理平台。

11.3.2.4 机车自动视频监控及记录

(1)具备的功能:实时图像采集,视频叠加,报警显示,火情可视,视频存储,视频下载,系统自检。

(2)监控部位:前方路况,后方路况,前车钩状况,后车钩状况,司机室,电器间,动力间。

(3)视频监控系统具备的其他功能:接收中央处理平台的操作命令。

(4)操作方法:司机室内共安装两个视频显示终端,可根据屏幕上的提示,通过终端上的按键,调出自己需要的界面。

11.3.2.5 中央处理平台的功能

数据管理、综合诊断报警;

安全信息统一存储。

11.3.2.6 人机交互界面

(1)主界面功能:显示当前发生的报警信息,进行功能设置和相关查询。

(2)视频监控功能:根据操纵指令采用手动选择方式在显示屏上显示指定摄像头的视频或者根据操纵指令可以单画面或4画面的方式进行显示。

(3)监控数据界面功能:根据操纵指令可显示制动监测子系统的数据,防火监控子系统的数据,走行部监测子系统的数据等。

(4)查看历史报警功能:能显示报警时的速度,时间,位置,子系统的名称和报警内容等。

(5)系统设置界面功能:可以设置系统参数,显示系统软件版本,硬件版本,产品系列号等。

11.4 CMD 系统

中国机车远程监测与诊断系统(以下简称 CMD 系统)是我国铁路信息化建设的重要组成部分,满足我国和谐型大功率交流传动机车批量投入运用,长交路、高密度、大运量的运输组织的要求和检修基地建设的需求。

CMD 系统由车载子系统、数据传输子系统和地面综合应用子系统组成。车载子系统能够实现机车安全信息、机车状态信息、机车监测信息的采集、处理及记录,视频信息的采集、处理(仅封装),机车电子履历记录,接收北斗/GPS 定位信息。数据传输子系统能够实现车载子系统采集信息的实时接收并发送给地面综合应用子系统,以及地面综合应用子系统指令信息的实时接收,实现中国铁路总公司、铁路局和机务段/检修段三级间及跨局数据传输。地面综合应用子系统能够实现机车定位、实时状态数据监测、实时故障报警、远程诊断、视频点播、统计分析、机车车载电子履历管理、专家支持系统等功能,通过信息共享和功能接口与外部系统进行数据交互和功能调用。

11.4.1 CMD 车载子系统

CMD 车载子系统包括 LDP、北斗通信天线、多频带组合天线及配套线缆,负责车载数据采集、数据处理、存储及传输,通过数据传输子系统与地面综合应用子系统进行信息交互。LDP 具有可扩展与其他系统的通信接口。

LDP 包括防护记录器、北斗通信天线、多频带组合天线以及无线通信板、北斗/GPS 板、合路器板。

车载子系统总体结构如图 11.14 所示。

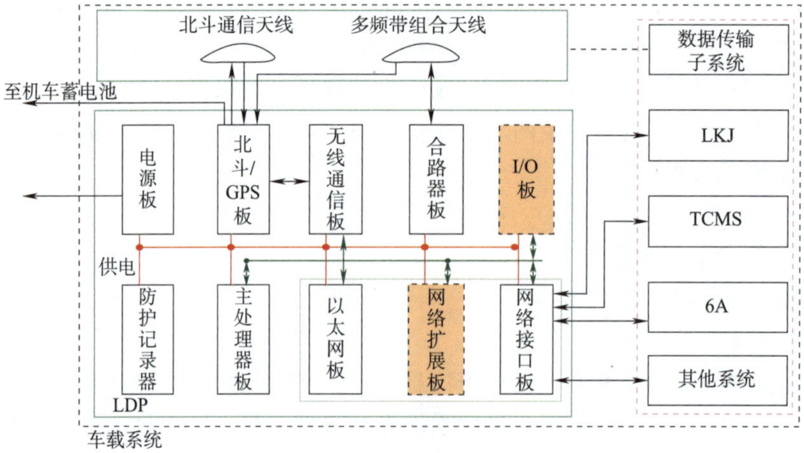

图 11.14 CMD 系统车载子系统结构

CMD 车载子系统可实现以下功能：

(1)数据采集功能：通过以太网接口采集 TCMS 数据，通过以太网采集 6A 系统数据，通过 RS-485 采集 LKJ 数据，通过无线网络获取地面综合应用子系统的远程数据。采集的数据包括：机车状态信息、监测信息、安全信息、定位信息，通过 I/O 接口采集的模拟量、数字量信息，地面综合应用子系统的远程等相关信息。

(2)数据处理功能：具有点播数据处理事件识别与处理、故障数据识别与处理、数据分发处理、文件数据处理、数据记录等功能。

(3)数据传输与转储功能：具有实时信息的加密传输策略、视频信息的加密传输策略、北斗短报文的加密传输策略、断电数据加密回送策略、记录文件的转储策略等功能。

(4)定位功能：具有提供机车位置、速度、时间、公里标等信息的功能，可采用 GPS 信息与 LKJ 公里标信息进行组合定位。

(5)授时功能：通过总线采集 LKJ 的时间信息，实时给 TCMS、6A 系统发送时间信息。当 LKJ 时间信息无效时，采用北斗/GPS 系统时间进行授时。

(6)人机接口功能：可利用 6A 系统音视频显示终端或其他车载显示器进行相应的显示、测试和参数设置。

11.4.2 CMD 数据传输子系统

CMD 数据传输子系统主要用于车地无线实时通信、数据无线转储、内外网数据交换、铁路内网数据传输等车载和地面数据的双向传输。

数据传输子系统的网络由无线和有线两部分组成。无线网络依托 GSM GPRS/3G、4G、GSM-R GPRS、WLAN、北斗，主要完成车载和地面数据传输。有线网络利用已有的铁路综合 IT 网络，主要完成国铁集团公司、铁路局集团公司、机务段/检修段三级网络范围内的数据传输。GSM GPRS/3G、4G、GSM-R GPRS、WLAN 车地通信采用 TCP/IP 协议，北斗车地通信采用短报文方式，铁路内网数据传输采用铁路统一传输平台。MTUP 为应用系统提供在铁路内网和移动公网间传输实时数据的服务，所有通过移动公网进入铁路生产网的应用系统都必须经过 MTUP 接入。数据传输子系统通过 GSM GPRS/3G、GSM-R GPRS、北斗实现车地实时通信，在隧道、山区等无线网络信号没有覆盖的地区将不能正常工作，通过 WLAN 实现车地非实时信息双向传输。

11.4.3 CMD 地面综合应用子系统

CMD 地面综合应用子系统主要由数据处理中心、综合服务平台和运行维护管理三部分组成。地面综合应用子系统按照国铁集团、铁路局集团公司、机务段/检修段、机车制造及修理厂商分层管理架构，为各级用户提供机车运用、故障诊断等管理功能，提供基于业务的数据分析与统计，为其他信息系统提供数据接口。

根据业务需求，地面综合应用子系统部署在国铁集团、铁路局集团公司、机务段/检修段的局域网内，通过权限配置满足不同层级的角色需求。

12 机车使用与维护

12.1 机车操纵说明

12.1.1 地面检查

检查如下项目,如有需要进行处理:

(1)无燃油泄漏、滑油泄漏、漏水或漏风。

(2)无零件松动或脱扣。

(3)机车与机车以及机车与列车的电器控制电缆和空气制动软管的连接正确。

(4)折角塞门和截断塞门位置正确。

(5)转向架上的空气制动缸风管连接到位。

(6)制动闸瓦状态良好。

(7)燃料供应充足。

12.1.2 动力室检查

进入动力间检查和操作动力间设备。检查下列是否正常,如有需要进行处理:

一是检查所有阀门的设置是否正确。二是检查是否有燃油泄漏、滑油泄漏、水或空气泄漏。

12.1.3 空压机检查和干燥器检查

检查空压机润滑油在刻度范围内,润滑油没有乳化现象。检查空压机空滤指示器应为正常状态。检查干燥器电气控制盒上的指示灯为正常状态。

12.1.4 柴油机检查

检查位于柴油机油底壳上的油位尺-油位尺上应涂有油。检查柴油机前部和两侧的燃油系统的接头是否有燃油泄漏。

12.1.5 电气装置的设置

检查和设置操纵端的设备。

(1)前照灯控制开关:根据需要控制相连接的他车。

(2)照明开关:根据需要闭合。

(3)紧急停机按钮:松开:未锁定在紧急停机位置。

(4)隔离开关:启机/停机/隔离,防止柴油机自动升转速超过 2 挡转速。

(5)接地继电器切除开关:闭合(控制杆向上)。

12.1.6 断路器面板的设置

(1)微机控制断路器保持断开(控制杆向下)。

(2)所有带黑色背景铭牌的断路器,包括柴油机控制断路器—闭合(控制杆向上)。

(3)其余断路器:按要求闭合(控制杆向上)。

(4)闭合微机控制断路器(控制杆向上)。

12.1.7 司机操纵台的设置

(1)控制器控制手柄:在 IDLE(惰转)位。

(2)控制器换向手柄:在中间位。

(3)燃油泵控制开关:接通(滑杆向上)。

(4)柴油机运行开关:断开(滑杆向下)。

(5)主发励磁开关:断开(滑杆向下)。

(6)电阻制动控制开关:闭合(滑杆向上)。

(7)其余操纵台装置:根据需要设置。

12.1.8 空气制动设置

(1)检查均衡风缸设定压力,作为调车机车通常设定值为 500 kPa。通过机车微机显示屏可以调整均衡风缸的定压。

(2)检查单独制动阀全制动时压力应为 300 kPa±15 kPa。

(3)在机车微机显示屏继续设定:操纵端、投入、货车、不补风。

(4)停放制动气路板中塞门处于开通位置。

(5)制动管路中的所有截断塞门处于正常工作状态。

12.1.9 启机柴油机

机车柴油机采用的是空气启动系统。在启动柴油机之前,要检查柴油机冷却水温度高于 4 ℃。在某些情况下,比如柴油机停机超过 48 h 或者更换了机油滤清器,需要在 FIRE 显示屏上操作机车预润滑。而且必须运行两次完整的预润滑循环,第一循环填充过滤器腔体、机油冷却器和管路,第二循环真正预润滑柴油机。

当完成预润滑操作(如果需要),司机需确认断路器面板上断路器按照规定闭合,"隔离开关"位于"启机/隔离"位,白色滑动开关"燃油泵开关"位于"开"位置,FIRE 显示屏中无影响启动柴油机的提示信息等。

正常的柴油机启动程序包括燃油启动系统、柴油机启机报警,柴油机启动。除非出现故障或者按下柴油机停机按钮,这个启动程序会依顺序进行直到柴油机启动。电动燃油泵将持续运转 30 s,燃油启动系统结束,启动报警响起长达 5 s,以警告相关人员柴油机即将启动。报警结束后,DLPUS 控制空气启动马达使启动齿轮啮合到柴油机齿轮上,在微机得到啮合完好的反馈后,微机控制启动齿轮转动。

启动马达开始盘动柴油机，当转速达到 30 r/min 时，柴油机控制器控制柴油机开始喷射柴油，柴油机随即发火启动。当柴油机转速达到 90 r/min 时，DLPUS 控制四个电磁阀全部关断，启动马达的啮合齿轮缩回。一切正常情况下，柴油机将以 325 r/min 的转速惰转运行。

12.1.10 发车前试验

在机车发车之前，除列车正常自检之外，建议完成三项机车自测试。惩罚制动试验、超速惩罚制动试验、警惕试验。这三个自测试均在微机显示屏操作的机车维护菜单内完成。依照显示屏的指示，满足相关测试条件，微机将据此来判断机车是否能执行惩罚制动，是否能在超速的时候惩罚制动，警惕功能是否正常。

12.1.11 机车启动

当准备完毕后，进行如下操作启动机车或牵引列车：

(1)机控开关(隔离开关)置于运行位。

(2)换向手柄置于需要的方向，前进或者后退。

(3)将柴油机运行开关和主发励磁开关置于开位。

(4)提升主手柄至 1 位，在 FIRE 显示屏上确认机车牵引力，缓解大小闸。

(5)根据列车负载选择逐渐提升牵引挡位直至列车移动。列车被拖拽着移动后，再根据需要提升控制手柄。由于黏着控制系统能够很好的控制轻微的打滑，显示屏上牵引力较正常水平偏低，只要没有空转报警可以忽略。

12.1.12 蠕滑控制和空转控制

牵引电机的控制由两个子功能构成，即蠕滑控制和空转控制。蠕滑控制能使机车车轮比对地速度稍快一些，在轨面条件不理想时，这种控制可以得到最大的牵引力和电阻制动力。一旦蠕滑系统故障，如轨面条件太差或者雷达故障，机车无法连续的进行蠕滑控制，机车将自动调制扭矩以适应各种柜面环境，同时自动撒沙系统也会激活改善轨面黏着。在机车空转控制系统工作时，牵引力可能有一定程度的波动，空转灯也将据实报警，在这种情况下，除非机车发生严重倾斜或有断钩的危险，否则不要降低手柄位。车轮打滑和空转并不需要司机立刻采取行动。

有一种情况是非常危险的故障，需要司机立刻采取行动，这就是抱轮。机车微机系统通过雷达对地速度和每个轴上的转速判断某个或者多个轴出现抱轮现象，机车微机将立刻空转灯报警并卸载。随后，机车微机报警，显示屏显示“××抱轮—停止机车，并检查车轮是否自由运转”。出现这样的情况，司机应当停车按照铁路规定采取恰当的措施。当故障清除后，可以在显示屏上对本条故障进行复位。如经过判断，并非是车轮真的抱死而是车轮转速检测环节故障导致的误报，可以在 FIRE 显示屏上操作切除该轴的锁轴检测。依据相关铁路规程决定是否能正常行车。

12.1.13 电阻制动

机车在 1～43 km/h 的速度范围内能够产生恒定的最大电阻制动力。当速度超过 43 km/h

后，电阻制动力随速度的增加而逐渐减小。如 1 号转向架被切除，机车仍然具有电阻制动功能。如果 2 号转向架切除，因为制动电阻冷却风机的原因，微机将控制机车不能使用电阻制动。

实施电阻制动按如下步骤操作：

(1)换向手柄必须与机车运动方向一致；

(2)主手柄回惰转位；

(3)将主手柄至设置位；

(4)提拉手柄到设置位以下，开始实施电阻制动，随着电阻制动挡位从 1 到 8，电阻制动力也随之增大。

12.1.14 切除故障转向架

当摸个转向架电机被切除后，机车牵引力将是正常情况的 55%。当 1 号转向架被切除，机车电阻制动力为正常情况的 50%，当 2 号转向架切除时，无法使用电阻制动。

切除的操作如下：

(1)在 FIRE 显示屏选择机车数据；

(2)选择牵引切除，出现牵引状态界面；

(3)在这个界面，可以切入或者切除特定的转向架。

12.1.15 蓄电池移车

机车可以以 5 km/h 的速度执行蓄电池移车。

按照如下步骤设置机车：

(1)柴油机停机；

(2)总风压力大于 414 kPa；

(3)环节停车制动；

(4)蓄电池闸刀闭合；

(5)机车实施空气制动。

完成以上设置后，在 FIRE 显示屏上选择蓄电池动车界面，完成如下操作：

(1)机控(隔离开关)置于运行位；

(2)换向手柄置于想要移动的方向；

(3)缓解制动；

(4)移动主手柄至 1 位，机车将产生牵引力；

(5)根据需要实施空气制动使机车停车。

12.2 机车维护与检查

机车的维护与检查是为了保持和恢复机车完成运营规定功能的能力而采取的技术活动。机车采用的是以定期维修为主，以检查和检修相结合的综合维修制度。

12.2.1 定期维修

12.2.1.1 维修等级及间隔期

HXN3B 型内燃机车检修修程和检修周期见表 12.1。

表 12.1 维修等级及间隔期

检修修程		检修周期
		时间
	日常检查	每次机车出入库
C1	C1 修	不超过 3 个月
C2	C2 修	不超过 6 个月
C3	C3 修	不超过 1 年
C4	C4 修	不超过 3 年
C5	C5 修	不超过 5 年
C6	C6 修	不超过 10 年
UM		计划外维修

表中，C1～C6 属定期维修(或预防性维修)；UM 为计划外维修(或修复性维修)，故障维修和改善维修均属于计划外维修。

12.2.1.2 各级检修修程的主要维修工作

日常检查：机车日常出入库整备。

C1 修：机车例行检查和保养，利用机车自检系统进行故障诊断，按状态修理。

C2 修：机车关键部件重点检查维修，有针对性地恢复机车运行可靠性。

C3 修：机车关键部件重点检查维修，有针对性地恢复机车运行可靠性。

C4 修：机车主要部件检查，性能参数测试，修复不良状态部件，恢复机车可靠质量状态。

C5 修：机车主要部件分解检修，性能参数测试，恢复机车可靠质量状态。

C6 修：机车全面分解检修，全面性能参数测试，恢复基本性能，可同时进行机车或主要部件的技术提升。

计划维修以外发生的所有维修活动，均属于计划外维修。

12.2.1.3 检查次序

HXN3B 型内燃机车的检查和维护工作按以下次序进行。

(1)按时间次序

在每个维修等级中，机车按时间次序进行的维修工作次序如下：

柴油机不运转静态的检查→柴油机运转状态下的检查→无柴油机运转下下的维修工作→柴油机不运转下静态的检查→柴油机运转下的最后检查。

(2)按区域次序

在特殊的维修等级中，机车按区域次序进行的维修工作次序如下：

准备→辅助室→司机室→电气室→车顶设备→通风室→动力室→冷却室→制动室→机车外部→机车下部→结束。

12.2.1.4 维护与检查的安全注意事项

为确保人身安全，机车的维护检查人员必须是经过培训的资质人员。必须严格遵守检查与维护指导的安全注意事项。在对柴油机、辅助系统进行工作时，柴油机必须停机，待冷却后开始作业。在对高压设备进行工作时，必须按电器放电程序将机车可靠放电。主发、相模块包含有大电容器，即使机车已经停机，这些电容器可以在较长时间（几个小时）内带有危险的高压。应对有电容的电器进行放电。当机车处于有电的接触网下时，不要登机车车顶。在对空气管路系统执行任务时，必须排空压缩空气。刚停止工作的电器、柴油机、辅助系统可能温度很高，应注意防止烫伤。

12.2.1.5 检查与检修项目及周期

HXN_{3B}型内燃机车检查与检修项目及周期见表 12.2。

表 12.2 HXN_{3B}型内燃机车主要部件检查与检修项目及周期

序 号	检 修 内 容	日常检查	C1级修	C2级修	C3级修	C4级修	C5级修	C6级修	计划外维修
1	车外设备								
1.1	车体								
1.1.1	前窗玻璃								
	加热系统功能检查		√	√	√	√	√	√	
	检查温控器		√	√	√	√	√	√	
	检查前窗玻璃四周密封状态					√	√	√	
1.1.2	刮雨器								
	刮雨器外观检查安装状态		√	√	√	√	√	√	
	刮雨器控制开关，旋动控制开关，工作灵敏			√	√	√	√	√	
	阀体分总成，阀体内密封状态				√	√	√	√	
	缸体分总成，缸体内密封状态				√	√	√	√	
	刷杆分总成与雨刮轴连接处是否紧固		√	√	√	√	√	√	
	刮片更新			√	√	√	√	√	
1.1.3	司机室座椅								
	座椅调节功能检查	√	√	√	√	√	√		
	座椅安装状态检查			√	√	√	√	√	
	检修坐垫滑轨部分						√	√	
	检修坐垫部件						√	√	
	检修靠背架总成						√	√	
	检修手柄上各回位弹簧件					√	√	√	
	检修靠背扭簧					√	√	√	
	检修座椅升降回位弹簧功能情况				√	√	√	√	
	座椅旋转调节机构功能						√	√	
	检修移动底座功能情况					√	√	√	

续上表

序　号	检 修 内 容	日常检查	C1级修	C2级修	C3级修	C4级修	C5级修	C6级修	计划外维修
	座椅更新							√	
1.1.4	司机室门								
	门锁开、关门功能正常，不得有卡滞、别劲等异常，门锁安装牢固		√	√	√	√	√	√	
	门扇表面有无损伤		√	√	√	√	√	√	
	铰链松动、破损		√	√	√	√	√	√	
	门扇、门框密封胶条须密封性检查			√	√	√	√	√	
	门玻璃表面洁净度、安装检查		√	√	√	√	√	√	
1.1.5	侧拉窗								
	清洁玻璃		√	√	√	√	√	√	
	润滑导轨		√	√	√	√	√	√	
	检查密封性		√	√	√	√	√	√	
	侧拉窗的滑动情况		√	√	√	√	√	√	
1.1.6	顶盖								
	外观检查		√	√	√	√	√	√	
	紧固件检查		√	√	√	√	√	√	
	排障器								
	外观检查		√	√	√	√	√	√	
	紧固件检查		√	√	√	√	√	√	
	排障器距柜面高度检查		√	√	√	√	√	√	
	蓄电池箱								
	门锁检查		√	√	√	√	√	√	
	紧固件、密封件检查		√	√	√	√	√	√	
	零部件状态检查		√	√	√	√	√	√	
1.2	钩缓系统								
1.2.1	车钩								
	目视检查	√	√	√	√	√	√	√	
	车钩三态检查	√	√	√	√	√	√	√	
	尺寸检查(车钩和连接体)		√	√	√	√	√	√	
	探伤检查		√	√	√	√	√	√	
	检查各部位螺栓、开口销	√	√	√	√	√	√	√	
	钩舌、钩舌销、钩锁、推铁、钩舌销孔衬套、下锁销组成更新							√	
1.2.2	缓冲器								
	目视检查	√	√	√	√	√	√	√	

续上表

序　号	检 修 内 容	日常检查	C1级修	C2级修	C3级修	C4级修	C5级修	C6级修	计划外维修
	尺寸检查					√	√	√	
	橡胶片检查					√	√		
	连接体探伤检查					√	√	√	
	缓冲器从板与前后座不许有贯通间隙					√	√	√	
	橡胶片、定位铁、钩尾销、复原块、钩尾销孔衬套更新							√	
2	车下设备								
2.1	转向架								
2.1.1	转向架构架								
	目视检查各焊缝及螺纹孔状态良好	√	√	√	√	√	√	√	√
	转向架解体检查						√	√	
	构架各焊缝进行磁粉探伤						√	√	
	重新油漆						√	√	
2.1.2	轮对及轴箱装置								
2.1.2.1	轮对								
	外观检查	√	√	√	√	√			√
	尺寸检查		√	√	√	√	√	√	√
	车轮轮辋进行超声波探伤检查		√	√	√	√			
	车轮踏面恢复性镟修			√	√	√			
	车轮解体检修						√	√	√
	车轴检修						√	√	√
	车轮更新						√	√	√
2.1.2.2	轴箱组装								
	机车车载安全防护系统(6A 系统)地面专家诊断分析		√	√	√	√			
	轴箱轴承、抱轴箱轴承动态检测				√	√			
	更新轴承单元						√	√	
	更新拆卸的紧固件、O 形橡胶圈						√	√	
	轴箱体探伤检查						√	√	
	减振垫更新						√	√	
2.1.3	驱动装置								
	机车车载安全防护系统(6A 系统)检查	√	√	√	√	√			
	更新拆卸的紧固件、O 形橡胶圈						√	√	
	例行试验						√	√	
2.1.3.1	抱轴箱装置								

续上表

序　号	检 修 内 容	日常检查	C1 级修	C2 级修	C3 级修	C4 级修	C5 级修	C6 级修	计划外维修
	抱轴承补脂				√	√	√	√	√
	抱轴箱体探伤检查							√	√
	更新抱轴承							√	√
2.1.3.2	主、从动齿轮及齿轮箱								
	主、从动齿轮轮齿磁粉探伤检查						√	√	√
	齿轮箱油位检查	√	√	√	√	√	√	√	√
	清洗磁性螺堵		√	√	√	√	√	√	√
	更新齿轮油		√	√	√	√	√	√	√
	清洗齿轮箱						√	√	√
	更新密封垫和O形圈						√	√	√
2.1.4	电机悬挂								
	外观检查	√	√	√	√	√			
	解体检查						√	√	
	更新橡胶关节						√	√	
	更新拆卸的紧固件						√	√	√
	电机吊杆探伤检查						√	√	
2.1.5	一、二系悬挂								
2.1.5.1	一系悬挂								
	外观检查	√	√	√	√	√	√	√	
	解体检查						√	√	
	一系弹簧探伤检查						√	√	
	更新橡胶关节						√	√	
	更新一系弹簧橡胶垫						√	√	
	一系垂向减振器检修						√	√	
	一系垂向减振器外观检查	√	√	√	√	√	√	√	
	更新拆卸的紧固件						√	√	√
2.1.5.2	二系悬挂								
	外观检查	√	√	√	√	√	√	√	
	解体检查						√	√	
	拆检二系弹簧，弹簧探伤检查						√	√	
	更新二系弹簧橡胶垫						√	√	
	二系横向、垂向减振器检修						√	√	
	止挡检修						√	√	
	更换拆卸的紧固件						√	√	√

续上表

序 号	检 修 内 容	日常检查	C1级修	C2级修	C3级修	C4级修	C5级修	C6级修	计划外维修
	更新橡胶旁承						√	√	√
2.1.6	牵引装置								
	外观检查	√	√	√	√	√	√	√	√
	解体检查					√	√	√	
	牵引销锥部及根部过渡圆角、牵引杆磁粉探伤					√	√	√	
	更自润滑球轴承						√	√	
	更新橡胶关节					√	√	√	
	更新拆卸的紧固件、O形密封圈					√	√	√	√
2.2	轴端接地装置								
	检查接地状态	√	√	√	√	√	√	√	
	开盖检查2、5轴接地装置				√	√	√	√	
	更新绝缘件、密封件						√	√	
	检查铜轴及圆锥弹簧状态						√	√	
	更新铜轴及圆锥弹簧等						√	√	
2.3	牵引电机进风道								
	检查进风道密封状态	√	√	√	√	√	√	√	
	更新进风道						√	√	
2.4	基础制动装置								
	目视各紧固件齐全、完好，防缓线无移动	√	√	√	√	√	√	√	
	检查制动单元动作	√	√	√	√	√	√	√	
	检查闸瓦状态	√	√	√	√	√	√	√	
	闸瓦掉块面积不大于5%，厚度符合限度要求						√	√	
	制动单元检修						√	√	
2.5	附件装配								
	检查各紧固件齐全、完好、紧固	√	√	√	√	√	√	√	
	检查扫石器状态	√	√	√	√	√	√	√	
	撒砂装置应作用良好，空气和撒砂管路畅通，调整扫石器和撒砂喷嘴至轨面高度	√	√	√	√	√	√	√	
	检查喷嘴及进风软管和进脂软管状态	√	√	√	√	√	√	√	
	检查油脂罐内油脂，如油脂少于1/3则需重新加脂	√	√	√	√	√	√	√	
	清洗油脂罐，清除杂质和沉积油垢						√	√	
3	辅助系统、辅助机组								

续上表

序　号	检 修 内 容	日常检查	C1级修	C2级修	C3级修	C4级修	C5级修	C6级修	计划外维修
3.1	燃油系统								
3.1.1	燃油系统管路、各阀及附件								
	检查燃油系统管路、截止阀、逆止阀及安全阀安装状态,无泄漏	√	√	√	√	√	√	√	
	解体检修燃油系统各阀						√	√	
	更新橡胶软管及密封件						√	√	
3.1.2	启动燃油泵								
	检查安装、运行状态,无泄漏	√	√	√	√	√	√		
	泵机组更新							√	
3.1.3	燃油粗滤器								
	检查安装状态,无泄漏	√	√	√	√	√	√	√	
	清洗滤芯		√	√	√	√	√	√	
	清洗壳体内腔					√	√	√	
3.1.4	燃油精滤器								
	检查安装状态,无泄漏	√	√	√	√	√	√	√	
	更新滤芯		√	√	√	√	√	√	
	更新密封件					√	√	√	
	清洗壳体内腔并防锈处理					√	√	√	
	密封性能试验						√	√	
3.1.5	燃油预热器								
	检查安装状态,无泄漏,预热功能正常	√	√	√	√	√	√	√	
	更新恒温阀元件					√	√	√	
	清洗、防锈处理,密封性能试验。泄漏时,堵管数按照相关技术规定						√	√	
3.2	机油系统								
3.2.1	机油系统管路、各阀及附件								
	检查机油系统管路、截止阀、逆止阀及安全阀安装状态,无泄漏	√	√	√	√	√	√	√	
	解体检修机油系统各阀						√	√	
	更新橡胶软管及密封件						√	√	
3.2.2	机油粗滤器								
	检查安装状态,无泄漏	√	√	√	√	√	√	√	
	清洗滤芯		√	√	√	√	√	√	
3.2.3	机油精滤器								
	检查安装状态,无泄漏	√	√	√	√	√	√	√	

续上表

序号	检修内容	日常检查	C1级修	C2级修	C3级修	C4级修	C5级修	C6级修	计划外维修
	更新滤芯		√	√	√	√	√	√	
	更新密封件					√	√	√	
	清洗壳体内腔并防锈处理					√	√	√	
3.2.4	增压器滤清器								
	检查安装状态,无泄漏	√	√	√	√	√	√	√	
	更新滤芯		√	√	√	√	√	√	
3.2.5	启动机油泵电机组								
	检查安装状态,运行状态,无泄漏	√	√	√	√	√	√	√	
	更新联轴节中间的橡胶垫					√	√	√	
	更新电机组							√	
	解体检修机油泵							√	
3.2.6	机油热交换器								
	检查安装状态,运行状态,无泄漏	√	√	√	√	√	√	√	
	清洗、防锈处理,密封性能试验。泄漏时,堵管数按照相关技术规定						√	√	
3.3	冷却水系统								
3.3.1	冷却水系统管路、各阀及附件								
	检查燃油系统管路、法兰、管卡、截止阀安装状态,无泄漏	√	√	√	√	√	√	√	
	解体检修冷却水系统各阀						√	√	
	更新橡胶软管及密封件						√	√	
3.3.2	散热器								
	检查安装状态,无泄漏	√	√	√	√	√	√		
	散热表面清扫					√	√	√	
	进口滤网清洁					√	√	√	
	检查防护网状态					√	√	√	
	清洗、防锈处理,密封性能试验					√	√	√	
	泄漏时,堵管数按照相关技术规定						√	√	
3.3.3	膨胀水箱								
	检查安装状态,液位指示名牌刻度及字体清晰,无泄漏	√	√	√	√	√	√	√	
	检查液位计功能	√	√	√	√	√	√	√	
	水箱压力阀更新					√	√	√	
	防锈处理					√	√	√	
3.3.4	冷却水								

续上表

序　号	检 修 内 容	日常检查	C1级修	C2级修	C3级修	C4级修	C5级修	C6级修	计划外维修
	定期检查冷却水成分是否符合技术要求		√	√	√	√	√	√	
3.4	进气及通风系统								
3.4.1	空气滤清器、惯性过滤器								
	检查安装状态	√	√	√	√	√	√	√	
	清洁空气滤清器、惯性过滤器,更新空气滤清器滤芯		√	√	√	√	√	√	
3.4.2	电气柜滤清器								
	检查安装状态	√	√	√	√	√	√	√	
	清洁电气柜滤清器,更新电气柜滤清器滤芯		√	√	√	√	√	√	
3.4.3	Ⅰ架牵引电动机通风机组								
	检查安装状态、运行状态	√	√	√	√	√	√	√	
3.4.4	Ⅱ架牵引电动机通风机组								
	检查安装状态、运行状态	√	√	√	√	√	√	√	
3.4.5	主副发电机通风机组								
	检查安装状态、运行状态	√	√	√	√	√	√	√	
3.4.6	电器柜-除尘通风机组								
	检查安装状态、运行状态	√	√	√	√	√	√	√	
3.4.7	动力室通风机组								
	检查安装状态、运行状态	√	√	√	√	√	√	√	
3.5	辅助机组电机								
3.5.1	冷却风扇电机组								
	检查安装状态、运行状态	√	√	√	√	√	√	√	
	电机解体检修						√	√	
3.5.2	Ⅰ架牵引电动机通风机组电机								
	检查安装状态、运行状态	√	√	√	√	√	√	√	
	电机轴承补脂		√	√	√	√	√	√	
	电机解体检修						√	√	
3.5.3	Ⅱ架牵引电动机通风机组电机								
	检查安装状态、运行状态	√	√	√	√	√	√	√	
	电机轴承补脂		√	√	√	√	√	√	
	电机解体检修						√	√	
3.5.4	主副发电机通风机组电机								
	检查安装状态、运行状态	√	√	√	√	√	√	√	
	电机轴承补脂		√	√	√	√	√	√	
	电机解体检修						√	√	

续上表

序　号	检 修 内 容	日常检查	C1级修	C2级修	C3级修	C4级修	C5级修	C6级修	计划外维修
3.5.5	电器柜-除尘通风机组电机								
	检查安装状态、运行状态	√	√	√	√	√	√	√	
	电机轴承补脂		√	√	√	√	√	√	
	电机解体检修						√	√	
3.5.6	动力室通风机组电机								
	检查安装状态、运行状态	√	√	√	√	√	√	√	
	电机解体检修					√	√	√	
4	柴油机								
4.1	机体及油底壳								
	检查外观状态	√	√	√	√	√	√	√	
	检查螺栓状态	√	√	√	√	√	√	√	
	更新润滑油		√	√	√	√	√	√	
	检查油底壳状态		√	√	√	√	√	√	
	探伤						√	√	
	检测关键尺寸						√	√	
	更新密封垫圈						√	√	
	可扩孔镶套螺纹孔							√	
4.2	曲轴及主轴瓦								
	检查外观状态		√	√	√	√	√	√	
	检查横动量					√	√	√	
	检查主轴承盖					√	√	√	
	检查全部位置						√	√	
	探伤						√	√	
	检测关键尺寸						√	√	
	更新关键部件						√	√	
	检修减振器						√	√	
	压力试验							√	
4.3	动力组								
	检查性能	√	√	√	√	√	√	√	
	检查外观状态	√	√	√	√	√	√	√	
	开盖检查部件状态		√	√	√	√	√	√	
	检查下部部件状态		√	√	√	√	√	√	
	检查连杆状态			√	√	√	√	√	
	雾化试验			√	√	√	√	√	

续上表

序 号	检 修 内 容	日常检查	C1级修	C2级修	C3级修	C4级修	C5级修	C6级修	计划外维修
	更新胶管				√	√	√	√	
	抽检动力组					√	√	√	
	更换主要部件					√	√	√	
	校验力矩					√	√	√	
	更新主要部件						√	√	
	探伤						√	√	
	水压试验						√	√	
	检测关键尺寸						√	√	
	更新主要部件							√	
4.4	凸轮轴及凸轮随动机构								
	检查表面状态						√	√	
	探伤						√	√	
	检测关键尺寸						√	√	
	更新关键部件						√	√	
4.5	传动机构								
	检查外观状态		√	√	√	√	√	√	
	检查表面状态						√	√	
	更新关键部件						√	√	
	探伤						√	√	
	检查性能状态						√	√	
4.6	凸轮轴箱、泵支承箱								
	检查外观状态		√	√	√	√	√	√	
	检查螺栓状态		√	√	√	√	√	√	
	探伤						√	√	
	更新关键部件						√	√	
	可扩孔配套							√	
4.7	增压器								
	检查外观状态	√	√	√	√	√	√	√	
	检查螺栓状态	√	√	√	√	√	√	√	
	螺栓力矩校验			√	√	√	√	√	
	清洁内部通道					√	√	√	
	检修增压器						√	√	
	更新部件						√	√	
4.8	中冷器								

续上表

序　号	检 修 内 容	日常检查	C1级修	C2级修	C3级修	C4级修	C5级修	C6级修	计划外维修
	检查外观状态	√	√	√	√	√	√	√	
	检查螺栓状态		√	√	√	√	√	√	
	开盖检查并清洁			√	√	√	√	√	
	清洗芯组					√	√	√	
	更新橡胶件						√	√	
4.9	进气道、排气管								
	检查外观状态	√	√	√	√	√	√	√	
	检查螺栓状态		√	√	√	√	√	√	
	探伤					√	√	√	
	更新关键部件					√	√	√	
	压力试验						√	√	
	除垢						√	√	
	更新密封件					√	√	√	
4.10	机油系统								
	检查外观状态	√	√	√	√	√	√	√	
	检查螺栓状态		√	√	√	√	√	√	
	检修机油泵						√	√	
	清洁						√	√	
	探伤						√	√	
	压力试验						√	√	
4.11	冷却水系统								
	检查外观状态	√	√	√	√	√	√	√	
	检查螺栓状态		√	√	√	√	√	√	
	检测冷却液		√	√	√	√	√	√	
	更换冷却液				√	√	√	√	
	检修水泵						√	√	
	清洗管路						√	√	
	更新软管及密封件							√	
4.12	燃油系统								
	检查外观状态	√	√	√	√	√	√	√	
	检查螺栓状态		√	√	√	√	√	√	
	更新软管					√	√	√	
	检修燃油泵						√	√	
	更新传感器						√	√	

续上表

序　号	检 修 内 容	日常检查	C1级修	C2级修	C3级修	C4级修	C5级修	C6级修	计划外维修
	更新线束						√	√	
	检查电喷控制器							√	
4.13	油气分离器								
	检查外观状态	√	√	√	√	√	√	√	
	清理积碳		√	√	√	√	√	√	
	更新关键部件				√	√	√	√	
4.14	联轴节和启动系统								
	检查外观状态	√	√	√	√	√	√	√	
	检查螺栓紧固状态		√	√	√	√	√	√	
	检查油脂状态		√	√	√	√	√	√	
	更新关键部件						√	√	
	探伤						√	√	
5	制动系统								
5.1	主压缩机组								
	检查真空指示器,决定滤芯是否更换	√	√	√	√	√	√	√	
	检查油位,缺油加油	√	√	√	√	√	√	√	
	清洗冷却器				√	√	√	√	
	更换油过滤器				√	√	√	√	
	更换新滤芯				√	√	√	√	
	更换新油					√	√	√	
	机头解体检修						√	√	
	电机轴承更新						√	√	
	单台性能试验						√	√	
5.2	干燥器								
	检查电控器各指示灯工作正常	√	√	√	√	√	√	√	
	检查排气阀排气正常	√	√	√	√	√	√	√	
	检查电磁阀无漏风	√	√	√	√	√	√	√	
	更新密封件					√	√	√	
	更新干燥剂						√	√	
	单台性能试验					√	√	√	
5.3	辅助压缩机组								
	检查工作状态及泄漏	√	√	√	√	√	√	√	
	更新辅助空压机							√	
5.4	制动柜								

续上表

序号	检修内容	日常检查	C1级修	C2级修	C3级修	C4级修	C5级修	C6级修	计划外维修
	检查制动柜各部件状态	√	√	√	√	√	√	√	
	更新滤芯和密封圈				√	√	√	√	
	密封件、密封圈					√	√	√	
	各阀类解体检修						√	√	
	更新各模块橡胶件						√	√	
5.5	风缸及空气管路系统								
	检查管路、软管，安装状态，不许漏泄	√	√	√	√	√			
	检查各塞门状态，不许泄漏	√	√	√	√	√	√		
	总风软管、列车软管、制动缸平均软管气密性试验		√	√	√	√	√	√	
	更新软管。更新拆解的管路接头密封件						√	√	
	总风管、列车管折角塞门橡胶件更新						√		
	总风缸及其压缩空气管路泄漏试验						√		
	各风缸水压试验，总风缸焊缝须进行探伤检查							√	
	折角塞门、拉接塞门、截断塞门解体检修							√	
	其他空气软管更新，拆解管路接头的密封件更新，车下管件更新							√	
5.6	停车制动指示器								
	检查制动、停车制动指示器安装状态，功能状态，不许有漏泄	√	√	√	√	√	√		
	停车制动指示器的密封件更新							√	
6	电气设备								
6.1	牵引电动机								
	紧固件检查		√	√	√	√	√	√	
	检查牵引电机有无外部损伤		√	√	√	√	√	√	
	电机内、外部清洁		√	√	√	√	√	√	
	风道连接完好		√	√	√	√	√	√	
	排水孔不许堵塞		√	√	√	√	√	√	
	补充非传动端轴承润滑脂				√	√	√	√	
	检查定子绕组绝缘电阻和绕组电阻					√	√	√	
	电机解体、清洗						√	√	
	检查定子绕组绝缘电阻和绕组电阻					√	√	√	
	检查轴承状态					√	√	√	
	机座悬挂和抱轴部位磁粉探伤						√	√	

续上表

序　号	检 修 内 容	日常检查	C1级修	C2级修	C3级修	C4级修	C5级修	C6级修	计划外维修
	清洗加油盒						√	√	
	测量绕组直流电阻						√	√	
	电机静态试验					√	√	√	
	例行试验						√	√	
	轴承更新						√	√	
6.2	主辅发电机								
	外观检查		√	√	√	√	√	√	
	检查紧固件状态		√	√	√	√	√	√	
	通过观察孔进行检查		√	√	√	√	√	√	
	检查牵引发电机各接线端子、卡子、线把及安装座安装状态		√	√	√	√	√	√	
	检查牵引发电机集电环状态良好		√	√	√	√	√	√	
	更换牵引发电机电刷					√	√	√	√
	轴承补脂				√	√	√	√	
	例行试验					√	√	√	
	更新轴承							√	
6.3	制动电阻装置								
	外观检查		√	√	√	√	√	√	
	检查紧固状态		√	√	√	√	√	√	
	检查线缆连接状态		√	√	√	√	√	√	
	检查电阻制动风机电机整流子、换向器、电刷状态				√	√	√	√	
	更新电阻制动风机电机电刷						√	√	√
	更新换向器						√	√	√
	测量风机绕组绝缘值					√	√	√	
	检查轴承状态，不良更新					√	√	√	
	更新轴承						√	√	√
	电机温升试验					√	√	√	
	电阻带的冷态直流电阻测量					√	√	√	
	连线检查					√	√	√	
	例行试验						√	√	
6.4	司机控制器								
	检查安装状态良好，主手柄及换向手柄，在各个位置作用正常	√	√	√	√	√	√	√	

续上表

序 号	检 修 内 容	日常检查	C1级修	C2级修	C3级修	C4级修	C5级修	C6级修	计划外维修
	机械连锁锁闭正确,作用可靠,操作灵活。手柄在规定位置能取出或插入	√	√	√	√	√	√	√	
	清扫各部件,驱动机构加防护油脂后进行组装			√	√	√	√	√	
	弹簧及弹片检查			√	√	√	√	√	
	更新弹片组件及球弹簧柱塞					√	√	√	√
	联锁触头盒清洁,转换位符合要求					√	√	√	
	联锁触头盒触头接触电阻阻值测量					√	√	√	
	更新联锁触头盒						√	√	√
	检查开关闭合状态					√	√	√	
	测量手柄位置对应的电位器输出电压值					√	√	√	
	更新电位器						√	√	√
6.5	蓄电池								
	蓄电池单节外观检查		√	√	√	√	√	√	
	电缆、连接件连接状态检查		√	√	√	√	√	√	
	开路电压测量		√	√	√	√			
	外观清洁				√	√			
	均衡充电				√	√			
	容量检测				√	√			
	更新蓄电池						√	√	√
6.6	6A 系统								
	外观检查	√	√	√	√	√	√	√	
	电源箱通电检查	√	√	√	√	√	√	√	
	主机通电自检	√	√	√	√	√	√	√	
	音视频显示终端通电自检	√	√	√	√	√	√	√	
	线缆及安装状态检查		√	√	√	√	√	√	
	系统主机机箱表面、各插件面板清扫			√	√	√	√	√	
	系统主机插件版状态检查					√	√	√	
	电源箱及电源插件外观检查		√	√	√	√	√	√	
	电源箱及电源插件清洁,状态检查,性能测试					√	√	√	
	外部设备接口插件状态检查		√	√	√	√	√	√	
	音视频显示终端状态检查		√	√	√	√	√	√	
	音视频显示终端机壳表面清洁			√	√	√	√	√	
	音视频显示终端机功能试验			√	√	√	√	√	

续上表

序　号	检修内容	日常检查	C1级修	C2级修	C3级修	C4级修	C5级修	C6级修	计划外维修
	机车空气制动安全监测子系统状态检查		√	√	√	√	√	√	
	机车空气制动安全监测子系统功能试验			√	√	√	√	√	
	更换压力传感器密封组合垫					√	√	√	
	机车防火监控子系统状态检查		√	√	√	√	√	√	
	机车防火监控子系统功能试验			√	√	√	√	√	
	机车走行部故障监测子系统状态检查		√	√	√	√	√	√	
	机车走行部故障监测子系统功能试验			√	√	√	√	√	
	机车自动视频监控及记录子系统状态检查		√	√	√	√	√	√	
	机车自动视频监控及记录子系统功能试验			√	√	√	√	√	
	机车6A系统内重联功能试验			√	√	√	√	√	
6.7	辅助逆变器								
	外观检查		√	√	√	√	√	√	
	功能试验		√	√	√	√	√	√	
	整机绝缘电阻检测					√	√	√	
	性能试验						√	√	
6.8	中间直流转换开关								
	安装状态检查		√	√	√	√	√		
	外观检查		√	√	√	√	√	√	
	在所有转动部分涂抹润滑脂			√	√	√	√	√	
	开关模块主触头检查					√	√	√	
	辅助触头检查					√	√	√	
	辅助触头更新							√	√
	手动机构检查					√	√	√	
	转换开关辅助触头闭合表检查					√	√	√	
	解锁线圈功能检查					√	√	√	
	解锁线圈电阻测量					√	√	√	
	动作性能检查					√	√	√	
	绝缘性能检查					√	√	√	
	弹簧更新							√	
	线圈更新							√	
	更新电机模块					√	√	√	
6.9	直流接触器								
	外观检查		√	√	√	√	√	√	
	主触头检查					√	√	√	

续上表

序　号	检 修 内 容	日常检查	C1级修	C2级修	C3级修	C4级修	C5级修	C6级修	计划外维修
	辅助触头功能正常					√	√	√	
	辅助触点更新							√	
	性能试验						√	√	
6.10	灯具与限鸣装置								
6.10.1	车钩灯								
	检查 LED 发光状态	√	√	√	√	√	√	√	
	紧固螺栓是否松动				√	√	√	√	
	灯具面罩清洁		√	√	√	√	√	√	
6.10.2	车体灯								
	检查 LED 发光状态	√	√	√	√	√	√	√	
	灯与接头连接状态检查				√	√	√	√	
	灯具表面清洁		√	√	√	√	√	√	
6.10.3	前照灯								
	检查灯泡发光状态	√	√	√	√	√	√	√	
	灯光按要求的照射在前方				√	√	√	√	
	反光镜表面清洁				√	√	√	√	
	灯具表面清洁		√	√	√	√	√	√	
6.10.4	阅读灯								
	检查 LED 灯泡发光状态	√	√	√	√	√	√	√	
	灯具清洁(包括灯头、玻璃罩、面板)		√	√	√	√	√	√	
	紧固螺钉是否松动				√	√	√	√	
6.10.5	脚灯								
	检查 LED 发光二极管(琥珀色)发光状态	√	√	√	√	√	√	√	
	紧固螺栓是否松动				√	√	√	√	
	防振密封橡胶圈				√	√	√	√	
	灯具清洁(包括灯具内部)		√	√	√	√	√	√	
6.10.6	司机室顶棚灯								
	检查 LED 灯板发光状态	√	√	√	√	√	√	√	
	紧固螺栓是否松动				√	√	√	√	
	透光板状态检查				√	√	√	√	
	灯具清洁(包括灯具内部)		√	√	√	√	√	√	
6.10.7	限鸣装置								
	检查光源是否正常发光	√	√	√	√	√	√	√	
	限鸣装置控制器能否正常工作		√	√	√	√	√	√	

续上表

序　号	检 修 内 容	日常检查	C1级修	C2级修	C3级修	C4级修	C5级修	C6级修	计划外维修
	反光镜表面清洁				√	√	√	√	
	产品表面清洁		√	√	√	√	√	√	
6.11	电流继电器								
	外观检查		√	√	√	√	√	√	
	接线、安装状态检查		√	√	√	√	√	√	
	性能检测					√	√	√	
6.12	励磁斩波器								
	外观检查		√	√	√	√	√	√	
	接线、安装状态检查		√	√	√	√	√	√	
	性能检测					√	√	√	
6.13	微机系统								
	外观检查		√	√	√	√	√	√	
	接线及安装状态检查		√	√	√	√	√	√	
	各模块外观清洁			√	√	√	√	√	
	显示屏电池更新					√	√	√	
	系统及显示屏进行联调试验					√	√	√	
	各插件版电解电容更新							√	
6.14	4 kW 单相逆变器								
	外观检查		√	√	√	√	√	√	
	接线及安装状态检查		√	√	√	√	√	√	
	绝缘检测						√	√	
	性能检测						√	√	
	电解电容更新						√	√	
6.15	相控器								
	外观检查		√	√	√	√	√	√	
	接线及安装状态检查		√	√	√	√	√	√	
	绝缘检测						√	√	
	性能检测						√	√	
6.16	相模块								
	外观检查		√	√	√	√	√	√	
	接线、光纤及安装状态检查		√	√	√	√	√	√	
	电流互感器、相电流传感器外观检查		√	√	√	√	√	√	
	整流二极管外观检查					√	√	√	
	电容外观检查			√	√	√	√	√	

续上表

序　号	检 修 内 容	日常检查	C1级修	C2级修	C3级修	C4级修	C5级修	C6级修	计划外维修
	熔断器清洁、电阻检测					√	√	√	
	绝缘测量					√	√	√	
	均流试验					√	√	√	
	电容检测						√	√	
	光纤检测						√	√	
	性能检测							√	
6.17	CMD系统								
	外观检查		√	√	√	√	√	√	
	紧固状态检查		√	√	√	√	√	√	
	粘贴标识检查		√	√	√	√	√	√	
	接线及安装状态检查			√	√	√	√	√	
	性能检测							√	
6.18	空调装置								
	性能检测	√	√	√	√	√	√	√	
	清洁回风滤网(每半个月)		√	√	√				
	更换回风滤网					√	√	√	
	清洁冷凝器、蒸发器				√	√	√	√	
	检查冷凝风机				√	√	√	√	
	检查通风机				√	√	√	√	
	检查温度开关					√	√	√	
	更换主要部件							√	

附录 缩 写 表

缩　写	说　明
6A	机车车载安全防护系统
A/D_BOX	数模盒
ACOMP	辅助空压机
ADA	模拟量输入输出模块
AIR_COMP	空压机
AIRDRYER	空气干燥器
AMBTMP	环境温度传感器
APC	辅助电源变换器
AUX_INV	辅助逆变器
AWT	中冷水温度传感器
BAROMETER	大气压力传感器
CA1～7	电容
CHOPPER	主发励磁斩波器
CIR	电台主机
CPM	中央处理单元
CR_GR	整流器装配
CR_LDBBL	桥式整流器
DBL	空电连锁
DLPUS	微机网络控制系统
ETHERNET_SWITCH	以太网开关
ETP1	高温水温度传感器
ETPWD	排水温度传感器
F_HDLTS	前照灯断路器
F_MARK_LIGHTS	标志灯/辅照灯断路器
FIRE1～2	微机显示屏
FTWRMR	脚炉
FUEL_GA	油位显示表
FUEL_GA_CONTROL	油位仪
FUEL_PUMP	燃油泵
GBLW	电阻制动风机电流传感器

续上表

缩　写	说　明
GEN FLD	主发励磁断路器
GFS	接地检测
GFS	接地电流检测装置
GRID1～2	制动电流传感器
I_LDBBL	除尘风机电流互感器
IFM	接口模块
IGBT_POWER_SUPPLER	IGBT 电源
INDUCTOR1～4	辅助电感器
JTC	信号主机
K_ACT1～2	操纵端选择接触器
K_DCR	空气干燥器继电器
K_ERR	柴油机运行继电器
K_FPR	燃油泵接触器
K_GFC	主发励磁接触器
K_MCB	微机电源继电器
K_NOAR	报警继电器
K_NZSPD	非零速信号继电器
K_PBP	停放制动压力开关继电器
K_PBR1	停放施加继电器
K_PBVCO	停放截断塞门状态继电器
K_SJJ	上下车灯延时继电器
K_STE	柴油机起动定时继电器
K_TLPR	滑油泵控制继电器
LDP	机车车载综合信息监测装置
LKJ2000	监控主机
LSC	蓄电池移车
LUBE_PUMP	滑油泵
MV_PB_APL	停放制动电磁阀
OVCRF	过压保护装置
PARKING_BREAK	停放制动
PCRD	计算机读卡器
PDP	电源分配板
PMU	相模块
PMW1_A	W1 电流传感器
PMW2_A	W2 电流传感器

续上表

缩　写	说　明
POWER_CHASSIS	微机电源箱
R_GR1～8	电阻
Radar	雷达
S_AUX_LTS1～2	辅照灯扳键开关
S_EFCO1～5	停机按钮
S_FFLTS1	辅助间照明滑动开关
S_PB_APL	停放制动施加按钮
SDWHTR1	侧墙暖风机
SSD	限鸣装置
TAX	机车安全信息综合监测装置
TESF	信号变压器
TMSPEED	牵引电机转速传感器
TZZ	通信转换装置